Thomas Wagner

Qualitative sichtbasierte Navigation in unstrukturierten Umgebungen

VIEWEG+TEUBNER RESEARCH

Advanced Studies Mobile Research Center Bremen

Herausgeber | Editors:

Prof. Dr. Otthein Herzog
Prof. Dr. Carmelita Görg
Prof. Dr.-Ing. Bernd Scholz-Reiter

Das Mobile Research Center Bremen (MRC) erforscht, entwickelt und erprobt in enger Zusammenarbeit mit der Wirtschaft mobile Informatik-, Informations- und Kommunikationstechnologien. Als Forschungs- und Transferinstitut des Landes Bremen vernetzt und koordiniert das MRC hochschulübergreifend eine Vielzahl von Arbeitsgruppen, die sich mit der Entwicklung und Anwendung mobiler Lösungen beschäftigen. Die Reihe „Advanced Studies" präsentiert ausgewählte hervorragende Arbeitsergebnisse aus der Forschungstätigkeit der Mitglieder des MRC.

In close collaboration with the industry, the Mobile Research Center Bremen (MRC) investigates, develops and tests mobile computing, information and communication technologies. This research association from the state of Bremen links together and coordinates a multiplicity of research teams from different universities and institutions, which are concerned with the development and application of mobile solutions. The series "Advanced Studies" presents a selection of outstanding results of MRC's research projects.

Thomas Wagner

Qualitative sichtbasierte Navigation in unstrukturierten Umgebungen

Mit einem Geleitwort von Prof. Dr. Otthein Herzog

VIEWEG+TEUBNER RESEARCH

Bibliografische Information der Deutschen Nationalbibliothek
Die Deutsche Nationalbibliothek verzeichnet diese Publikation in der
Deutschen Nationalbibliografie; detaillierte bibliografische Daten sind im Internet über
<http://dnb.d-nb.de> abrufbar.

Dissertation Universität Bremen, 2008

Mobile Research Center

Gedruckt mit freundlicher Unterstützung des
MRC Mobile Research Center der Universität Bremen

Printed with friendly support of
MRC Mobile Research Center, Universität Bremen

1. Auflage 2011

Umschlaggestaltung: KünkelLopka Medienentwicklung, Heidelberg
Gedruckt auf säurefreiem und chlorfrei gebleichtem Papier

ISBN 978-3-8348-1424-1

Geleitwort

Lokalisierung und Navigation erscheint uns Menschen als etwas, was (mit einiger Übung) fast "von selbst"gelingt, wobei diese beiden Aktionen von grundlegender Wichtigkeit für die Bewegung kognitiver Systeme im Raum sind. Herr Wagner hat sich in dieser Arbeit vorgenommen, von neueren Ergebnissen der Kognitionswissenschaften her das Thema der Lokalisierung und Navigation neu anzugehen und diese Fragestellung noch einmal grundlegend aufzurollen, indem er Landmarken und qualitative Merkmale mit einer egozentrischen Repräsentation benutzt, um Positionsbestimmungen durchzuführen. Im Gegensatz zur üblichen allozentrischen, sichtunabhängigen Repräsentation von Landmarken in Cognitive Maps, die die Navigation von Säugetieren erklären kann, betrachtet Herr Wagner eine sichtabhängige, egozentrische und dynamische Repräsentation von Landmarken, bei der die Relationen zwischen der eigenen Position und Landmarken permanent aktualisiert werden. Dieser Ansatz steht nicht im Gegensatz zum allozentrischen Ansatz; vielmehr kann dieser aus dem egozentrischen Ansatz abgeleitet werden, und jeder dieser beiden Ansätze hat in der Praxis seine eigenen Vor- und Nachteile: Cognitive Maps repräsentieren räumliches Wissen unabhängig von den Eigenbewegungen eines kognitiven Systems, müssen dafür aber in einer 2-D-Repräsentation eine quadratisch mit der Anzahl von Objekten wachsende Anzahl von räumlichen Relationen in Kauf nehmen, wobei es bei einer 3-D-Repräsentation zu einem entsprechenden kubischen Wachstum kommt. Auch wenn durch hierarchisch strukturierte Repräsentationen eine teilweise Kompensation der erforderlichen Komplexität erfolgen kann, ist eine egozentrische Repräsentation mit ihrem linearen Wachstum in Abhängigkeit von der Anzahl der repräsentierten Objekte überlegen, auch wenn bei ihr die Repräsentation bei jeder Bewegung in Bezug auf Translation und Rotation aktualisiert werden muss. Ausgehend von kognitionswissenschaftlichen Experimenten über Pfadintegration, Landmarkenerkennung und Reorientierung verfolgt Herr Wagner in der vorgelegten Arbeit ein Konzept, mit dem er das bisherige Forschungsgebiet der Navigation durch Cognitive Maps verlässt, bahnbrechende neue Ergebnisse für die Lokalisierung und Navigation erarbeitet und operationalisiert, und so den Stand der Wissenschaft auf dem Gebiet der Lokalisierung und Navigation von kognitiven Systemen entscheidend durch seinen neuen egozentrischen Ansatz erweitert. Insofern ist diese Arbeit ein hervorragendes Beispiel dafür, dass es immer wieder lohnt, einen Schritt zurückzutreten und bekannte Probleme unter einem größeren Blickwinkel zu betrachten – und dann auch mit neuen Methoden lösen zu können. Auch in diesem Hinblick ist dieses Buch sehr zu empfehlen und lesenswert!

Otthein Herzog

Danksagung

Mein erster und aufrichtiger Dank gilt meinem Doktorvater Prof. Dr. Otthein Herzog für die beständige und vorbehaltlose Unterstützung, die er mir in allen Phasen meiner Promotion entgegengebracht hat. Aus den zahlreichen konstruktiven Diskussionen habe ich stets Anregung und zusätzliche hohe Motivation gewonnen.

Darüber hinaus gilt mein besonderer Dank meinem zweiten Betreuer Prof. Dr. Christoph Schlieder, dem ich nicht nur den Zugang zum Thema *Ordnungsinformationen* und qualitative Navigation verdanke, sondern der mir auch durch seine kritischen Anmerkungen wesentlich geholfen hat, das Thema in einem erweiterten Horizont zu sehen.

Die vorliegende Arbeit ist im Rahmen des DFG-geförderten SPP 1125 RoboCup im Projekt *Automatische Plan- und Intentionserkennung fremder mobiler Roboter in konkurrierenden und kooperativen dynamischen Umgebungen* entstanden. Besonderer Dank gilt hier PD. Dr. Ubbo Visser, der mich stets motivierte und unterstützte, meine Arbeit voranzutreiben und die erzielten Ergebnisse zu publizieren. Zudem gilt mein Dank Prof. Dr. Herzog und Dr. Marc Ronthaler für den Freiraum, der kreatives wissenschaftliches Arbeiten erst ermöglicht.

Ferner gilt mein Dank allen, die eine aktive Rolle beim Zustandekommen dieser Arbeit gespielt haben. Dies gilt insbesondere für die wissenschaftlichen Hilfskräfte Tjorben Bogon, Philip Schober, Cort Niehaus und Kai Spiess, die außergewöhnlichen Einsatz bei der Umsetzung der *QSNAPNAV*-Toolbox gezeigt haben. Zudem bedanke ich mich bei meinem Vater für die umfassenden orthographischen Korrekturen. Etwaige bestehende orthographische Mängel sind durch mich im Rahmen des Überarbeitungsprozesses nach dem Korrekturlesen entstanden.

Bedanken möchte ich mich auch bei meinen Kollegen am Technologie-Zentrum-Informatik (TZI), insbesondere bei meinen Kollegen aus der Arbeitsgruppe AGKI, die gezwungen waren, die wechselvollen Höhen und Tiefen aktiv mitzuerleben. Besonderer Dank gilt meinem (Ex-)Kollegen und guten Freund Dr. Tom Wetjen, der über viele Monate als mein Zimmerkollege verschiedene *lokale Tiefs* mit zu durchleiden hatte.

Schließlich gilt ein besonderer Dank meiner Mutter und meinem Bruder, ohne deren Aufmunterung und Rückhalt diese Arbeit sicher nicht entstanden wäre.

Thomas Wagner

Inhaltsverzeichnis

Tabellenverzeichnis

Abbildungsverzeichnis

1 Einleitung

1.1 Motivation und Einordnung

Die Vision intelligente, autonome, physikalische Roboter zu entwickeln, die autonom mit ihrer Umwelt interagieren, lässt sich fast bis auf die Ursprünge der *künstlichen Intelligenz* zurückführen. Ende der sechziger Jahre entwickelten Nilsson und Kollegen ([Nil84],[HFG$^+$72]) am *Stanford Research Institute* (SRI) den autonomen Roboter *Shakey*, der in einer vereinfachten physikalischen Klötzchenwelt (engl. *blocks world*) autonom Planungsaufgaben lösen sollte.

Obwohl das System wichtige Aufgaben wie Perzeption, Planung, Kontrolle und Bildverarbeitung erfolgreich bewältigte, ließen sich die entwickelten Ansätze nicht auf realistische Domänen übertragen. Dieses, gemessen an den Zielen, *„Scheitern"*[1] lässt sich auf verschiedene Ursachen zurückführen. Neben dem Fehlen geeigneter Hardware wie Aktuatorik, Sensorik und leistungsstarken Rechnereinheiten lag ein zentrales Problem darin, dass auf vielen zentralen Gebieten wie der Verhaltensplanung und Perzeption vorwiegend domänenspezifische Methoden entwickelt wurden, die nur unter artifiziellen Bedingungen adäquat funktionierten[2].

Auf allen Problemfeldern wurden bis heute weitgehend unabhängig voneinander wichtige Fortschritte erzielt (vergleiche [RN03a]). Der Versuch, diese Verfahren in ein physikalisches Gesamtsystem (z.B. einen autonomen Roboter) zusammenzuführen, bringt jedoch vielfältige Probleme mit sich. Die Anforderungen und Zielsetzungen der verschiedenen Methoden sind bezüglich Art und Präzision des erforderlichen Inputs ebenso wie die des zu erreichenden Ergebnisses sehr heterogen und lassen sich nicht ohne erheblichen Aufwand integrieren. Hinzu kommt, dass eine Vielzahl der seither entwickelten Methoden nicht dafür konzipiert wurde, nur einen Teil der zur Verfügung stehenden Rechenzeit verwenden zu dürfen. Die sich aus der Notwendigkeit der Integration ergebenden Anforderungen betreffen in besonderem Maße die verwendeten Methoden zur Lokalisation und Navigation. Die Lokalisation bildet dabei die zentrale Schnittstelle zwischen Senso-

---

[1]Der Begriff *„Scheitern"* ist in diesem Kontext auch positiv zu verstehen, da das *Scheitern* als die Initialzündung für verschiedenste Verbesserungen angesehen werden kann.

[2]So bot z.B. der *STRIPS*-Planungsalgorithmus ein für realistische Anwendungen schlechtes Laufzeitverhalten, obwohl er auf statische Umgebungen beschränkt ist und vorausgesetzt wird, dass jede geplante *Aktion* eine eindeutig vorhersagbare (deterministische) Wirkung erzeugt.

Abbildung 1.1: Shakey vom SRI (Quelle: http://www.computermuseum.li/ Testpage/Shakey-the-Robot-SRI.htm)

rik/Hardware und Software und konzeptionell die Schnittstelle zwischen Umwelt und Verhalten durch die Bereitstellung des räumlichen Kontextes (der insbesondere bei physikalischen, mit ihrer (räumlichen) Umwelt interagierenden Systemen eine zentrale Rolle spielt). Die erreichte Qualität der Lokalisierung spielt eine zentrale Rolle bei der erfolgreichen Steuerung der Sensorik und Aktuatorik sowie bei der Verhaltensplanung. Die aktuell angewendeten Verfahren zur Lokalisation wie die *Monte-Carlo*-Lokalisation und die Kalmann-Filter-basierten Verfahren bestimmen die aktuelle Position (d.h. den räumlichen Kontext) robust und in vielen Fällen mit hoher Präzision. Dabei setzt die Abbildung zwischen Wahrnehmung und Position bei beiden Ansätzen eine präzise allozentrische, quantitativ annotierte räumliche Karte voraus ebenso wie ein entsprechendes Fehlermodell der Sensoren und ein Transitionsmodell der Umgebung (Details siehe Kapitel 3). In verschiedenen praktischen Anwendungen konnte gezeigt werden, dass sich diese insbesondere mit *SLAM*-Verfahren, wenn auch verbunden mit einem signifikanten Aufwand, in vielen strukturierten Domänen robust generieren lassen[3].

Die Integration in das Gesamtsystem gestaltet sich je nach verwendetem Verfahren unterschiedlich schwierig. Während die *Monte-Carlo*-Lokalisation zur Kompensation sensorischer Ungenauigkeiten verschiedene, probabilistisch bewerte Lokalisationshypothesen erzeugt, kompensieren die *Kalmann*-Filter basierten Verfahren sensorische Fehler durch eine Reduktion der Präzision der Lokalisationshypothese. Darauf aufsetzende Verfahren zur Verhaltenssteuerung müssen daher entweder bei jeder Aktualisierung der Lokalisationshypothese jeweils verschiedene Hypothesen oder eine sich beständig ändernde Präzision berücksichtigen. Beide Ergebnisse sind bei der integrierten Verwendung wissensbasierter Methoden z.B. von Planungstechniken nur sehr eingeschränkt geeignet. Ebenso gravierend ist die Tatsache, dass sich aufgrund der quantitativ-allozentrischen Repräsentation jede Änderung an den Sensoren im Verhaltensmodell niederschlägt, da sich zum einen das Sensormodell (d.h. das Fehlermodell) ändert und damit bestimmte Werte nicht bzw. nicht mehr in der erwarteten Qualität/Präzision bereitgestellt werden können.

Motiviert durch aktuelle Ergebnisse aus der Kognitionswissenschaft ([ARB00], [ES95], [HS96], [McN03], [MRW03], [MD97], [MS03], [MM02], [REMSC98], [SN97], [SW98], [WS00], [Wan00], [WS02]) und durch die Arbeiten von Levitt und Lawton [LL90] und insbesondere Schlieder [Sch91],[Sch96] wird in dieser Arbeit ein qualitatives sichtbasiertes Verfahren zur Lokalisation und Navigation entwickelt. Das entwickelte Verfahren unterscheidet sich wesentlich dadurch, dass nicht auf einem allozentrischen, quantitativen Referenzsystem, sondern unmittelbar auf egozentrischen, qualitativen *Ansichten* gearbeitet wird. Es wird gezeigt, dass dieses Verfahren im Gegensatz zu anderen auf Ansichten basierenden Verfahren (z.B. [SM95], [FSMB98]) äußerst kompakte räumliche Repräsentationen erzeugt. Statt qualitativ-räumliche Informationen vorauszusetzen, kann das entwickelte Verfahren dazu verwendet werden, robust qualitative ordinale Repräsentationen zu erzeugen. Primäres Ziel ist nicht, die aktuellen (probabilistischen) Verfahren zu ersetzen. Es wird im Gegenteil gezeigt, dass sich das Verfahren gewinnbringend sowohl in Kombination mit den bestehenden Verfahren einsetzen lässt als auch als alleiniges Verfahren zur Lokalisation, wenn keine allozentrische Karte benötigt oder generiert werden soll.

Im nächsten Abschnitt 1.2 werden die Problemstellung ausführlicher vorgestellt und die Anforderungen im Detail spezifiziert. In Abschnitt 1.3 werden die resul-

---

[3]Insbesondere bei der Anwendung der *Monte-Carlo*-basierten Verfahren gibt es eine enge Koppelung zwischen Lokalisation und Kartenbildung (wie bereits vom Namen *SLAM* impiziert, engl. *simultaneous localization and mapping*, siehe insbesondere [Thr01], [THF+03], [MTKW03].)

tierenden Zielsetzungen abgeleitet. Das Kapitel wird in Abschnitt 1.4 mit einer Übersicht der Struktur der restlichen Arbeit beschlossen.

1.2 Problemstellung und Anforderungen

Navigation und Lokalisation gehören zu den fundamentalsten Fähigkeiten eines jeden mobilen, autonomen Systems und bestimmen durch die Qualität und Ausprägung des generierten räumlichen Weltmodells grundlegend die Rahmenbedingungen aller darauf aufsetzenden Prozesse, insbesondere die Möglichkeiten und Grenzen der Integration mit anderen, darauf aufsetzenden Methoden. Die Anforderungen können in zwei Klassen aufgeteilt werden:

1. Lokalisations- und Navigationsanforderungen und
2. Integrationsanforderungen.

Die Anforderungen zur Integration nicht vollständig disjunkt zu den *klassischen*, immanenten Anforderungen an die Navigation, bekommen aber unter dem Aspekt der Integration eine andere Gewichtung. Lokalisationsverfahren lassen sich nach Thrun [TFBD00] in drei Klassen einteilen:

- Das *Positionsverfolgungs-Problem*[4] besteht darin, auf der Basis einer validen Positionshypothese die aktuelle Position zu aktualisieren.

- Das *globale Lokalisations-Problem* geht über die vorangegangene Problemstellung hinaus, indem nicht notwendigerweise eine Positionshypothese angenommen wird. Ziel ist es, sich nicht nur lokal, z.B. relativ zu einer Wand, zu lokalisieren, sondern zu einem globalen Referenzsystem.

- Das komplexeste Problem ist das *Kidnapped Robot*-Problem[5]. Hier besteht die Aufgabe nicht nur darin, die globale Position zu bestimmen, sondern zudem zu erkennen, wenn ein Roboter einer extremen Fehllokalisation unterliegt, weil er z.B. von Dritten an eine andere Position geschoben wurde.

Eine der fundamentalen Anforderungen an ein Navigations- und Lokalisationsverfahren bezüglich beider Anforderungsklassen ist die Präzision. Die Bedeutung der Präzision leitet sich aus dem erweiterten Verwendungskontext aktueller Navigationsverfahren ab. In der großen Vielzahl der aktuellen Ansätze sind Navigationsverfahren unmittelbar gekoppelt an Explorationsstrategien und Kartenbildung.

---

[4]Engl., *position tracking*.
[5]*Terminus technicus*.

Explorationsstrategien bestimmen, wie und wohin ein Roboter navigieren sollte, um ein Maximum an Informationen zu erlangen mit dem Ziel, eine möglichst präzise allozentrische Karte der Umgebung aufzubauen. Die Anforderung nach hoher Präzision ergibt sich daher vor allem aus der impliziten Aufgabenstellung der Kartengenerierung. In Szenarien, in denen der Aufbau einer allozentrischen Karte die zentrale Zielsetzung ist, wie z.B. in der Höhlenkartographierungs-Domäne von [THF$^+$03] ist die Forderung nach hoher Präzision unumgänglich. Jedoch gibt es auch eine Vielzahl von Szenarien, in denen die Generierung exakter Karten keine primäre Aufgabe ist: ein Roboter Γ muss an zwei räumlich getrennten Orten L_1 und L_2 verschiedene ggf. komplexe Aufgaben bewältigen. In diesen Fällen wird es notwendig sein ein präzises räumliches Modell von L_1 und L_2 zu haben, jedoch nicht notwendigerweise für den Weg zwischen L_1 und L_2. Die Navigation zwischen L_1 und L_2 erfordert exakt soviel räumliches Wissen wie benötigt wird, um robust von L_1 nach L_2 zu gelangen und umgekehrt. Allgemein ergibt sich die Anforderung, dass sich die Präzision räumlicher Modelle an die konkrete Aufgabenstellung orientieren sollte. Präzise räumliche Modelle, die nicht unmittelbar zur Bewältigung einer Aufgabenstellung erforderlich sind erzeugen Redundanz. Für die meisten aktuellen Verfahren wie die *Monte-Carlo-Lokalisation* (MCL) trifft dies mit Einschränkungen zu (Details siehe Kapitel 3). Implizit ist damit eine weitere wichtige Anforderung umschrieben: Effizienz. Nur hinreichend effiziente Navigationsverfahren erlauben die Integration weiterer Methoden. Dies gilt um so mehr, wenn neben den eher klassischen Robotikmethoden wie Navigation, Exploration und Kartenbildung weitere z.B. wissensbasierte Methoden (wie z.B. Planung, Monitoring) zum Einsatz kommen sollen.

Ein anderes fundamentales Problem der Roboternavigation ist der Umgang mit unsicheren und verrauschten Daten. Die von der Sensorik generierten Daten sind in Abhängigkeit von den Umweltbedingungen (z.B. den Lichtverhältnissen) und der zur Verfügung stehenden Zeit zur Auswertung latent fehlerbehaftet. Unabhängig von diesen externen Restriktionen unterliegt prinzipiell jeder Sensor im praktischen Einsatz einer Verrauschung. Die Abweichungen zwischen dem von einem Sensor ermittelten Modell der physikalischen Umgebung und der physikalischen Umgebung selbst wird in einem Sensor-*Fehlermodell* beschrieben. Den Sensor-Fehlermodellen kommt eine besondere Bedeutung zu, da es über diese Modelle hinaus in einer Anwendung keine direkte Möglichkeiten mehr gibt den Grad der Verrauschung zu approximieren. Da ein Fehlermodell in der Regel weder linear noch statisch ist, kann es nur beschränkt exakt beschrieben werden. Bei Handhabung von sensorischem Rauschen gibt es zwei prinzipielle Herangehensweisen: in vor allem biologisch motivierten Ansätzen wird das Prinzip der Redundanz angewendet. Dabei werden verschiedene lokale Lokalisationsverfahren (z.T. ohne explizite räumliche Repräsentationen) angewendet. Das Ergebnis der Lokalisation orientiert sich an der mehrheitlichen Entscheidung der verschiedenen Systeme (repräsentativ für die verhaltens-basierten Ansätze siehe [Mae92],[Bro95]) (ausführlicher in Kapitel 3). Die probabilistischen Ansätze hängen auf der anderen Seite von einem möglichst präzisen Fehlermodell ab, das es erlaubt Ungenauigkeiten durch Wahrscheinlichkeiten approximativ zu beschreiben (z.B. [TFBD00]).

Effizienz und Robustheit sind die zentralen Anforderungen, die unmittelbar von jedem Ansatz zur Lokalisation und Navigation berücksichtigt werden. Zur Integration wissensbasierter Methoden müssen weiterreichende Forderungen gestellt werden. Von zwei wesentlichen Ausnahmen abgesehen (zum einen [LL90] und zum anderen ([Sch91],[Sch93], [Sch96])) beschreiben die aktuellen Ansätze zur Navigation räumliches Wissen in Form von quantitativ-räumlichen Beschreibungen, die in einer allozentrischen Karte konglomeriert werden. Wissensbasierte Methoden wie die *Planung* basieren hingegen auf abstrakteren qualitativ-räumlichen Beschreibungen. Qualitative Beschreibungen haben signifikante Vorteile: Sie abstrahieren auf verschiedenen Granularitätsebenen von unwesentlichen Details und helfen ähnliche Situationen unter einer einheitlichen Situationsbeschreibung zu subsummieren. Qualitativ räumliche Beschreibungen erlauben zudem verschiedene Ebenen der Abstraktion, wie sie in verschiedenen Wissensrepräsentationen verwendet werden (für Aktivitäten und in der Planung z.B. HTN (engl. *hierarchical task networks*), für Objekte Ontologien (z.B. *OIL* [Hor02]) oder *OWL* ([DCvH+02])). Zudem wurden in den letzten zehn Jahren auf dem Gebiet qualitativ-räumlicher Repräsentationen ausdrucksstarke Inferenzverfahren für metrisches [CFH97], ordinales [Fra96] und auch für topologisches Wissen entwickelt (mit besonderem Fokus auf effiziente Teilmengen von RCC-8 Relationen siehe besonders [RN99]) (eine gute breitere Übersicht findet sich in [CH01]). Diese Methoden würden es erlauben mindestens partiell ein zentrales Robotik-Problem zu minimieren: fehlendes Wissen konsistent zu erschließen (d.h. impliziertes Wissen zu explizieren). Die Verwendung qualitativ-räumlichen Wissens bietet über die Sensorunabhängigkeit hinaus den Vorteil durch translations- und/oder rotationsinvariante Beschreibungen sehr verschiedene Situationen unter einer Verhaltensbeschreibung subsummieren zu können. Die Ursache dafür, dass qualitativ-räumliches Wissen ungeachtet dieser Vorteile praktisch nicht oder nur sehr eingeschränkt in Robotikanwendungen verwendet wird, liegt in dem Problem der Generierung begründet. Die Erzeugung qualitativ-räumlicher Beschreibungen erfordert eine Klassifikation von quantitativen Sensordaten auf eine Menge qualitativer Referenzklassen (*frame of reference*). Dieses Verfahren ist effektiv und robust, wenn auf präzisen quantitativen Daten aufgesetzt werden kann; da die Sensordaten eines Roboters jedoch (stark) verrauscht sind, führt eine Klassifikation z.B. auf Basis probabilistisch annotierter Ausgangsdaten jedoch leicht zu fehlerbehafteten Klassifikation. D.h., dass der quantitativ-qualitative Abstraktionsprozess leicht zu einer Verschlechterung statt zu einer Verbesserung der räumlichen Repräsentation führt.

1.3 Anforderung und Grundidee

Motiviert durch aktuelle Ergebnisse aus der Kognitionswissenschaft ([ARB00], [ES95], [HS96], [McN03], [MRW03], [MD97], [MS03], [MM02], [REMSC98], [SN97], [SW98], [WS00], [Wan00], [WS02]) und durch die Arbeiten von Lewitt und Lawton [LL90] und insbesondere Schlieder [Sch91],[Sch96] wird in dieser Arbeit ein qualitatives auf *Ansichten* basiertes Verfahren zur Lokalisation und Navigation entwickelt, welches keine detaillierte geometrische Repräsentation in Form einer quantitativ beschriebenen allozentrischen Karte benötigt.

Das Navigationsproblem lässt in zwei zentrale Teilaufgaben unterteilen: (1) die Erkennung von Landmarken und (2) die Lokalisation bzw. Navigation relativ zu diesen Landmarken. Im Rahmen dieser Arbeit wird davon ausgegangen, dass die zur Lokalisation und Navigation erforderlichen Landmarken zumindest prinzipiell erkannt werden können. Es wird hingegen *nicht* vorausgesetzt, dass alle Landmarken vollständig erkannt werden, noch dass sie korrekt oder auch vollständig differenziert wahrgenommen werden. Prinzipiell werden zum Aufbau einer räumlichen Repräsentation (zur Navigation und Lokalisation) zwei Klassen von Informationen benötigt:

1. Landmarken und
2. deren räumliches Verhältnis zueinander.

Um den Ansatz so universell einsetzbar wie möglich zu halten, werden nur minimalste Anforderungen an die Sensorik und Mechanismen zur Landmarkenerkennung gestellt.

Grundsätzlich wird jede Landmarke als Punkt repräsentiert. Dabei wird das Konzept eines Punktes nicht im strikten mathematischen Sinne verstanden, sondern erlaubt auch ausgedehnte räumliche Objekte. Einer Landmarke muss dabei kein eindeutigen physikalischen Objekt im ontologischen Sinne zugeordnet sein. So wird im Rahmen dieses Ansatzes z.B. ein roter Punkt auch dann als Landmarke interpretiert, wenn das dazugehörige Objekt nicht erkannt wird. Im Gegensatz zu den bekannten probabilistischen Verfahren werden im Rahmen dieses Ansatzes weder metrische Distanz- noch Winkelinformation verwendet. Die einzige Information, die zur Beschreibung räumlicher Relationen verwendet wird ist Ordnungsinformation. Ordnungsinformation steht im Rahmen dieser Arbeit syn-

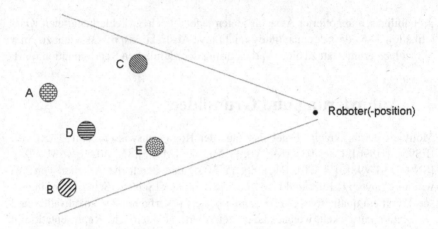

Abbildung 1.2: Beispiel: die dargestellte Konfiguration von Landmarken wird repräsentiert durch die geordnete Sequenz $< L_2, L_5, L_4, L_1, L_3 >$ (von links nach rechts aus egozentrischer Sicht des Roboters).

onym für Reihenfolge- bzw. Anordnungswissen[6]. Zur Verdeutlichung: die räumliche Konfiguration in Abbildung 1.2 wird reduziert als eine strikt geordnete Liste von Landmarken repräsentiert: $< A, C, D, B >$[7].

Navigation basierend auf Ansichten ist in verschiedenen, insbesondere biologisch motivierten Ansätzen untersucht worden (z.B. [SM95], [FSMB98][8]). Im Rahmen dieser Arbeit wird gezeigt, dass sich auf Basis der Abstraktion auf Ordnungsinformationen eine eindeutige Abbildungsfunktion zwischen verschiedenen Ansichten definieren lässt, die es erlaubt das Speicherproblem zu umgehen.

Statt eine qualitativ-räumliche Repräsentation als gegeben vorauszusetzen, wird gezeigt, dass das entwickelte Verfahren selbst dazu verwendet werden kann robust qualitative Ansichten zu validieren. Ziel dieser Arbeit ist es nicht die bestehenden Verfahren zu ersetzen. Gleichwohl es ebenso mit partiellen als auch mit fehlerbehafteten sensorischen Informationen eine robuste Lokalisation erlaubt, ist es nicht das Ziel die probabilistischen Verfahren zu ersetzen. Es soll im Gegenteil gezeigt

---

[6]Die formale Definition von Ordnungsinformation findet sich in Kapitel 5.

[7]Zur Verdeutlichung: es wird nicht angenommen, dass metrische Winkel- und Distanzinformationen für einen Roboter allgemein irrelevant sind!

[8]Allerdings handelt es sich bei den Ansichten in diesen Arbeiten im Gegensatz zu dem in dieser Arbeit entwickelten Ansatz um *rohe*, unbearbeitete (neuronale) *Snapshoots*.

werden, dass es sich sowohl in Kombination mit den bestehenden Verfahren einsetzen lässt, aber auch als alleiniges Verfahren, wenn keine allozentrische Karte benötigt oder generiert werden soll.

1.4 Gliederung der Arbeit

Diese Arbeit gliedert sich wie folgt:

- In Kapitel 2 werden die grundlegenden kognitiven Konzepte zur Navigation bei Tieren und Menschen beschrieben. Der Fokus liegt dabei auf der Gegenüberstellung der *klassischen* allozentrischen und sichtunabhängigen Verfahren, insbesondere der *kognitiven Karte* und der neueren Ansätze zur egozentrischen, sichtabhängigen Navigation. Auf der Basis aktueller Experimente und Analysen aus der Kognitionswissenschaft wird detailliert belegt, dass eine sichtabhängige Repräsentation eine zentrale Rolle bei der Navigation und Lokalisation in verschiedenen kognitiven Systemen spielt.

- Im Kapitel 2 werden die aktuellen Ansätze zur Roboternavigation kritisch untersucht. Dabei wird zwischen klassisch-allozentrischen und egozentrischen sowie zwischen qualitativen und quantitativen Verfahren unterschieden. Der Fokus liegt dabei auf den eng mit dieser Arbeit verwandten Arbeiten, die einen egozentrischen und/oder qualitativen Ansatz verfolgen. Dabei wird untersucht, inwieweit die bestehenden Verfahren die aufgeführten Anforderungen erfüllen. Das Kapitel schließt mit einer einer kritischen Diskussion der untersuchten Ansätze.

- Im Kapitel 4 wird der zentrale Ansatz dieser Arbeit formal entwickelt. Es wird eine Spezifikation qualitativer Ansichten auf der Basis von Ordnungsinformationen abgeleitet und analysiert, welche räumlichen Strukturen auf Basis von Ordnungsansichten erzeugt bzw. erkannt - und in der Folge zur Navigation und Lokalisation verwendet werden können. Im Zentrum dieses Kapitels steht der Nachweis, dass sich zum einen eine *Ansicht* (ein-)eindeutig einer qualitativ beschriebenen Position zuordnen lässt und es ein algorithmisches Verfahren zur Abbildung zwischen verschiedenen Ansichten gibt.

- In Kapitel 5 wird der entwickelte Ansatz als ein *constraint satisfaction problem* (kurz CSP) operationalisiert. Es wird gezeigt, dass der entwickelte Ansatz bei einer geeigneten Spezifikation von Constraints robust sowohl mit

partiellen als auch bei nicht korrekten Wahrnehmungen erfolgreich angewendet werden kann.

- In Kapitel 6 wird das qualitative Test- und Evaluierungs-Tool *QSNAPNAV*-
  TestSuite vorgestellt. *QSNAPNAV*-TestSuite erlaubt es, den entwickelten
  Ansatz unter kontrollierten und sehr verschiedenen Bedingungen zu testen.
  QSNAPNAV unterstützt die visuelle Modellierung einer beliebigen n-Punkt-
  anordnung und generiert auf dieser Basis automatisch die zur Navigation
  erforderlichen Constraintrealtionen. Diese können mit einem Simulator unter kontrollierten Fehlerbedingungen präzise getestet und validiert werden.

- In Kapitel 7 wird die Validierung des Ansatzes mit der *QSNAPNAV-SIM*-
  TestSuite vorgestellt und kritisch bewertet. Dabei werden verschiedene Testszenarien validiert, die jeweils sowohl eine globale Lokalisierung, eine Positionsverfolgung und/oder die Handhabung des *Kidnapped-robot*-Problems
  erfordern.

- Das achte und letzte Kapitel beschließt diese Arbeit mit einer Diskussion der
  Ergebnisse dieser Arbeit und einem Ausblick auf zukünftige Forschungsar-
  beiten.

2 Egozentrische räumliche Wissensrepräsentation in der Kognitionswissenschaft

2.1 Motivation

Die Fähigkeit, von einer Futterstelle zurück zum Nest zu finden, sich gezielt in seinem Territorium bewegen zu können, oder den Weg vom Supermarkt zur eigenen Wohnung zu finden, ist eine der fundamentalen Aufgaben, die von fast jedem höheren Lebewesen bewältigt werden. Obwohl es gravierende Unterschiede in der Verarbeitung und Repräsentation des über die Navigation hinausgehenden Wissens gibt, deuten neue Ergebnisse der Kognitionswissenschaft darauf hin, dass die grundlegenden Mechanismen zur Navigation, trotz weitreichender physiologischer Unterschiede und folglich unterschiedlicher kognitiver und perzeptioneller Fähigkeiten, auch bei der zugrunde liegenden Sensorik und Aktuatorik, weitgehend identisch sind [WS02]. Obwohl die Problemstellung zur Navigation physikalischer Roboter und der Navigation natürlicher Systeme weitgehend identisch ist, sind die Unterschiede zwischen den verschiedenen Lösungsansätzen fundamental! Während selbst einfache Organismen wie Ameisen und Bienen mit einer im Vergleich z.B. zu Säugetieren ebenso wie zu Robotern relativ beschränkten kognitiven Kapazität und einfacher Perzeption/Sensorik Navigationsaufgaben ebenso erfolgreich wie robust lösen, sehen sich physikalische Roboter bei wechselnden Umweltbedingungen vor fundamentale Probleme gestellt. Dabei können physikalische Roboter heute auf eine hohe Rechenleistung und auf eine ausgefeilte Sensorik zurückgreifen.

Aktuelle Ergebnisse der Kognitionswissenschaft werfen ein neues Licht auf das bisherige Verständnis der von Menschen verwendeten räumlichen (Welt-)Modelle zur Navigation: Menschliche Navigation scheint nicht auf Basis allozentrischer, statischer Modelle, einer *cognitive map* zu basieren (siehe insbesondere [Tol48], [OS78], und [Red99]), sondern auf egozentrischen, dynamischen Informationen (siehe u.a. [ARB00], [ES95], [HS96], [McN03], [MRW03], [MD97], [MS03], [MM02], [REMSC98], [SN97], [SW98], [WS00], [Wan00], [WS02]). Bisherige räumliche Modelle zur Roboternavigation basieren fast vollständig auf dem allozentrischen, durch die *cognitive map* motivierten Ansatz.

Ein Verständnis der kognitiven Prozesse zur Navigation bringt signifikante Vorteile: In den folgenden Abschnitten wird ausführlich dargelegt, dass die Fähigkeiten, die u.a. eine Ameise befähigen, einen neuen direkten Weg von der Futterquelle zum Nest zu finden, auch bei Säugetieren und bei Menschen eine wichtige Rolle spielen. Dies gilt fortgesetzt auch für erweiterte Fähigkeiten wie der symmetrischen, landmarken-orientierten Reorientierung, die sich bei Fischen, Vögeln oder Säugetieren findet (detailliert in Abschnitt 2.3.2 und 2.4.1). D.h. bei evolutionär früh entstandenen Navigations-Mechanismen wie *Path-Integration* handelt es sich nicht um atavistische Artefakte, sondern um fundamentale Komponenten der menschlichen Navigation.

Diese Tatsache kann überraschen, da sich sowohl die kognitiven Fähigkeiten als auch die Sensorik und Aktuatorik evolutionär sehr heterogen weiterentwickelt haben. Ein System, das auf hochgradig physiologisch unterschiedlichen *Plattformen* erfolgreich verwendet wird, zeichnet sich notwendig durch eine hohe Unabhängigkeit hinsichtlich der verwendeten Sensorik ab; eine Eigenschaft, die auch für die Roboternavigation von zentraler Bedeutung ist, wenn man flexibel die Sensorik erweitern oder austauschen können will, ohne die Steuerung des Verhaltens (die Software) beständig neu anpassen zu müssen.

Gleiches gilt für die Fähigkeit dieser Systeme, sich flexibel erweitern zu lassen. Während Ameisen und Bienen bereits mit einem sehr einfachen Mechanismus zur Reorientierung ihre Navigationsaufgaben lösen (z.B: *Cataglyphis fortis* (die Wüstenameise)) verwendet die Sonne (das Magnetfeld - nicht die Infrarotstrahlung) und kann sich folglich nicht im Dunkeln reorientieren [WMA96]), haben höhere Lebensformen wie Säugetiere ausgefeiltere Strategien, die auf diesen einfachen Verfahren aufsetzen. Diese Form der Inkrementalität ist für die Robotik von zentralem Interesse, um domänen- und problemspezifische Roboterkonfigurationen (bezüglich Software wie Hardware) zu bilden, die zwar nicht komplexer sind als unbedingt erforderlich, sich aber dennoch späteren Anforderungen folgend flexibel (und konsistent) erweitern lassen.

Navigation ist ein zum Überleben grundlegender Mechanismus, der bei einfachen wie komplexen kognitiven Systemen über Aussterben oder Überleben entscheidet. Die Beschränkungen und Fähigkeiten definieren folglich, mindestens in gewissem Rahmen, die Rahmenbedingungen evolutionärer und phylogenetischer Weiterentwicklungen. Ein Verständnis der zur Navigation erforderlichen räumlichen Informationen und deren Repräsentation bestimmt die Möglichkeiten und Grenzen komplexerer räumlicher kognitiver Funktionen und erklärt, nach welchem Mechanismus komplexe, konkrete wie abstrakte, Beschreibungen voneinander abhängen und wie sie aktiv aufgebaut werden können. Ein grundlegendes

Problem bei der Anwendung komplexer Reasoning-Methoden in physikalischen Robotern ist nach wie vor die Weltmodellbildung. Von besonderem Interesse sind rotations- und/oder translations-invariante Beschreibungen, die das Erkennen ähnlicher Situationen ermöglichen. Invarianten Beschreibungen kommt dabei in komplexeren Systemen, die langfristige Ziele und Pläne verfolgen, eine erhebliche Bedeutung zu: Sie erlauben es, ähnliche Situationen zu beschreiben und zu erfassen, obwohl sich diese in einer Vielzahl von Details unterscheiden können. Damit können Pläne abstrakter, d.h. universeller verwendbar und längerfristig ausgelegt werden[1]. Hiermit unmittelbar verknüpft ist das Problem der Abbildung und Aktualisierung quantitativer Daten auf qualitative Informationen. Die Vielzahl der bisher vorgeschlagenen *spatial reasoning*-Methoden basieren auf einer allozentrischen Sicht mit nahezu perfekten Informationen (vergleiche [RN03a]), während bisherige Verfahren zur Navigation dagegen oft auf probabilistischen, quantitativen Modellen mit geringer Abstraktion basieren (vergleiche [Thr00], [Thr02]). Ein kognitives Verständnis, welche Informationen wann und wie aufeinander aufgebaut werden, kann den Aufbau adäquaterer räumlicher Weltmodelle unterstützen.

Auch über den Rahmen dieser Arbeit hinaus eröffnet ein Verständnis der menschlichen räumlichen kognitiven Prozesse neue Möglichkeiten; ein Beispiel hierfür sind Assistenzsysteme. Wenn Systeme den Menschen schnell unterstützen (z.B. warnen) sollen, ist es unabdingbar, Informationen in einer Form bereitzustellen, die unmittelbar, ohne aufwendige (kognitive) Verarbeitungsprozesse, in das bestehende Weltbild integriert werden können. Als Beispiele können Assistenzsysteme zur Unterstützung von Autofahrern, Piloten oder auch behinderten Menschen genannt werden.

Dieses Kapitel gliedert sich wie folgt: In Abschnitt 2.2 wird eine Einführung in die kognitiven Modelle gegeben und es werden die grundlegenden Termini definiert. Darüber hinaus werden die verschiedenen Modelle gegeneinander abgegrenzt, insbesondere zum Bereich der Objektrotation. Im Folgenden wird ausführlicher beschrieben, warum räumliche Wahrnehmung bei Navigationsaufgaben sowohl bei Menschen wie auch bei Tieren sichtabhängig und dynamisch ist und welche speziellen Eigenschaften hieran gekoppelt sind. In Abschnitt 2.3 werden knapp die grundlegenden Mechanismen der Navigation bei Tieren dargestellt; dabei orientiert sich dieser Abschnitt an den Grundmodulen: *Path-Integration* (kurz:

---

[1]Ähnlichkeit ist sowohl für das Erkennen von Situationen und damit der Anwendung etablierter, universellerer Handlungsmuster relevant als auch für die Durchführung dieser Handlungsmuster selbst, indem sie das erforderliche stabile Weltmodell beschreiben, in dem diese Handlungsmuster erfolgreich ausgeführt werden können. Varianz entsteht dabei nicht nur durch dynamische Abläufe in der Welt (soziale Interaktion, sich verändernde Umweltbedingungen, etc.), sondern auch durch das immanente Verhalten eines kognitiven Systems selbst: Augenbewegung, Kopfbewegung, Rotation, Translation, etc. .

PI), Reorientierung und die Verwendung sichtabhängiger Landmarken. Abschnitt 2.4 setzt sich schließlich mit den kognitiven Strukturen zur Navigation bei Menschen auseinander. Die Grundstruktur orientiert sich an dem vorangehenden Abschnitt (wie bei Tieren), verfeinert diese aber in verschiedenen Richtungen. Dieses Kapitel schließt mit einer Zusammenfassung und der Diskussion der Ergebnisse.

2.2 Kognitive Modelle zur räumlichen Navigation

Wie bauen kognitive Systeme ein stabiles räumliches Modell ihrer Umwelt auf, ungeachtet der zahlreichen dynamischen externen und internen Prozesse? - *Wie und wann* aktualisieren kognitive Systeme ihre räumlichen Repräsentationen und - *welche* Informationen werden aktualisiert? - Auf welcher Basis räumlicher Repräsentationen sind kognitive Systeme in der Lage, robust in neuen wie bekannten Umgebungen zu navigieren? Die bis vor einigen Jahren klassische wie eindeutige Antwort auf diese Fragen hieß: vermittels einer *cognitive map*[2].

Bereits 1948 konnte Tolman [Tol48] nachweisen, dass Ratten in der Lage sind, ihre Umgebung systematisch zu erkunden und neue Wege zwischen verschiedenen Landmarken zu finden. Diese Beobachtungen führten zusammen mit der Erkenntnis, dass Menschen sehr effizient mit Karten navigieren können, erstmals zu der Hypothese, dass Ratten ebenso wie Menschen sich vermittels einer *cognitive map* orientieren. Diese These konnten O'Keefe und Speakman 1978 [OS78] durch neurologische Befunde eindrucksvoll belegen (s.a. Keefe/Nadel 1978). Sie konnten nachweisen, dass individuelle Zellen im Hippocampus von sich frei bewegenden Ratten in einer bestimmten Region ihrer Umgebung ein eindeutiges Aktivierungsmuster zeigen. Diese ortsspezifische Aktivierung beim Betreten einer bestimmten Region ist unabhängig von spezifischen vestibularen, somato-sensorischen oder visuellen Reizen und scheint nur abhängig von dem Ort/der Region zu sein. Diese sogenannten *place cells* feuern auch bei passiver Bewegung oder auch bei verbundenen Augen, wobei das Aktivierungsmuster an die Ausrichtung des Kopfes vermittels der *head direction cells* gekoppelt ist [Red99]. Diese Ergebnisse wurden z.B. von [Gal90] umfassend zur einer Theorie ausgearbeitet, wonach sich Säuger auf der Basis einer allozentrischen Repräsentation von bekannten Landmarken orientieren. Navigation basiert diesem Ansatz folgend aus der Abbildung der eigenen Position in das allozentrische Weltbild (der *cognitive map*), indem die egozentrischen Distanzen und Winkel zu den Landmarken berechnet werden.

---

[2]Einer kognitiven Landkarte. Da es sich bei diesem Ausdruck um einen Terminus Technicus sowohl in der deutschen wie auch internationalen Literatur handelt, wird der Begriff nicht in der deutschen Übersetzung verwendet.

Die *cognitive map* ist jedoch nicht die einzige konsistente Erklärung der oben angeführten Beobachtungen. Eine sichtabhängige, egozentrische und in der Folge dynamische Repräsentation ist unter speziellen Bedingungen ebenso kongruent mit den obigen Ergebnissen. Diesem Ansatz nach aktualisieren Säugetiere beständig und ausschließlich die Relationen zwischen sich (d.h. der eigenen Position) und externen Landmarken, nicht aber die Relationen zwischen den Landmarken selbst (d.h. ohne Bezug zur eigenen Position). Allozentrisches Wissen wird dadurch verfügbar, dass signifikante *Snapshots* von der Umgebung gespeichert werden und eine Abbildung z.B. mittels *Path-Integration* und Vektoraddition zwischen diesen etabliert wird. Dadurch, dass man verschiedene Snapshots kennt und weiß, wie man von einem Snapshot zu einem anderen gelangt, lässt sich indirekt das allozentrische Wissen ableiten, das erforderlich ist, um auch neue (eventl. kürzere) Pfade zwischen bekannten Landmarken zu generieren. Generell wird allozentrisches Wissen in diesem Ansatz aus einer egozentrischen, dynamischen Repräsentation erst indirekt abgeleitet (inferiert), statt direkt aus einer statischen Karte ausgelesen werden zu können. Erste signifikante Hinweise in Richtung einer sichtabhängigen Repräsentation haben die Experimente von [ES95] erbracht[3]. In der Folge haben zahlreiche Untersuchungen und Experimente diese These untermauert, z.B. [REMSC98], [Wan00], [WS00], [SN97], [SM01], [McN03], [MRW03]. In Abschnitt 2.4.1 und insbesondere in 2.4.1.2 werden diese Untersuchungen und Ergebnisse ausführlich diskutiert.

Beide Ansätze müssen nicht als *Entweder-oder* verstanden werden, sondern können sich mindestens partiell ergänzen: Die Experimente von Sholl und Nolin [SN97] haben gezeigt, unter welchen Bedingungen es sehr wohl möglich ist, eine sichtunabhängige Repräsentation zu erzeugen (z.B. scheint eine Draufsicht erforderlich). Tatsächlich erleben wir in unserem Alltag, insbesondere in hochgradig überlernten Domänen wie dem Lesen, tagtäglich die Wirkung mindestens graduell sichtunabhängiger Wahrnehmung.

Beide Ansätze haben charakteristische Vor- und Nachteile. Eine *cognitive map* hat den entscheidenden Vorteil, räumliches Wissen unabhängig von den Eigenbewegungen (Augenbewegung, Kopfbewegung, Rotation, Translation) eines kognitiven Systems zu repräsentieren. Zusammen mit einer Abbildung auf die egozentrische Sicht eines kognitiven Systems ist sie hochgradig flexibel und bietet universellen Zugriff. Jedoch ist die Repräsentation komplex: die Anzahl der räum-

---

[3]Der Aspekt sichtabhängiger Wahrnehmung ist nicht neu und wurde auch nicht erst durch [ES95] in die Diskussion gebracht. Sichtabhängigkeit ist bei verschiedenen Aspekten der räumlichen Wahrnehmung beobachtet worden. Ein prominentes und intuitiv nachvollziehbares Beispiel ist z.B. das Kartenlesen. Interessanterweise war die Intention von [ES95] eher andersherum zu zeigen, wann allozentrische Karten aufgebaut werden können (Details s. Abschn. 2.4.1.2).

lichen Relationen wächst quadratisch mit der Anzahl der repräsentierten Objekte in einer 2-D- und sogar kubisch in einer 3-D-Repräsentation (pro Relationtyp: Distanz, Winkeldistanz; s. Abb. 2.1(a)[4]. Diese Komplexität könnte in der Praxis durch die in der Literatur vorgeschlagenen verknüpften, hierarchischen Repräsentationsstrukturen teilweise kompensiert werden (u.a. [McN86]).

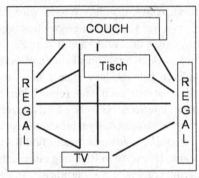 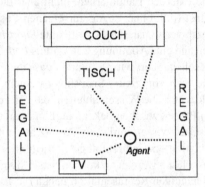

(a) Allozentrische Distanz-Relationen   (b) Egozentrische Distanz-Relationen

Abbildung 2.1: Allozentrische und egozentrische Distanz-Relationen

Eine egozentrische Repräsentation ist in dieser Hinsicht einfacher und wächst linear bezüglich der Anzahl der repräsentierten Objekte (s. Abb. 2.1(b)). Dem stehen jedoch im Vergleich zu einer *cognitive map* auch Nachteile gegenüber. Jede Relation muss prinzipiell mit jeder Bewegung sowohl der Retina, des Kopfes oder des Körpers bezüglich Translation und Rotation aktualisiert werden. Das Funktionieren einer egozentrischen Repräsentation hängt damit entscheidend von einem effizienten Update-Mechanismus ab. Ein zusätzlicher Vorteil des egozentrischen Erklärungsansatzes ist, dass sich anhand von Tieren eine kontinuierliche, evolutionäre Entwicklung hin zum Menschen dokumentieren lässt, in der die Basisfähigkeiten zur Navigation beginnend bei Insekten über Vögel und Fische hin zu Säugetieren schrittweise funktional erweitert werden. Diese Entwicklung lässt sich an drei zentralen Komponenten zur Navigation nachvollziehen:

Path-Integration: Die *Path-Integration* (kurz: PI) bezeichnet die dynamische Aktualisierung der eigenen Position durch Aktualisierung des eigenen Bewegungsvektors. Die wesentlichen Informationen sind sind der Winkel (z.B. zum Nest) und die Distanz (siehe Abschnitt 2.3.1 und 2.4.2).

---

[4]Aus Gründen der Übersichtlichkeit sind in den Abb. 2.1 nur die Distanz-, nicht aber die Winkelrelationen eingetragen. Die Anzahl der Relationen würde sich entsprechend erhöhen.

Landmarkenerkennung: Die zentrale Aufgabe dieses Systems ist das Template-basierte Mapping bereits wahrgenommener und gespeicherter egozentrischer Repräsentationen auf aktuelle Wahrnehmungen. Im Rahmen der Navigation ist die Landmarkenerkennung eng an die *Path-Integration* (PI) gekoppelt. Navigation ist die Translation und Rotation in Richtung einer anderen bekannten Landmarke (siehe Abschnitt 2.3.2 und 2.4.1).

Reorientierung: Insbesondere die PI ist ein fehleranfälliger Prozess, der entweder durch Vergessen oder durch ungenaue Aktualisierung ein Neuausrichten erforderlich macht. Reorientierung ist ein einfacherer Prozess als die direkte Landmarkenerkennung, der sich bei einfachen Säugern, bei Fischen und sogar bei Kleinkindern nachweisen lässt (siehe Abschnitt 2.3.3).

2.3 Egozentrische Wahrnehmung bei Tieren

2.3.1 Path Integration

Insekten, wie z.B. Bienen oder Ameisen, erbringen die erstaunliche Leistung bei der Futtersuche mittels des egozentrischen Mechanismus der *Path-Integration* (in der engl Lit. oft auch *dead reckoning*), Strecken von mehr als dem 1000-fachen ihrer Körperlänge zurückzulegen und dennoch sehr robust den Weg zurückzufinden [WS02]. PI ist der einfachste und fundamentale Mechanismus zur Navigation, der von verschiedensten Tierarten wie auch von Menschen als Basismechanismus verwendet wird. PI tritt in verschiedenen Varianten bezüglich der zugrunde liegenden sensorischen Daten auf und wird bei höheren Organismen in Kombination mit anderen Verfahren eingesetzt.

In seiner Urform ist PI ein auf instrinsischer Ausrichtung basierendes, egozentrisches Verfahren, bei dem ein kognitives System ausschließlich den eigenen z.B. vom Nest zur Futterstelle gegangenen Pfad-Vektor speichert (wird deshalb häufig auch als Vektornavigation bezeichnet). Zur Umsetzung sind mindestens zwei Komponenten erforderlich: ein Akkumulator, der beständig die aktuelle Position speichert und aktualisiert, und ein Speicherelement, das den Zielort angibt. Dabei müssen Rotations- und Translationsinformationen im Akkumulator kontinuierlich integriert werden, da keine der beiden Informationen alleine ausreicht, um die aktuelle Position zu bestimmen. Im Fall der Futtersuche muss auch der Startort gespeichert werden, um erfolgreich zum Nest zurückkehren zu können. Navigation erfolgt damit im einfachsten Fall über die Subtraktion der zwei Vektoren (s.u.). PI kann als ein Verfahren angesehen werden, das 2-D- bzw. 3-D-Informationen auf einen egozentrischen 1-D-Vektor reduziert. Dieser Ansatz erlaubt es, ohne eine

Karte den kürzesten Weg zum Ausgangspunkt (dem Nest oder der Futterquelle) zurückzufinden.

PI wurde bereits früh bei Insekten untersucht und ist heute sehr gut verstanden (am Beispiel von *Cataglyphis fortis* siehe [CC00a], [CC00b] und [WMA96]; am Beispiel der Honigbiene siehe z.B. [SZAT00] und [SZC+00]). Einen gewichtigen Schwerpunkt im Rahmen der Untersuchungen nehmen dabei die Experimente an der Honigbiene und der Wüstenameise (*Cataglyhis fortis*) ein. *Cataglyhis fortis* (die Wüstenameise) eignet sich in hohem Maße für diese Experimente, da sie gewohnt ist, in einer Umgebung mit wenig oder keinen Landmarken zu navigieren und daher existentiell auf den PI-Mechanismus angewiesen ist.

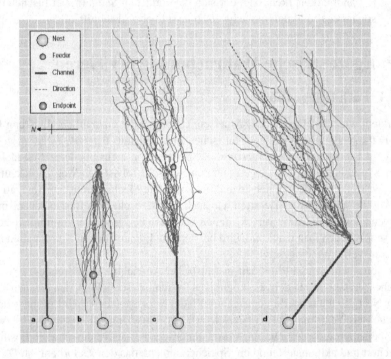

Abbildung 2.2: *Path-Integration* bei Cataglyphis fortis

Die PI-Fähigkeiten von *Cataglyhis fortis* werden am Beispiel aus [CCW99] (s. Abb. 2.2[5].) verdeutlicht: große, nicht gefüllte Kreise markieren das Nest, schwarze ausgefüllte Kreise die Futterstelle, durchgezogene Linien einen schmalen Kanal,

[5]Aus [CC02]; mit freundlicher Genehmigung von T.S. Collett

der nur von zwei Seiten betreten bzw. verlassen werden kann, und die gestrichelten Linien bezeichnen die durchschnittliche Richtung. In der *Teilabbildung a* ist das Traingingsszenario dargestellt. Ameisen laufen durch einen Kanal von 15 m Länge vom Nest zu einer Futterstelle (eine Distanz die etwa dem 1500-fachen der eigenen Körperlänge entspricht). In der Teilabbildung b) sieht man die recht präzisen *Homing*-Trajektorien[6] der Ameisen von der Futterquelle zurück zum Nest. In den Abbildungen c) und d) wurde ein Kanal eingesetzt und die Ameisen mussten wiederum ohne externe Landmarken zurück zur Futterquelle finden. In dem Experiment in Teil-Abbildung d) wurde die Richtung des an den Seiten undurchsichtigen Kanals jedoch um 45^0 gedreht. Sie fanden dennoch mit erstaunlicher Präzision die Richtung zur Futterquelle, obwohl sie gezwungen waren, einen neuen, ihnen unbekannten Weg zu gehen. Dennoch zeigt diese Abbildung auch die Schwächen dieses Systems. Ungenauigkeiten werden kontinuierlich aufaddiert und führen zu einem immer ungenaueren Richtungsvektor. Solche Fehler können nur durch Referenzierung auf geozentrische Informationen kompensiert werden (ausführlicher im den nächsten Abschnitten).

Die Abbildung 2.2 zeigt deutlich (s. die gestrichelte Linie), dass es sich um einen systematischen Fehler handelt. Diese systematischen Fehler lassen z.B. sich auch bei Nagern nachweisen. Es sind verschiedene formale Modelle entwickelt worden, die den PI-Mechanismus bei Insekten inzwischen recht gut beschreiben. Der erste Ansatz von Jander [Jan57] beschreibt ein geometrisch korrektes Modell und eignet sich daher wenig zur Vorhersage und Erklärung der beobachteten systematischen Fehler. Mittelstädt hat ein in dieser Beziehung adäquateres Modell aufgebaut, das auf dem Prinzip der trigonometrischen Zerlegung basiert [Mit85] und ein geozentrisches bzw. allozentrisches Koordinatensystem verwendet. In der Folge haben z.B. [BS95] ein ebenfalls auf trigonometrischer Zerlegung basierendes Modell entwickelt, das jedoch angemessener auf einem egozentrischen Koordinatensystem basiert. Der Ansatz der trigonometrischen Zerlegung erscheint jedoch nicht unbedingt kognitiv sehr adäquat, obwohl [WMA96] nachvollziehbar argumentieren, dass ein Ansatz, der weniger intuitiv ist, nicht notwendigerweise schlechter auf eine neuronale Architektur umzusetzen sein muss. Wehner et al. haben 1986 ein arithmetisches Modell entwickelt, das nahezu perfekt mit den Daten von Ameisen korreliert [WW86]. Dieser Ansatz ist zudem vom Rechenaufwand deutlich einfacher als die bisher vorgeschlagenen trigonometrischen Ansätze und gewinnt dadurch zusätzlich an Plausibilität (wenn man annimmt, dass im Zuge der Evolution einfachere Ansätze wahrscheinlicher sind als komplexere). Einen in eine ähnliche Richtung gehenden Ansatz haben [FLKG90] verfolgt. Auf der Basis der trigono-

---

[6]*Terminus Technicus*: Trajektorien in Richtung Nest.

metrischen Zerlegung haben sie gezeigt, dass sich unter bestimmten Umständen (eine größere Distanz zum Nest) die eigentlichen trigonometrischen Berechnungen durch eine lineare Approximation ersetzt werden können (eine gute Übersicht der Verfahren ohne Berücksichtigung von [FLKG90] findet sich in [MS95])[7]. Ein sehr interessanter Aspekt ist die relative Sensorunabhängigkeit. Obwohl Insekten, Nager wie auch Säugetiere den konzeptionell (fast) gleichen Ansatz verwenden, ist die *Hardware* teilweise sehr unterschiedlich. Dies lässt sich am Beispiel der Distanzwahrnehmung bei Ameisen und Bienen gut veranschaulichen. Die Präzision der Distanz- und auch der Rotationswahrnehmung prägt entscheidend die Präzision des gesamten Path-Integration-Mechanismus. Insbesondere kognitive Systeme, die ausschließlich auf diesen Mechanismus angewiesen sind, brauchen eine präzise, an die Lebensbedingungen angepasste Sensorik. So bestimmen Ameisen die Distanz vor allem dadurch, dass sie bei der Navigation eine konstante Schrittlänge und -geschwindigkeit wählen. Damit ist die Distanz immer proportional zur verbrauchten Zeit. Ein anderer, bei Ameisen nur unterstützend [RGWW00] und oft redundant eingesetzter Mechanismus, spielt z.B. bei Bienen eine entscheidene Rolle: *optical flow speed*, d.h. die Geschwindigkeit, mit der sich das retinale Bild bewegt [SZAT00], [SZC+00], [SZLC96], [SZB97]. Die im wesentlichen uninterpretierte optische Information kann helfen, die Geschwindigkeit unabhängig von odometriebasierten Daten zu bestimmen. Während Ameisen diese Information im Konfliktfall mit odometrischen Daten ignorieren [WMA96], basiert die Distanzwahrnehmung von Bienen ausschließlich darauf. Da eine Biene im wesentlichen fliegt, steht ihr keine den Ameisen äquivalente Odometrie-Information zur Verfügung. Ebenso ist eine direkte Adaption über einen konstantem Flügelschlag praktisch nicht umsetzbar, da die Windverhältnisse einen gravierenden Einfluß auf die wirklich zurückgelegte Distanz haben. Die *optical flow*-Geschwindigkeit bietet jedoch einen guten und auch windrobusten Vergleichmaßstab. Wie auch bei den Ameisen kann hier das proportionale Verhältnis zur Zeit als Distanzmaß verwendet werden (hier jedoch in Relation zum *optical flow speed*) Die Verwendung des *optical flow* hat für Bienen noch andere positive Nebenwirkungen, z.B, wenn eine Biene zur Landung ansetzt, verringert sie ihre Höhe, wodurch sich der *optical flow* erhöht und die Biene in der Folge ihre Geschwindigkeit verlangsamt. Damit un-

---

[7]Eine tiefere Analyse der Ansätze würde den Rahmen dieser Arbeit sprengen, da sich insbesondere die aktuelleren Ansätze zunehmend mit einer Modellierung auseinandersetzen, die die systematischen Fehler erklärt. Obwohl diese Arbeit kognitiv motiviert ist, sollen nicht notwendigerweise die Schwächen kognitiver Ansätze im Detail nach- bzw. mitmodelliert werden. Zudem wird auch in der Literatur diskutiert, inwieweit eine immer exaktere Modellierung von systematischen Fehlern einen echten Erkenntnisgewinn mit sich bringt (hinsichtlich konzeptioneller vs. Implementierungsfehler) [MS95].

terstützt die Verwendung des *optical flows* sekundär den Landungsprozess[8]. Recht überraschend ist die Tatsache, dass keine einheitliche Maßeinheit zur Distanzmessung erforderlich ist. Je nachdem, ob eine Biene durch einen engen oder einen weiten Tunnel fliegt, interpretiert sie die Distanz aufgrund des relativen *optical flows* unterschiedlich. D.h. das Distanzmaß ist in höchstem Maße domänenspezifisch und von Natur aus relativ, aber konstant unter gleichen Bedingungen (d.h. reproduzierbar). Bienen sind sogar in der Lage, Distanz- und Winkelinformationen mittels eines *Schwänzeltanzes* ihren Artgenossen gegenüber zu kommunizieren (gute Übersichten sowohl in [Mic99] als auch in [Mic00]).

PI ist ein auf rein egozentrischen Daten basierendes Verfahren, das eine 2-D- bzw. eine 3-D-Welt in einen egozentrischen 1-D-Bewegungsvektor überführt. Dieser Ansatz ist, abgesehen von seiner prinzipiellen Beschränkung, keine geozentrischen/allozentrischen Daten zu repräsentieren sehr robust und relativ unabhängig von einer spezifischen Sensorik oder absoluten Bemessungsmaßstäben bezüglich der erhobenen Daten. Distanzinformationen spielen zwar eine wichtige Rolle, werden jedoch nur relativ, d.h. ohne absolute Skalierung wahrgenommen. Diese Information reicht jedoch aus, um zurückgelegte Wegstrecken reproduzieren zu können.

2.3.2 Sichtabhängige Landmarkenerkennung

Obwohl die PI bei vielen Tieren sehr erfolgreich eingesetzt wird, hat es doch fundamentale immanente Schwächen: Ungenauigkeiten addieren sich auf und können nicht eher korrigiert werden, bis das Ziel erreicht ist. So zeigt Abb. 2.2 deutlich, dass PI-Navigation auf einen Suchmechanismus angewiesen ist. Diese Schwäche allein schränkt die Verwendbarkeit insbesondere in großen Umgebungen deutlich ein. Tatsächlich kann gezeigt werden, dass bereits Insekten (z.B. Ameisen, Bienen) teilweise eine sichtabhängige Landmarkenerkennung verwenden. Die Repräsentation dieser Landmarken ist sehr einfach. Im Fall von *Cataglyphis fortis* besteht sie aus einfachen zweidimensionalen neuronalen Snapshots [WMA96]. Die Verwendung dieser *uninterpretierten* Landmarken ist jedoch ihrer Natur nach eingeschränkt. Sie wird verwendet, indem die Diskrepanz zwischen einem neuronalen Snapshot und der aktuellen Wahrnehmung minimiert wird.

Auch bei Bienen dienen Snapshots der Wiedererkennung von Landmarken (siehe [CC00a]). Es konnte gezeigt werden, dass Bienen, wenn man sie bei der Futtersuche auf spezielle Landmarken trainiert hat, immer versuchen diese im gleichen Winkel anzufliegen, auch wenn die Landmarken verschoben oder vertauscht

---

[8]Jedoch hat dieser Ansatz auch seine Schwächen. So sind Bienen z.B. davon abhängig, eine weitgehend (mindestens im Durchschnitt) konstante Höhe einzuhalten.

werden. Gleiches gilt auch bei der Futterabgabe von Bienen, die die Futterstelle regelmäßig in einem sehr ähnlichen Winkel anfliegen. Bei Holzameisen wurde entdeckt, dass sie bekannte Landmarken von verschiedenen Sichtwinkeln aus speichern, so dass sie in der Lage sind, dieselben schnell auch unter verschiedenen Blickwinkeln wieder zu erkennen. Unter bestimmten Bedingungen enthalten diese Repräsentationen Winkel- und Distanzinformationen (als Übersicht: [WS02]). In allen Fällen wird eine sichtabhängige Repräsentation vorwiegend dazu verwendet, um von einer Landmarke zur anderen zu gelangen und den PI-Mechanismus bis zur nächsten Landmarke neu zu justieren.

Hinweise für eine egozentrische Repräsentation bei Säugetieren liefern Experimente mit Ratten. Wenn Ratten in einem Wasserlabyrinth (sogenannte *Morris Water Maze*) eine versteckte Plattform suchen sollen, nähern sie sich bekannten Wegabzweigungen mit einem bestimmten, egozentrischen Winkel (Übersicht in [WS02]).

Sichtabhängigkeit muss jedoch nicht als ein binäres Phänomen betrachtet werden. Gerade für komplexere Organismen wie Säugetiere erlaubt eine höhere Sichtunabhängigkeit eine signifikante Verbesserung der Abstraktionsfähigkeit visueller Wahrnehmung und Repräsentation. Dies ist bei Säugetieren in höherem Maße erforderlich als bei Insekten. Das retinale Bild eines Säugetiers kann sich radikal ändern, ohne dass sich die Position verändert: durch Augen-, Kopf-, Schulter- oder Rumpfdrehungen und natürlich bei jeder (Körper-)Rotation. Eine rein auf neuronalen Snapshots basierende Repräsentation ist bei der komplexeren Physiologie von Säugetieren wenig vielversprechend, da es eine deutlich höhere Anzahl von Parametern gibt, die sich prinzipiell adaptieren lassen (bedingt durch die verschiedenen Rotationsachsen). Darüber hinaus wäre auch unklar, bei welcher Achsenrotation das aktuelle *Weltbild*[9] aktualisiert werden muss, d.h welche Achsenkonstellationen als Referenzmaßstab dienen. Es stellt sich vor diesem Hintergrund die Frage, was unter Sichtunabhängigkeit verstanden werden sollte. Von welchen Rotationsachsen sollte eine sichtunabhängige Repräsentation abstrahieren? Eine partielle Antwort liefern die neurologischen Ergebnisse von [RT97] und [RT98]. Sie konnten bei Ratten *head direction*-Zellen nachweisen, die unabhängig von der Ausrichtung der Augen und des Kopfes sind. Dieser Mechanismus schafft bereits ein recht stabiles Weltbild, das unabhängig von zwei zentralen Bewegungsachsen ist - insbesondere vom retinalen Bild. Der folgerichtige nächste Schritt in diese Richtung ist die Abstraktion von allen möglichen Rotationsachsen und jeder Bewegung: die *cognitive map* - eine statische, allozentrische Repräsentation. Deutliche Hinweise in diese Richtung liefern die Experimente aus der berühmt gewordenen Arbeit von

---

[9]In einem wertneutralen Sinn: d.h. unabhängig davon, ob das Weltbild/-modell egozentrisch oder allozentrisch organisiert ist.

[OS78], denen es erstmals gelang, sogenannte *place cells* im Hippocampus von Ratten nachzuweisen. Inzwischen gibt es zahlreiche sehr elaborierte Interpretationen, von denen verschiedene nicht auf einer statischen, allozentrischen *cognitive map* beruhen. Eine detailliertere Analyse der neurologisch-kognitiven Grundlagen findet sich in [Red99]. Eine ausführliche Diskussion der Argumente für eine egozentrische, dynamische Repräsentation als Erklärungsbasis für diese Ergebnisse findet sich in Abschnitt 2.4.1 respektive 2.4.1.2.

2.3.3 Reorientierung

Sowohl ein PI-Mechanismus als auch die Landmarkenerkennung unterliegen potentiell Fehlern. Im Fall von Ameisen und Bienen wird dies durch Verwendung eines einfachen, unsystematischen Suchalgorithmus kompensiert. Es gibt jedoch weitere Faktoren (über die oben genannten hinaus), die dieses einfache Verfahren problematisch erscheinen lassen, z.B. Flucht oder Jahreszeitwechsel. In einer Fluchtsituation muss sich ein kognitives System schnell und nicht vorhersehbar bewegen können, aber in der Folge dennoch in der Lage sein z.B. den Weg zum Nest oder zur Futterquelle zurückfinden zu können. Ein PI-Mechanismus versagt in einer solchen Situation schnell, da z.B. nicht die gleiche Geschwindigkeit eingehalten werden kann. Ein anderes Problem, das bei Insekten aufgrund des kurzen Lebenszyklus keine weitreichenden Folgen hat, ist der jahreszeitliche Wechsel. Die jahreszeitlichen Umweltbedingungen können sich so stark ändern, dass auch eine Wiedererkennung von Landmarken stark beeinflusst ist. Dies trifft in besonderem Maße für rein neuronale Snapshots zu, aber auch für eine flexiblere, featurebasierte Erkennung. Eine einfache aber auch elegante Lösung dieses Problems besteht in der *symmetriebasierten* Reorientierung. Bei einer Vielzahl von Tieren wurde festgestellt, dass sie sich auf Basis rein symmetrischer Eigenschaften von Landmarken schnell reorientieren können. Die Beispiele reichen von Vögeln, Fischen, Säugetieren (insbesondere Ratten) bis hin zu Primaten (eine Übersicht in [WS02], [GM03]). Der Effekt kann deutlich innerhalb eines sehr ähnlichen Versuchsszenarios nachgewiesen werden. Ein charakteristisches und interessantes (wenngleich nicht ganz repräsentatives s.u.) Experiment wurde von [SBV02] durchgeführt.

In einem Aquarium wurde ein Behälter eingesetzt und Fische (*Xenotoca eiseni*) mussten einen Weg aus dem Behälter suchen. Es wurden zwei Testbedingungen definiert. Im ersten Testszenario gab es zwei Ausgänge an den Ecken A und C und im zweiten Testszenario nur an der Ecke A. Im ersten Experiment wurde ein einfarbiger Käfig verwendet, so dass die Ecken A und C aufgrund rein symmetrischer Informationen nicht zu unterscheiden sind (abhängig von der Perspektive jeweils die linke Ecke an der kurzen Seite). Im zweiten Experiment wurde eine Seite farbig

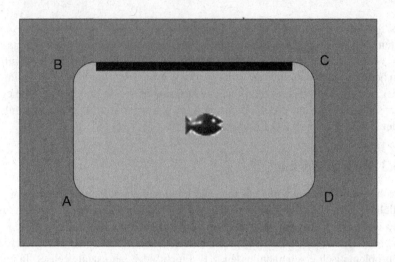

Abbildung 2.3: Adaptiert nach *(Sovrano et.al. 2002)*: Reorientierung bei Fischen

markiert (der dunkle Balken am oberen Rand der inneren Box der schematischen Darstellung 2.3) und nur noch der Ausgang A geöffnet, so dass ein Fisch prinzipiell in der Lage ist, die Ambiguität zwischen den Ecken A und C aufzulösen. Vor jedem Experiment gab es eine entsprechende Lernphase vor der Disorientierung. In Experimenten bei Vögeln, Fischen, Säugetieren und Primaten haben sehr vergleichbare Experimente zu dem immer gleichen Ergebnis geführt: die Ambiguität konnte nicht aufgelöst werden und Test-Probanden konnten die richtige Ecke nicht eindeutig identifizieren[10]. D.h. in diesem konkreten Fall (Experiment 2) wurde der Ausgang sowohl in der Ecke A als auch C gesucht. Dieses Ergebnis ist z.B. für Ratten überraschend, da nachgewiesen ist, dass sie domänenspezifische Features wie Farbe und Textur wahrzunehmen in der Lage sind und in anderen räumlichen Aufgabenstellungen diese auch nutzen. Die Interpretation dieser Ergebnisse ist, dass es ein spezielles, modulares symmetriebasiertes Reorientierungsmodul gibt, das eine eingeschränkte, dafür aber schnelle Reorientierung ermöglicht. Das bedeutet aber auch, dass Reorientierung ein egozentrisches (perspektivenabhängiges) Verfahren ist, das komplementär zur *Path-Integration* und Landmarkenerkennung eingesetzt wird.

Das in der Abbildung 2.3 dargestellte Experiment stellt eine Ausnahme dar. *Xenotoca eiseni* ist im Gegensatz zu den geschilderten Tierarten in der Lage, *auch*

---

[10] Allerdings waren die Ergebnisse auch nicht immer exakt gleich verteilt. Eine genaue Analyse der Ursachen würden jedoch den Rahmen dieser Arbeit sprengen.

nicht-symmetrische visuelle Eigenschaften zur Reorientierung zu verwenden (d.h. es findet in Experiment 2 (recht) beständig die richtige Ecke A). Diese Ausnahme schränkt jedoch die Schlussfolgerung eines modularen, egozentrischen Reorientierungssystems nicht ein. So argumentieren [SBV02], dass Fische, obwohl sie phylogenetisch weit vom Menschen entfernt sind, ein *zusätzliches* feature-basiertes Modul haben. In Abschnitt 2.4.2 wird die Übertragbarkeit der Ergebnisse und Annahmen auf Menschen diskutiert.

2.3.4 Zusammenfassung

Eine sichtabhängige, dynamische, egozentrische Repräsentation spielt bei der Navigation von Tieren eine zentrale Rolle. Das auf dieser Repräsentation basierende System zur Navigation basiert auf den drei zentralen Komponenten: *Path-Integration*, Reorientierung und Landmarkenerkennung[11]. Der einfachste, dafür aber von einer Vielzahl kognitiver Systeme verwendete Mechanismus, die PI, basiert auf dem inkrementellen Aktualisieren der egozentrischen Position in Relation zu einer Zielmarke (z.B. Futterquelle oder Nest). Trotz seiner Einfachheit ist dieser Mechanismus sehr effektiv und spielt auch bei kognitiv komplexeren Systemen eine zentrale Rolle. Ein wichtiger Vorteil dieses Mechanismus ist die hohe Flexibilität. Er funktioniert auf der Basis unterschiedlichster sensorischer Informationen und erfordert ausschließlich das Aktualisieren eines Distanz/Winkel-Vektors. Dieses System ist um zwei Komponenten erweiterbar: Reorienterung und Landmarkenerkennung. Insbesondere die Reorientierung kann bei fast allen höheren Tierarten mit den gleichen Ausprägungen wiedergefunden werden: Sichtabhängigkeit und Symmetrie. Unterschiedlich ausgeprägt ist jedoch die Fähigkeit, externe Landmarken zu erkennen. Während einfache Organismen wie Insekten Landmarken als einen neuronalen Snapshot repräsentieren, scheinen komplexere kognitive Systeme wie Säugetiere (insbesondere Ratten) komplexere visuelle Repräsentations-Fähigkeit zu besitzen, die es ihnen erlaubt, mindestens in bestimmten Situationen statische, allozentrische Karten zu erzeugen.

2.4 Egozentrische Wahrnehmung bei Menschen

In den folgenden Abschnitten werden die aus Tierexperimenten abgeleiteten Beobachtungen und Hypothesen auf der Basis aktueller Ergebnisse aus Untersuchungen an Menschen differenziert und erweitert. In den Abschnitten 2.4.1.4 und 2.4.1.3 werden die zentralen Eigenschaften der egozentrischen Repräsentation detailliert

---

[11]Wobei Letztere sich erst bei höheren Lebewesen nachweisen lassen.

untersucht. Da der PI-Mechanismus eher implizit bei der Aktualisierung egozentrischer Repräsentationen eine zentrale Rolle spielt, wird er in Abschnitt 2.4.1.3 mit behandelt.

2.4.1 Sichtabhängige Landmarkenerkennung

2.4.1.1 Egozentrische und allozentrische Repräsentationen

Die Unterscheidung zwischen dem Ansatz einer allozentrischen, statischen *cognitive map* und einer dynamischen, egozentrischen Repräsentation lässt sich nicht unmittelbar an der Leistungsfähigkeit beider Systeme bezüglich einer bestimmten Aufgabe wie der Navigation festmachen. Beide Ansätze sind in der Lage, dass zur Navigation und Kommunikation erforderliche räumliche Wissen zu generieren[12]. Der wesentliche Unterschied besteht zum einen darin, dass im Falle einer kognitiven Karte allozentrisches Wissen direkt ausgelesen werden kann, während es im egozentrischen Ansatz indirekt inferiert werden muss, und zum anderen darin, dass im Rahmen des egozentrischen Ansatzes jede egozentrische Relation mit jeder Bewegung explizit aktualisiert werden muss.

Diese explizite Gegenüberstellung beider Ansätze soll keine Dichotomie präsupponieren. Es ist von den zur Motivation des allozentrischen Ansatzes legendären *place cells* bekannt, dass sie in Umgebungen ohne Weg-Alternativen gerichtet sind (d.h. sichtabhängig), während sie in offenen Umgebungen ungerichtet sind. D.h., dass sie mindestens unter bestimmten Bedingungen egozentrisch sein können (s.u.a. [Red99]). Aber es ist auch intuitiv nachvollziehbar, dass allozentrisches Wissen, auch wenn es aus einer kognitiven, allozentrischen Karte ausgelesen wird, in einen körperbezogenen egozentrischen *frame of reference* übertragen werden muss, um für ein kognitives System anwendbar zu sein. Auf der anderen Seite schließt der egozentrische Ansatz nicht aus, dass unter spezifischen Bedingungen räumliches Wissen in einer allozentrischen Karte abgelegt werden kann, bzw., dass letztere generiert werden kann. Vielmehr geht es um die Entscheidung, welche Repräsentationsform die dominierende ist, und unter welchen Bedingungen der jeweils alternative Ansatz eingesetzt werden kann bzw. wird.

Das Design der im folgenden diskutierten Experimente orientiert sich an der Popperschen evolutionären, epistemologischen Maxime der Falsifikation [Pop93]. D.h., es wird versucht die Vorhersagen des allozentrischen Ansatzes zu falsifizieren und gleichzeitig zu zeigen, dass die Vorhersagen des egozentrischen Ansatzes

---

[12]Beispielsweise kann im Rahmen des egozentrischen Ansatzes allozentrisches Wissen recht genau aus einer hinreichenden Menge egozentrischer Snapshots generiert werden, die über PI verknüpft sind.

nicht im Widerspruch zu den gefundenen Ergebnissen stehen. Die grundlegenden Thesen der beiden Ansätze lassen sich einfach als Dichotomie formulieren:

Allozentrisch - Sichtunabhängigkeit: Eine allozentrische Repräsentation ist sichtunabhängig. D.h. die aktuelle Position von Testpersonen sollte keinen oder nur einen geringen Einfluss auf räumliche Aussagen haben, die sich auf eine andere, nicht egozentrische Position eines Objektes beziehen.

Allozentrisch - Statische Repräsentation: Eine allozentrische Repräsentation ist statisch und muss, wenn einmal erworben, nicht (zyklisch) aktualisiert werden.

Umgekehrt lassen sich die Thesen für den egozentrischen Ansatz definieren[13].

Egozentrisch - Sichtabhängigkeit: Eine egozentrische Repräsentation ist sichtabhängig. D.h. die aktuelle Position einer Testperson hat einen relevanten Einfluss auf räumliche Aussagen, die sich nicht auf die egozentrische Position eines Objektes beziehen.

Egozentrisch - Dynamische Repräsentation: Eine egozentrische Repräsentation ist dynamisch und muss mit jeder Positionsänderung zyklisch aktualisiert werden.

2.4.1.2 Egozentrische vs. allozentrische Repräsentationen

Am Anfang der „*viewpoint debate*" stand nicht die Frage, ob räumliches Wissen in einer statischen, allozentrischen und sichtunabhängigen Karte repräsentiert wird oder auf der Basis dynamischer, egozentrischer Snapshots, sondern wie das allozentrische Wissen einer *cognitive map* in eine egozentrische Sicht umgewandelt bzw. überführt werden kann, um Handlungen ausführen zu können. Die Latenzzeiten von Personen in Experimenten, die sich ohne aktive Vision vorstellen sollten, wo Objekte von einem imaginären Standpunkt aus stehen, zeigten eine Verzögerung, die abhängig von ihrer aktuellen Position war: Diese Beobachtung korreliert

---

[13]Dies sind nicht die einzigen die jeweiligen Ansätze charakterisierenden Thesen, sondern die bezüglich ihrer Vorhersagen am besten separierenden. Tatsächlich sind die präzisen Eigenschaften des egozentrischen Ansatzes noch nicht soweit geklärt, dass sich aus ihnen ein einheitlicher theoretischer Rahmen konstituieren würde. Im Gegensatz dazu stellt der allozentrische Ansatz der *cognitive map* durchaus eine geschlossene, wenn auch nicht vollständig abgeschlossene Theorie dar. Dies spiegelt sich insbesondere durch umfassende Veröffentlichungen wider (aus der kognitiv-psychologischen Perspektive s. [Gal90], für eine umfassende kognitiv-neurologische Zusammenfassung s. [Red99]). Eine Gegenüberstellung der aktuellen Erklärungsansätze des egozentrischen Ansatzes werden in der abschließenden Diskussion dieses Kapitels gegeben.

nicht mit der Verwendung einer rein allozentrischen Karte, da diese unabhängig von jeder egozentrischen Position sein sollte. Die bereits auf [OS78] zurückgehende Theorie besagt, dass es zwei zusammenarbeitende Module geben muss, eines, welches das allozentrische Wissen repräsentiert, und ein egozentrisches Modul (s.o.). [ES95] wollten Experimenten von Rieser folgend untersuchen, ob der Zugriff auf eine relative Objektposition direkt, d.h. ohne oder mit der Mediation des egozentrischen Moduls erfolgt[14]. Rieser hat in [Rie89] die oben geschilderten Experimente durchgeführt und festgestellt, dass es bei einer Translationsaufgabe (d.h. einem Verschieben der eigenen Position vorwärts oder rückwärts - aus egozentrischer Sicht) keine Verlängerung der Antwortzeiten zwischen der wirklichen und einer vorgestellten Position gab. Die beobachtete Verzögerung bei der Rotationaufgabe führte er auf das Umrechnen der aktuellen egozentrischen Sicht auf die allozentrische Karte zurück. Nach diesem Modell erfolgt der Zugriff daher direkt auf der Basis der allozentrischen Objekt-zu-Objekt-Relationen. Easton und Sholl [ES95] hingegen wollten eine alternative Interpretation belegen: nicht die allozentrische Karte wird gedreht, sondern die egozentrische Position wird virtuell gedreht, bis die Zielposition erreicht ist. Dazu haben sie drei Experimente durchgeführt. Das erste Experiment (EXP1) war sehr ähnlich zu dem ursprünglichen Experiment von Rieser ausgelegt und sollte die Ergebnisse von [Rie89] nur replizieren. Versuchspersonen wurden in einen viereckigen Raum geführt und mussten die Position der in der Nähe der Wand verteilten Gegenstände lernen. Dann wurde ihnen die Augen verbunden und sie sollten sich vorstellen, entweder zu einem anderen Gegenstand gewendet zu stehen (Rotationsaufgabe), oder bei gleicher Ausrichtung nach hinten oder vorne verschoben zu stehen (Translationsaufgabe). Das Experiment konnte die Ergebnisse von Rieser trotz fast identischen Versuchsaufbaus nicht replizieren. Sowohl in der Translations- als auch in der Rotationsaufgabe ist die Latenzzeit ungefähr linear zur Rotations- bzw. Translationsverschiebung gestiegen; bei Rieser konnte nur ersteres nachgewiesen werden. Es wurde ein zweiter Versuch unternommen (EXP2). Der Versuchsraum wurde durch das Campusgelände ersetzt, bei gleichem Versuchsaufbau und gleicher Versuchsdurchführung. Es sollte überprüft werden, ob die beobachteten Latenzzeiten von der Größe der Umgebung abhängen. Das Ergebnis was nahezu identisch mit (EXP1). Die lineare Abhängigkeit von Distanz und Latenzzeit konnte sogar sehr viel deutlicher nachgewiesen werden als in (EXP1); darüber hinaus traten zwei Effekte auf: Die

---

[14]D.h. egozentrisch - allozentrisch oder egozentrisch - allozentrisch - egozentrisch. Da Menschen immer sensomotorisch egozentrisch in der Welt aligniert sind, ist in jedem Fall eine Transition egozentrisch - allozentrisch zu erwarten. Rieser ging es in den Experimenten darum, ob allozentrische Daten aus der *cognitive map* erst zurück übersetzt werden müssen, bevor auf sie zugegriffen werden kann.

Fehlerrate stieg etwa linear zur Distanz, und es trat ein Vorwärts-Rückwärts-Effekt (engl. *front-back effect*) auf. Die Ergebnisse von Rieser ließen sich erst im dritten Experiment (EXP3) replizieren, indem die Experimente wieder in einem rechteckigen Versuchsraum durchgeführt wurden und die Objekte in regelmäßigen Abständen und geometrischen Konfigurationen an den Wänden verteilt wurden. Die Ergebnisse von [ES95] unterstützen damit die egozentrische, sichtabhängige Interpretation, da die Latenzzeiten in einem proportionalen Verhältnis zur imaginären Rotations- und Translationsdistanz stehen und sich ein für egozentrische Repräsentationen typischer Vorwärts-Rückwärts–Effekt nachweisen ließ. Zu sehr ähnlichen Ergebnissen kommen Sholl und Nolin in [SN97].

Die Experimente von [ES95] haben erste Hinweise, aber keine abschließenden Antworten gegeben. Die Interpretation von Sholl und Nolin korreliert zwar mit experimentellen Daten, könnte aber dennoch dem Zugriffsprozeß zugeschrieben werden und sagt nicht notwendigerweise etwas darüber aus, wie die Daten gelernt wurden, oder ob sie unabhängig vom Zugriffsprozeß repräsentiert sind. [RMH99] liefern deutlichere Ergebnisse in diese Richtung. In ihrer Experimentreihe mussten Probanden zwei Flure auf zwei verschiedenen Stockwerken unter drei verschiedenen Bedingungen lernen: Entweder

1. vermittels einer Karte, oder
2. durch physikalische Navigation, oder
3. vermittels einer virtuellen Umgebung auf einem Rechner ohne entsprechende senso-motorische Rückkoppelung.

Ein ähnliches Experiment wurde bereits in Thorndyke und Hayes-Roth [THR82] durchgeführt (ohne die virtuelle Umgebung), jedoch waren die Lernbedingungen für die Test-Probanden weitgehend unkontrolliert. Bei den Testpersonen, die vermittels einer Karte lernen sollten, lag die zum Lernen der Karte zur Verfügung stehende Zeitspanne zwischen einigen Minuten und einer ganzen Stunde. Noch größer war die Diskrepanz bei der physikalischen Navigation: hier kannten die Testpersonen die Örtlichkeiten bereits vor dem Test zwischen einem Monat und zwei Jahren. Besonders für das Erkennen von Landmarken auf den Fluren sind deutlich unterschiedliche Voraussetzungen gegeben, da viele Probanden diese durch ihre tägliche Arbeit bereits praktisch kannten. Das Vergleichsexperiment liefert interessante Ergebnisse: besonders interessant sind die Vergleichsergebnisse zwischen den Probanden, die mittels einer Karte lernen und den wirklichen Navigierern. Über alle Experimente hinweg gesehen war die Zeigegenauigkeit (engl. *pointing precision*) bezüglich der Landmarken beim Test entgegen der gelernten Ausrichtung in beiden Gruppen annähernd gleich. Beide Gruppen zeigten eine signifikant höhere Zeige-Ungenauigkeit im Vergleich zur gelernten

Ausrichtung. Dieses Ergebnis steht im Gegensatz zu [THR82]. Gerade weil beide Testgruppen den gleichen höheren Fehler zeigen, kann von einem Orientierungseffekt ausgegangen werden. In wesentlich schwächerer Form wurde zwar auch bei Thorndyke und Hayes-Roth eine Verschlechterung festgestellt, diese wurde aber der Übertragung von der Senkrechten in die Horizontale zugeschrieben (d.h. die Übertragung der Kartensicht in die wirkliche Welt - eine sichtabhängige Repräsentation wurde nicht in Erwägung gezogen). Allerdings hat, wie zu erwarten, die Sichtabhängigkeit keinen Einfluss auf das Abschätzen der Routendistanz. Darüber hinaus hat sich gezeigt, dass die Kartenlerner einen größeren Unterschied in der Genauigkeit zwischen imaginären und *in situ*-Entscheidungen hatten als die Probanden, die über direkte Navigation gelernt hatten. Der fundamentale Unterschied zwischen virtueller Umgebung (engl. *virtual environment*, kurz VE) und *in situ* waren Rotationsfehler. Beide Gruppen von Probanden konnten jeweils einen Flur präzise lernen, VE-Lerner hatten jedoch Probleme, die (Rotations-)Orientierung zu behalten, wenn sie über Treppen ein Stockwerk tiefer navigieren mussten. In beiden Gruppen sind in sehr ähnlicher Weise Anpassungseffekte aufgetreten. Ein weiteres bemerkenswertes Ergebnis sind die direkten Distanzschätzungen (d.h. die Luftliniendistanzschätzungen[15]). Während bei den Kartenlernern diese Schätzung, wie zu erwarten, recht genau war, fiel das Ergebnis bei den physisch naviggieren Probanden im Vergleich deutlich ab (zwei Standardfehler mehr). Noch deutlicher, um zwei weitere Standardfehler höher war das Ergebnis bei den Probanden, die in der virtuellen Umgebung gelernt hatten. Sowohl die beobachtete Sichtabhängigkeit als auch die deutlichen Unterschiede bei der Luftliniendistanzschätzung stimmen nicht mit den Vorhersagen mindestens eines einfachen Modells einer kognitiven Karte überein. Auf der anderen Seite können diese Experimente die Existenz einer kognitiven Karte nicht ausschließen: Die schlechte Luftliniendistanzschätzung kann auch darauf zurückgeführt werden, dass unter verschiedenen Lernbedingungen verschieden präzise allozentrische Repräsentationen erzeugt werden. Die Sichtabhängigkeit, insbesondere bei den Kartenlernern, könnte darauf zurückzuführen sein, dass sie nicht hinreichend lange gelernt wurde, oder dass während des Lernprozesses die Karte nicht häufig genug gedreht wurde, um eine sichtunabhängige Repräsentation zu erzeugen. Zusammenfassend sprechen diese Ergebnisse dennoch deutlich für eine sichtabhängige und gegen eine sichtunabhängige Repräsentation.

---

[15]Im Orginal: *straight line distance*.

Die Ergebnisse werden qualitativ von den Ergebnissen von [REMSC98] gestützt. Die vorherigen Experimente von [RMH99] wurden in einer relativ komplexen Umgebung durchgeführt und können keine direkte Auskunft darüber geben, welchen qualitativen Einfluss die Größe eines Schemas (Layouts) auf die Sichtabhängigkeit hat. [PDH89] konnten an einfachen dreisegmentigen Pfaden nachweisen, dass große Schemas (Layouts) im Gegensatz zu kleinen selbst bei nur einer Sicht weitgehend Sichtunabhängigkeit ermöglichen. In direkter Anlehnung haben [REMSC98] versucht, die Ergebnisse in einer Versuchsvariante zu replizieren. [PDH89] nahmen an, dass Sichtunabhängigkeit erst dadurch möglich wird, dass Probanden sich vorstellen können, durch das Layout zu gehen, d.h. wenn sie es in Bezug zu einer Aktivität setzen können. Diese Annahme kann durch spätere neurologische Befunde in gewissem Rahmen gedeckt werden. Es ist gezeigt worden, dass *Place Cells* nicht nur an einen Ort, sondern auch an eine Aktion gekoppelt sind. Wenn eine Ratte gelernt hat in einer Umgebung eine bestimmte Tätigkeit auszuführen, werden die *Place Cells* nur dann mit dem gleichen Aktivitätsmuster aktiv, wenn auch die gleiche Tätigkeit ausgeführt wird [Red99][16]. Jedoch ist aus neurologischer Sicht unklar, ob diese Koppelung auch für *imaginäre* Aktivitäten gilt. Um den Einfluss der Größe einer Umgebung auf die Sichtabhängigkeit näher zu untersuchen, gaben [REMSC98] einer Gruppe von Testpersonen große Layouts zum Lernen und einer Kontrollgruppe kleine Layouts. Letztere Gruppe sollte sich nach dem Lernen vorstellen, sie wären drei Inch groß und könnten durch das Layout gehen. Beiden Gruppen wurden die Augen verbunden und sie wurden passiv (hier, mit einem Rollstuhl) geschoben. Die Gruppe, die an dem großen Layout gelernt hatte, wurde direkt und für die Testpersonen nachvollziehbar an die Stelle geschoben, an der sie gelernt hatten. Die Kontrollgruppe mit dem kleinen Layout wurde hingegen chaotisch hin und her geschoben, so dass sie keine Orientierung zur äußeren Umgebung hatte (die sie auch nicht gelernt hatten, um keine Interferenzen zu erzeugen). Das Ergebnis zeigte wiederum die im wesentlichen gleichen Anpassungseffekte für beide Testgruppen, so dass Größe als entscheidende Variable für Sichtabhängigkeit ausgeschlossen werden konnte. In einem weiteren Experiment wurde der etwas artifizielle Versuchsaufbau mit bekannten Objekten modifiziert (und damit in eine Szenenerkennungsaufgabe umgewandelt). Das Ergebnis bestätigt die Ergebnisse des ersten Experiments - in allen Fällen trat eine Sicht-

---

[16]Es ist nie eine einzelne *Place Cell* im CA1 und CA3 des Hippocampus mit einem bestimmten Ort verbunden, sondern eine Vielzahl dieser Zellen weisen synchron ein gleiches Aktivitätsmuster auf, das augenblicklich aktiviert wird, wenn eine Ratte eine bestimmte Umgebung betritt, und augenblicklich wieder verschwindet, wenn es dieselbe wieder verlässt. Auf diese Art kann eine Menge von *Place Cells* mittels verschiedener Aktivitätsmuster verschiedene Umgebungen codieren, bzw. an Aktivitäten gekoppelte Umgebungen.

abhängigkeit auf[17]. Das Ergebnis kann sogar erheblich verallgemeinert werden. Experimente von McNamara und Kollegen (u.a. ([MD97], [McN03], [MRW03], [MS03], [SM01]) zeigen deutlich, dass auch wenn man eine Szene aus drei verschiedenen Perspektiven sieht, keine sichtunabhängige Repräsentation aufgebaut wird. In Abschnitt 2.4.1.4 werden die Experimente und Ergebnisse aus einem anderen Sichtwinkel ausführlich diskutiert.

In einer Experimentreihe von [ARB00] werden die bis hier diskutierten Ergebnisse in einem einzelnen Kernszenario anschaulich repliziert. Im Rahmen dieser Studie sollte validiert werden, welchen Einfluss die Reihenfolge, in der verschiedene Sichten präsentiert werden, auf den Zugriff und die Repräsentation visueller Informationen hat. Implizit wurde zudem untersucht, ob eine Sichtabhängigkeit vorliegt und ob mehrere verschiedene Sichten helfen können, eine sichtunabhängige, allozentrische Karte aufzubauen. Durchgeführt wurden die Experimente in diesem Zusammenhang erstmals in einer virtuellen Umgebung (engl. *virtual environment*) (VE). Ein VE-Szenario bringt besonders im Kontext räumlicher Repräsentation deutliche Vorteile, da sich hier realitätsnahe Szenarien entwickeln lassen, die dennoch ein hohes Maß an Kontrolle ermöglichen. So konnten in diesen Experimenten die Sichtbedingungen exakt definiert werden und es konnte sichergestellt werden, dass alle Testprobanden die exakt gleichen Sichten auf das Testszenario hatten. Als Testszenario wurden vier 16 m hohe Häuser präsentiert, die ungleichmäßig um ein definiertes Zentrum verteilt lagen. Das Szenario hatte einen simulierten Radius von 215,5 m und wurde aus einer simulierten Augenhöhe von 4,5 m betrachtet. Die Testpersonen konnten sich virtuell anhand von 24 fest definierten Sichten um dieses Szenario herumbewegen. Die Experimente korrelieren mit den bisher beobachteten Ergebnissen:

1. Die Reihenfolge, in der die verschiedenen Sichten gezeigt wurden, ob zufällig oder geordnet, hatte keinen Einfluss auf die Qualität der Positionswiedergabe. Diese Beobachtung legt die These nahe, dass visuelle Wahrnehmung auf egozentrischen und unabhängigen Snapshots basiert.
2. Auch wenn die Testprobanden die Möglichkeit hatten, ein Szenario aus verschiedenen Perspektiven zu betrachten, ergab sich stets eine sichtabhängige Repräsentation.

---

[17]Es stellt sich die Frage, warum die Experimente von [PDH89] ein so signifikant anderes Ergebnis zeigen? - Roskos-Ewoldsen et. al. sehen die Ursache im Experimentaufbau. Bei Rieser et. al. wurden die Testprobanden nicht passiv geschoben, sondern durften sich selbst in die Richtung drehen, aus der sie sich die Umgebung vorstellen sollten. Dadurch war es ihnen vermutlich möglich, beim Drehen ihre Position zu aktualisieren. Eine ausführliche Diskussion der darüber hinausgehenden Unterschiede im Versuchsaufbau und mögliche Interpretationen würden den Rahmen dieser Arbeit sprengen (Details s. [REMSC98].

Ein Aspekt, dem bislang nur in einer Studie (Experimentreihe) Beachtung geschenkt wurde, ist die Dynamik. Um Sichtabhängigkeit nachzuweisen, wurden in den bisher geschilderten Experimenten nur statische Szenarien betrachtet. Da statische Szenarien als kognitiv einfacher zu verarbeiten gelten, liegt die Vermutung nahe, dass auch dynamische Szenen sichtabhängig repräsentiert werden. Belegt wurde dies in einer Studie von [GSH02]. Am Beispiel des Wiedererkennens von Fußballszenen wurde untersucht, ob hochgradig dynamische Szenarien die Erzeugung einer sichtunabhängigen Repräsentation befördern oder sogar erfordern. Als Testdaten wurden Fußballspiele ausgewählt, die aus verschiedenen Kameraperspektiven aufgenommen wurden. Es sollte überprüft werden, ob sich auch in dynamischen Szenarien eine egozentrische, sichtabhängige Repräsentation nachweisen lässt, oder ob Fußball-, ebenso wie z.B. Schachszenen eher funktional repräsentiert werden. Bei der Repräsentation von Schachszenen hat sich gezeigt, dass die räumliche Konfiguration eine relativ untergeordnete Rolle spielt. Wichtiger scheinen die taktischen, d.h. funktionalen Eigenschaften der Stellung zu sein. So kommt es eher zu Verwechslungen zwischen taktisch ähnlichen Situationen im Vergleich zu räumlich ähnlichen Szenarien[18]. Es wurden drei Experimente durchgeführt. Im ersten Experiment (EXP1) wurde eine Fußballszene zweimal aus der gleichen Perspektive gezeigt. Die Testprobanden sollten anschließend anhand von Standbildern entscheiden, ob sie die Szene zuvor gesehen hatten oder nicht. Dabei wurden unterschiedliche Szenen aus der gleichen wie auch aus einer anderen Kameraperspektive gezeigt. Standbilder aus der gleichen Perspektive wurden besser und genauer erkannt als Standbilder mit der gleichen Szene, aber aus einem anderem Kamerawinkel. Je größer der Winkelabstand zwischen gelernter und getesteter Kameraperspektive war, um so größer wurde die Fehlerrate. Zudem wurde beobachtet, dass es keine Beziehung zwischen Antwortzeit und Genauigkeit gab. Die Antwortzeiten lagen vollständig im gleichen Bereich, unabhängig von der Kameraperspektive. Dieses Ergebnis steht in Konflikt mit den Ergebnissen in statischen Domänen. Es könnte darauf hindeuten, dass in dynamischen Szenarien das Verhalten stärker durch zeitliche Constraints beeinflusst und in der Folge restriktiert wird. Beim zweiten Experiment (EXP2) wurden die gleichen Szenen aus zwei verschiedenen Kameraperspektiven gezeigt. Die Ergebnisse stimmen im wesentlichen mit denen des ersten Experimentes überein. Die gelernten Kameraperspektiven wurden besser erkannt als neue. Es gab jedoch ein interessantes Phänomen. Die Kameraperspektive, die genau zwischen den gelernten Perspektiven lag, wurde fast genauso gut erkannt wie die gelernten selbst. Ein erstaunliches Ergebnis, denn Kameraperspektiven mit der gleichen Winkeldistanz, aber außerhalb der ge-

---

[18]Eine dritte untersuchte These (die Schnitttechnik im Film) ist für den Rahmen dieser Arbeit irrelevant und hat sich als nicht haltbar erwiesen (Details s. [GSH02]).

lernten Perspektiven, wurden deutlich schlechter erkannt. Es scheint, als ob eine Panorama-ähnliche Repräsentation bzw. Transition zwischen den Kameraperspektiven gelernt worden wäre. Im dritten Experiment (EXP3) wurde die Fußballszene diesmal durch zwei Kameraperspektiven unterteilt, so dass kein homogenes Bild des Szenarios aufgebaut werden konnte. Die Ergebnisse sprechen auch hier eine deutliche Sprache. Standbilder, die nur wenige Sekunden nach den beobachteten Kameraperspektiven lagen (d.h. wenn kein Perspektivenwechsel stattgefunden hat), wurden schlechter erkannt als neue Perspektiven.

Diese Studie erweitert die bisher beschriebenen Beobachtungen auf dynamische Szenen: sowohl dynamische als auch statische Szenen werden sichtabhängig repräsentiert und erinnert.

Die bis hierhin dargestellten Experimente lassen verlässlich den Schluss zu, dass visuelle Wahrnehmung auch sichtabhängig ist, unabhängig von der Größe oder Komplexität der Umgebung, unabhängig davon, ob die Umgebungen statisch oder dynamisch sind, und auch unabhängig von der Anzahl der gelernten Sichten. Damit konnte nachgewiesen werden, dass zentrale Experimente, die bislang als Argumente für eine *cognitive map* gewertet wurden, unter sehr spezifischen, nicht leicht zu reproduzierenden Umständen entstanden sind und in jedem Fall nicht verallgemeinerbar sind. Dennoch sagen diese Experimente nicht aus, dass es keine kognitive Karte geben kann, oder, dass es allgemein keine statische, allozentrische Repräsentation gibt bzw. geben kann. Im Gegenteil, die Experimente z.B. von [ES95] deuten an, unter welchen spezifischen Bedingungen dies möglich ist. Jedoch zeigt sich, dass die Bedingungen so spezifisch sind, dass sie nicht als Normalfall gelten können. Die Annahme der Sichtabhängigkeit ist so evident, dass die in den Folgeabschnitten diskutierte weiterführende Literatur sie weitgehend als Voraussetzung nimmt[19].

Auf Basis dieser Ergebnisse ergeben sich zwei zentrale Fragestellungen, die in den nächsten beiden Abschnitten ausführlicher anhand der aktuellen Literatur untersucht werden: (1) Wenn räumliche Repräsentationen sichtabhängig von der Position des Beobachters, d.h. egozentrisch sind, muss zum einen geklärt werden, wie Landmarken wiedererkannt werden, die aus einer bestimmten Sicht wahrgenommen wurden. (2) Zudem spielt die Auswahl der Snapshots eine zentrale Rolle - welche sind geeignet und wie viele können oder müssen aufgenommen werden, um eine Landmarke wiederzuerkennen? Diese Fragen werden im übernächsten Abschnitt (2.4.1.4) unter dem Gesichtspunkt des *Frame of References* näher untersucht. Im nächsten Abschnitt 2.4.1.3) wird zuerst untersucht, welche Eigen-

---

[19] Auf ein mögliches, vollständiges Auflisten aller diese These stützenden Studien und Untersuchungen wird verzichtet und auf die Diskussion in den Folgeabschnitten verwiesen. Die dort geschilderten Experimente unterstützen diese These.

schaften dem Aktualisierungsprozess auf der Basis egozentrischer, dynamischer Repräsentationen zugrunde liegen.

2.4.1.3 Aktualisierung egozentrischer Repräsentationen

Neben der Sichtunabhängigkeit zeichnet sich die allozentrische Repräsentation einer *cognitive map* dadurch aus, dass räumliche Relationen statisch repräsentiert werden und daher nicht fortwährend aktualisiert werden müssen (s.o. 2.4.1.1). D.h., wenn die räumlichen Relationen erfasst wurden, sind sie unabhängig von jeder egozentrischen Bewegung (s. Abb. 2.1(a)). Im Gegensatz dazu werden Relationen zwischen Objekten im dynamischen, egozentrischen Ansatz nicht direkt allozentrisch repräsentiert, sondern müssen aus verschiedenen Snapshots inferiert werden. Dazu müssen die egozentrischen Relationen mit jeder Eigenbewegung aktualisiert werden (s. Abb. 2.1(b)). Im ersten Teil dieses Abschnitts wird gezeigt, dass die räumliche Repräsentation nicht nur, wie im vorherigen Abschnitt gezeigt, sichtabhängig ist, sondern dass die Stabilität von Objektrelationen an einen egozentrischen Aktualisierungsprozess gekoppelt ist. Im zweiten Teil werden die zentralen Eigenschaften dieses Prozesses anhand aktueller Ergebnisse näher umrissen.

Dynamische Objekt-Ego-Relationen

In einer sehr elaboriert und differenziert durchgeführten Experimentreihe haben [WS00] deutliche, konstruktive Hinweise für eine dynamische, egozentrische Repräsentation erbracht. Dabei haben sie sich im Gegensatz zu den im vorherigen Abschnitt diskutierten Studien auf den dynamischen Aspekt konzentriert. Wenn die der Navigation zugrunde liegende Repräsentation egozentrisch ist, müssen alle Objekt-Ich-bezogenen Relationen mit jeder Veränderung aktualisiert werden. Aus diesem Ansatz leitet sich daher die Vorhersage ab, dass alle Objekt-Ich-bezogenen Relationen im Falle einer Desorientierung verloren gehen, wenn sie nicht inkrementell aktualisiert werden konnten. Der allozentrische Ansatz der kognitiven Karte prognostiziert umgekehrt, dass Desorientierung, d.h die fehlende inkrementelle Aktualisierung, keinen Einfluss auf die Präzision der einmal erfolgreich repräsentierten Relationen hat, da die allozentrische Karte räumliches Wissen statisch repräsentiert und keiner fortwährenden Aktualisierung bedarf. Da beide Ansätze bezüglich der Desorientierung verschiedene Vorhersagen machen, eignen sie sich zur Überprüfung beider Konzepte. Konzeptionell ergeben sich damit zwangsläufig die zentralen Anforderungen an den Versuchsaufbau.

Im Testszenario von [WS00], mussten die Testpersonen, die um einen Raum mit undurchsichtigen Wänden und ohne Fenster angeordneten Gegenstände lernen (s.

Abb. 2.4). Dann wurden sie in einen kleinen Raum geführt (ca. 1.9 m x 2.0 m), in dem vier schwache Glühbirnen symmetrisch verteilt angebracht waren. Eine Seite des Raumes war farblich (rot) gekennzeichnet, um sie von den anderen drei Wänden (alle weiß) unterscheiden zu können, um die symmetrische Rotationsinvarianz auflösen zu können (die Tür war nicht mehr zu erkennen). Die Gegenstände wurden nicht symmetrisch und nicht im gleichen Abstand zur Wand angeordnet, so dass z.B. ein Gegenstand nicht direkt mit einer Ecke assoziiert werden konnte.

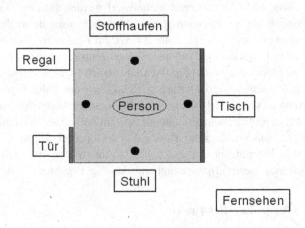

Abbildung 2.4: Adaptiert nach *(Wang und Spelke 2000)*: Versuchsaufbau von Experiment 1

Nachdem die Testpersonen die Position der Gegenstände außerhalb des Raumes hinreichend genau gelernt hatten, wurden sie im ersten Experiment (EXP1) in den Raum geführt und mussten unter drei Bedingungen auf die Gegenstände außerhalb des Raumes zeigen:

Sehend: Unter der ersten Testbedingung wurde den Testpersonen die Augen nicht verbunden und sie konnten ohne Desorientierung auf die Gegenstände außerhalb des Raumes zeigen.

Blind: Unter der zweiten Testbedingung wurden sie mit verbundenen Augen verbunden auf einem Stuhl leicht gedreht, so dass sie ihre Orientierung behalten konnten (wurde überprüft).

Desorientiert: Unter der letzten Testbedingung wurden sie zudem desorientiert, d.h. mussten sich eine bestimmte Zeit um die eigene Achsen drehen, bis sie nachweislich die Orientierung verloren hatten.

Es können zwei Desorientierungseffekte eintreten. Zum einen verlieren die Testpersonen die Orientierung, wie sie relativ zu den gelernten Objekten orientiert sind (Ausrichtungsfehler, engl. *heading error*). Nach der sich aus dem allozentrischen Ansatz ableitenden Vorhersage dürfte dieser Fehler keinen Einfluss auf die Beurteilung haben, wie die Objekte relativ zueinander angeordnet sind, da sie in einer statischen Karte repräsentiert sind (Konfigurationsfehler bzw. interner Fehler; engl. *configuration error*). Wenn sich die Testpersonen daher um 20° bezüglich ihrer Ausrichtung täuschen (Ausrichtungsfehler), dürfte dies keinen Einfluss auf die relativen Abstände der Objekte untereinander haben (Konfigurationsfehler), d.h. der Ausrichtungsfehler von 20° müsste sich gleichmäßig auf alle Objekte übertragen. (EXP1) ergab ein deutliches Ergebnis. Unter der Bedingung *„sehend"* wie *„blind"* zeigten die Testpersonen weder einen erheblichen Ausrichtungsfehler noch einen Konfigurationsfehler. In der *„Desorientierungsbedingung* hat sich jedoch sowohl ein ausgeprägter Ausrichtungs- als auch ein (zusätzlicher) Konfigurationsfehler gezeigt. Der Ausrichtungsfehler ist nach beiden Ansätzen zu erwarten und spiegelt den Desorientierungseffekt wider. Der Konfigurationsfehler widerspricht jedoch dem allozentrischen Ansatz, da Desorientierung keinen Einfluss auf die allozentrische, kognitive Karte haben sollte. Es gibt anderseits potentielle externe Faktoren, die das Ergebnis erklären könnten. Zum einen könnte die allozentrische Repräsentation durch die Drehungen der Testpersonen bei der Desorientierung gestört worden sein. Zusätzlich könnte durch die Drehungen das subjektive Empfinden so gestört worden sein, dass es zu einer höheren Fehlerquote kam, oder ein Gefühl der Orientierung könnte es unmöglich oder sehr schwer machen, räumliches Wissen abzurufen. Daher wäre das Wissen korrekt repräsentiert (gemäß dem allozentrischen Ansatz), aber der Zugriff wäre gestört. In diesem Fall würde sich kein Konflikt zur These der *cognitive map* ergeben. Ferner ist es möglich, dass die Testpersonen bei jedem Zeigen auf ein Objekt versuchten, den Ausrichtungsfehler unsystematisch zu korrigieren. Um diese Erklärungen auszuschließen und sicherzustellen, dass der Konfigurationsfehler tatsächlich auf eine dynamische, egozentrische Repräsentation zurückzuführen ist, wurde versucht, in einer Reihe von Folgeexperimenten die geschilderten alternativen Erklärungsansätze auszuschließen. Im zweiten Experiment (EXP2) durften sich die Testpersonen nicht selbst drehen, sondern wurden vermittels eines Drehstuhls passiv gedreht. Nach der Desorientierung wurde ihnen 30 sec. Zeit gegeben, sich von der Drehung zu erholen. Die Ergebnisse sind im wesentlichen die gleichen: ein erheblicher Ausrichtungs- und ein ebenso signifikanter Konfigurationsfehler. Um gänzlich auszuschließen, dass der Konfigurationsfehler auf physische Ursachen (bedingt durch die Desorientierung) zurückzuführen ist, wurde im Experiment 3 (EXP3) ein stark vereinfachtes Testszenario gewählt. Die Testpersonen sollten nach der Desorientierung nicht mehr auf die Gegenstände hinter den Wänden zeigen, sondern einfach egozentrisch nach *links*, *rechts*, usw. Das Ergebnis fiel erwartungsgemäß aus. Die Desorientierung hatte keinen Einfluss auf die Zeigegenauigkeit von rein egozentrischen Richtungen. Daraus kann man schließen, dass der in (EXP1) und (EXP2) beobachtete Konfigurationsfehler tatsächlich auf die räumliche Repräsentation der zu zeigenden Gegenstände zurückzuführen ist. Damit bleibt aber immer noch die Möglichkeit, dass der Konfigurationsfehler auftritt, weil die Testpersonen keine Orientierung haben, d.h. es ist möglich, dass auf die allozentrische Karte nur korrekt zugegriffen werden kann, wenn eine Testperson sich allozentrisch orientieren kann. Um diese These zu validieren, wurde in Experiment 4 (EXP4) der Versuchsaufbau von (EXP2) leicht modifiziert. Statt einer ganz undurchsichtigen Augenbinde wurde diesmal eine Augenbinde verwendet, die so durchlässig war, dass zwar keine Details im Raum erkannt werden konnten, wohl aber die Lichtquellen. Die Testpersonen wurden wie in (EXP2) in den Raum geführt, desorientiert und vermittels eines asymmetrisch angebrachten einzelnen Lichtes, dessen Position vorher bekannt war, wieder desorientiert. Der Ausrichtungsfehler fiel (wie zu erwarten) minimal aus, da die Testpersonen das Licht zur Reorienterung verwenden konnten. Überraschender ist, dass auch der Konfigurationsfehler, im Gegensatz zu (EXP1) und (EXP2), gering ausfiel. Ein dem egozentrischen Ansatz folgendes Erklärungsmuster ist, dass die Testpersonen mit Hilfe des Lichts während der Rotation ihre Position aktualisieren konnten, entweder dynamisch während des gesamten Rotationsprozesses, oder nach jeder Drehung - d.h. bei jedem Passieren des Lichtes. In Experiment 5 (EXP5) wurde diese These validiert. In diesem Versuch wurde das Licht erst *nach* der Desorientierung wieder eingeschaltet, um auch einen rein visuellen Update-Mechanismus während der Desorientierungsphase zu unterbinden. Nach der Desorientierung wurde das Licht wieder eingeschaltet und die Testpersonen mussten nach der Reorientierung den gleichen Zeigetest durchführen. Diesmal trat neben dem zu erwartenden Ausrichtungsfehler wiederum der bereits in (EXP1) und (EXP2) beobachtete Konfigurationsfehler auf.

Die Experimentreihe von Wang und Spelke liefert deutliche Unterstützung für die These, dass räumliche Repräsentationen egozentrisch und dynamisch repräsentiert sind. In (EXP1), (EXP2) und (EXP5), in denen die Testpersonen desorientiert wurden und nicht die Möglichkeit hatten, während des Desorientierungsprozesses die räumliche Repräsentation schrittweise zu aktualisieren, traten jeweils gravierende Konfigurationsfehler auf. (EXP4) hat zudem gezeigt, dass eine Reorientierung nicht ausreicht, um auf die räumliche Repräsentation zugreifen zu können. Stattdessen ist ein kontinuierlicher Aktualisierungsprozess erforderlich, der nicht unterbrochen werden darf. Diese Beobachtungen stehen in klarem Widerspruch zu der These einer statischen Repräsentation, die sich aus der *cognitive map* ableitet.

Zum anderen korrelieren diese Beobachtungen gut mit den Annahmen des dynamischen, egozentrischen Ansatzes. In diesem Ansatz kommt dem Aktualisierungsprozess tatsächlich eine zentrale Rolle zu, da er sicherstellt, dass zwei verschiedene Sichten (Snapshots) einer Szene als identisch erkannt werden können. Die Anforderungen an diesen Mechanismus sind daher weitreichend und betreffen sowohl die Performanz als auch die Präzision. Eine wichtige sich daraus ableitende Frage ist, welche sensorischen Informationen, bzw. welche Koppelung sensorischer Informationen die Grundlage für diesen Mechanismus bilden.

Mentale Rotation vs. Sichtaktualisierung

Die inkrementelle mentale Aktualisierung räumlicher Beschreibungen ist in einem anderen kognitiven Kontext, der Objektrotation, bereits sehr gut untersucht. Angefangen mit den Untersuchungen von [SM71] wurde die mentale Rotation (engl., *mental rotation*) von Objekten detailliert evaluiert. Es wurde gezeigt, dass die Antwortzeiten, um zu entscheiden, ob ein Objekt identisch oder gedreht wahrgenommen wird, linear mit dem Winkel der Drehung steigen (gute Übersicht in [And96], S. 108-110 u. S. 418f.). D.h., es gibt deutliche Hinweise, dass es sich bei der mentalen Rotation eines Objektes tatsächlich um einen inkrementellen Rotationsprozess handelt. Praktisch besteht zwischen der *mentalen Rotation* und dem mentalen Vorstellen, sich um ein Objekt zu drehen, kein Unterschied. Im Falle einer erfolgreichen Transformation sähe das Bild auf der *mentalen Retina* in beiden Fällen identisch aus. Dennoch ist schon seit längerem belegt, dass es sich um zwei verschiedene Prozesse handelt (z.B. [HP79], [Rie89]). Daher stellt sich die Frage, welche Form der Transformation der egozentrischen Aktualisierung von Sichten zugrunde liegt, und ob diese Unterscheidung auch im Kontext der egozentrischen Sichtaktualisierung trägt?

Diese Frage wurde in [SW98] (z.T. auch diskutiert in [Wan00]) untersucht. Zum Experimentdesign wurde das Szenenerkennungsparadigma verwendet. Testpersonen wurden auf einem runden Tisch fünf zufällig angeordnete alltägliche Objekte (Bürste, Messer, usw.) für drei Sekunden präsentiert (s. Abb. 2.5). Danach wurde für sieben Sekunden eine undurchsichtige Gardine vor das Szenario geschoben und die Testpersonen mussten entweder das gleiche Szenario oder ein gedrehtes, von Sichtposition 1 oder Sichtposition 2 auf eine Veränderung hin überprüfen (s. Abb. 2.5). Die resultierenden vier Kombinationen lassen sich in in zwei Gruppen klassifizieren: (1) die Sichtbedingung, in der die Sichtposition zwischen Lern- und Testphase modifiziert wird[20], jeweils mit und ohne Tischdrehung und (2) die Orientierungsbedingung, in der sich die Position zwischen Lern- und Testphase nicht

---

[20]D.h. zwei physikalisch verschiedene Orte.

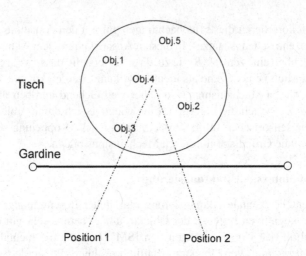

Abbildung 2.5: Adaptiert nach *(Simon und Wang 2000)*: Versuchsaufbau von Experiment 1

	Abbild rotiert	Abbild rotiert nicht
Sicht-bedingung	Gleiche Sicht	Unterschiedliche Sicht (47^0 modif. Sichtposition)
Orientierungs-bedingung	Unterschiedliche Sicht (47^0 modif. Ausrichtung)	Gleiche Sicht

Tabelle 2.1: Die vier Testbedingungen bei Simon/Wang 2000

ändert, wieder jeweils mit oder ohne gedrehten Tisch. In jeder der beiden Bedin-gungen ändert sich einmal das retinale Bild und einmal bleibt es identisch. Im Falle der Sichtbedingung (1) bleibt das retinale Bild, wenn der Tisch (mit-)gedreht wird, und in der Orientierungsbedingung, wenn der Tisch nicht gedreht wird. Es ergeben sich die in Tabelle 2.1 dargestellten Kombinationen.

Damit ergeben sich vier Testszenarien, die in Experiment 1 überprüft wurden:

Testszenario 1: Orientierungsbedingung - gleiches retinales Bild

> **Lernsituation:** Testperson sitzt an Position 1

> **Testsituation:** Testperson sitzt an Position 1 und der Tisch hat sich *nicht* gedreht

Testszenario 2: Orientierungsbedingung - unterschiedliches retinales Bild

Lernsituation: Testperson sitzt an Position 1

Testsituation: Testperson sitzt an Position 1 und der Tisch hat sich gedreht

Testszenario 3: Blickpunkt-Bedingung - unterschiedliches retinales Bild

Lernsituation: Testperson sitzt an Position 1

Testsituation: Testperson sitzt an Position 2 und der Tisch hat sich *nicht* gedreht

Testszenario 4: Blickpunkt-Bedingung - gleiches retinales Bild

Lernsituation: Testperson sitzt an Position 1

Testsituation: Testperson sitzt an Position 2 und der Tisch hat sich gedreht

Allen Testpersonen wurde unabhängig von der Testsituation vorher mitgeteilt, ob sich der Tisch in der Testphase gedreht haben wird oder nicht. Die Aufgabe bestand daher allein in der Bestimmung der Konfigurationsveränderung. Verglichen wurden die Reaktionszeiten, die unter den verschiedenen Bedingungen erforderlich sind, um eine Veränderung zu erkennen.

Bezüglich der Orientierungsbedingung (Testszenario 1 und Testszenario 2) lässt sich nach den in Abschnitt 2.4.1.2 diskutierten Experimenten bereits eine Vorhersage machen. Da räumliches Wissen sichtabhängig repräsentiert wird, sollte die Reaktionszeit im Testszenario 2 höher liegen als in Testszenario 1, da sich in Testszenario 2 die Orientierung zwischen Lern- und Testphase geändert hat. In der Blickpunkt-Bedingung könnte man ein ähnliches Ergebnis erwarten, da sich ebenso wie in der Orientierungsbedingung das retinale Bild einmal ändert und einmal identisch bleibt. Jedoch hat die Änderung des retinalen Bildes in der Blickpunkt-Bedingung einen anderen Charakter, da sie durch die Bewegung der Testperson (nach-)vollzogen wird.

Das Ergebnis in der Orientierungsbedingung folgt der Vorhersage: Die Antwortzeiten im Testszenario 2 waren signifikant langsamer als in Testszenario 1. Dieses Ergebnis kann daher als ein weiteres Indiz für eine sichtabhängige Repräsentation gewertet werden. In der Blickpunkt-Bedingung hingegen ließ sich kein signifikanter Unterschied in den Antwortzeiten nachweisen. Unabhängig davon, ob sich das retinale Bild geändert hat oder nicht bzw. der Tisch gedreht wurde oder nicht, waren die Antwortzeiten nahezu identisch[21]. Dieses Ergebnis liefert einen deutlichen Hinweis dafür, dass es sich bei der Orientierungsbedingung und bei der

---

[21] In dem gesamten Kapitel soll mit Bezeichnungen wie *nahezu identisch* oder *gleich* ausgedrückt werden, dass sich kein statistisch signifikanter Unterschied nachweisen ließ. Kleinere statistisch nicht als signifikant nachweisbare Unterschiede treten aufgrund der jeweils sehr präzisen Messungen beinah stetig auf.

Blickpunkt-Bedingung um zwei verschiedene Mechanismen handelt. Eine Tatsache, die überraschen sollte, da, wenn man von der Sichtposition abstrahiert, unter beiden Bedingungen identische retinale Abbilder beurteilt werden sollen. Um auszuschließen, dass das Ergebnis nicht durch Umgebungsinformationen verfälscht worden ist, indem z.B. ein Objekt auf dem Tisch in Relation zum Hintergrund gesetzt wurde, haben Simon und Wang in einem zweiten Experiment die Objekte mit einer phosphorizierenden Farbe bestrichen und das Licht ausgeschaltet, und damit alle möglichen Hintergrundlandmarken visuell eliminiert. Das Ergebnis fiel identisch mit Experiment 1 aus. Da ein Landmarken-zentrierter FoR (*frame of reference* (kurz: FoR), deutsch, Bezugsrahmen) durch Experiment 2 als Erklärung ausgeschlossen werden muss, kann das Ergebnis der Blickpunkt-Bedingung aus Experiment 1 und 2 nur einem speziellen Update-Mechanismus zugeschrieben werden, der sich konzeptionell vom Konzept in der Orientierungsbedingung unterscheidet. Da die Testpersonen in den Experimenten 1 und 2 das Objektlayout auf dem Tisch nicht visuell aktualisieren konnten, liegt die Vermutung nahe, dass das motorische Feedback der Bewegung des Gehens vom ersten Sichtpunkt zum zweiten dafür verantwortlich ist. Im dritten Experiment konnte genau dies bestätigt werden. Versuchsaufbau und -durchführung waren nahezu identisch mit Experiment 1. Das Licht wurde wieder angeschaltet, da in Experiment 2 bereits nachgewiesen werden konnte, dass kein Landmarken-zentrierter FoR verwendet wurde. Diesmal durften die Testpersonen jedoch nicht aktiv die Sichtposition wechseln, sondern wurden mit verbunden Augen passiv mit einem Rollstuhl zum zweiten Sichtpunkt geschoben. Unter diesen Bedingungen war es den Testpersonen nicht mehr möglich, das Layout zu aktualisieren, was sich in den verzögerten Antwortzeiten widerspiegelt, die bereits in der Orientierungsbedingung aus Experiment 1 beobachtet wurden. Die drei Experimente liefern in der Summe deutliche Hinweise für einen Update-Mechanismus. Leider bleiben aber die zentralen Eigenschaften ungeklärt. So kann z.B. nicht beantwortet werden, ob tatsächlich der motorische Input dafür verantwortlich ist, oder der fehlende visuelle Input. Die zur Aktualisierung benötigte relative Winkeldistanz zwischen alter und neuer Position kann prinzipiell aus beiden sensorischen Quellen abgeleitet werden. Von besonderem Interesse wäre es zu erfahren, ob eine der beiden Informationensquellen (d.h. Motorik oder visueller Input) ausreicht bzw. welche Vorteile die Kombination beider Quellen bringt hinsichtlich von Effizienz und Fehlertoleranz. Bezogen auf den visuellen Input sollte zudem geklärt werden, ob ein einfacher, uninterpretierter optischer Fluss (engl. *optical flow*) ausreicht, oder ob domänenspezifische, d.h. interpretierte Daten benötigt werden. [LW02] haben beispielsweise gezeigt, dass der reine retinale Fluss als Information für Steuerungsaufgaben prinzipiell ausreicht.

Indizien in diese Richtung kommen aus dem Bereich der Aktualisierung von PI-Informationen. [KLB$^+$98] haben anhand der Dreiecks-Vervollständigungsaufgabe^{22} die Rolle verschiedener Formen von Navigation untersucht. Wenn Testpersonen sich die 90° Drehung nur vorstellen, kommt es beim anschließenden Zeigetest fast immer zu einem deutlichen Fehler, der daraus resultiert, dass die Drehung nicht mental aktualisiert wurde. Die Experimente von [KLB$^+$98] zeigen deutlich, dass nur dann, wenn die Testpersonen wirklich physikalisch gehen, die Rotations-Aktualisierung durchgeführt wird. Weder eine sprachliche Beschreibung des Vorgangs noch eine Simulation am Computer oder auch die visuelle Präsentation der Drehung reichten zur Unterstützung des Update-Mechanismus aus. Eine Übertragung der Ergebnisse aus dem Bereich der PI-Aktualisierung sind jedoch kaum, wenigstens nicht direkt, auf die Szenenaktualisierung übertragbar, die von [SW98] untersucht wurden, da bei den Experimenten zur PI-Aktualisierung keinerlei visuelle Lamdmarken aktualisiert werden mussten. Es wäre nicht überraschend, wenn der bei der Aktualisierung visueller Landmarken visuelle Informationen eine größere Rolle spielen als in Landmarken-freien PI-Aktualisierung.

[LLKG02] und [Avr03] liefern aus einer anderen Richtung Hinweise dafür, dass bei der Aktualisierung von Szenen sensomotorische Rückkoppelung eine zentrale Rolle spielt. [LLKG02] haben am Beispiel blinder und sehender Testpersonen untersucht, inwieweit das Aktualisieren eines räumlichen Bildes vom sensorischen Input abhängt. Speziell wurde getestet, ob Beschreibungen mit natürlicher Sprache oder 3-D-Sound zu besseren Update-Ergebnissen führt. Zusammenfassend hat die Studie ergeben, dass sowohl mit natürlicher Sprache als auch mit 3-D-Sound das visuelle/perzeptionelle Bild sehr genau aktualisiert werden kann. Bei blinden Probanden gab es beim 3-D-Sound einen kleinen Vorteil gegenüber den Sehenden. Dies kann als ein Hinweis darauf darauf interpretiert werden, dass das Sehen keine notwendige Grundvoraussetzung ist, um ein räumliches Bild zu erzeugen und in der Folge zu aktualisieren.

Insgesamt kann festgehalten werden, dass es der These der dynamischen, egozentrischen Repräsentation folgend neben der Sichtabhängigkeit einen dynamischen Update-Mechanismus gibt. Wird dieser gestört, kommt es zu deutlichen Fehleinschätzungen bezüglich egozentrischer und in der Folge auch allozentrischer Relationen (s. insbesondere die Konfigurationsfehler aus [WS00]; Details s.o.). Die Natur der Repräsentation und daran gekoppelt die Natur des Update-

---

^{22}Testpersonen sollten sich vorstellen, dass sie beginnend an einem Startpunkt P_1 auf einem geraden Pfad eine kurze Strecke (z.B. 3 m) gehen, sich dann um 90°nach links oder rechts wenden und wiederum eine kurze Strecke gehen zum Endpunkt P_2. Dort (mental) angekommen, sollten sie sich vorstellen von P_2 auf den Ausgangspunkt P_1 zu zeigen.

Mechanismus bleibt jedoch weitgehend im Dunkeln. Es ist aber deutlich belegt, dass sich dieser Mechanismus fundamental von dem der *mentalen Rotation* (als *Terminus technicus*) unterscheidet, obwohl beide die Rotation von Objekten bzw. Szenen unterstützen ([SW98], [ZMTH00]; dies wird auch neurologisch belegt in [Par03]). In den nächsten beiden Abschnitten werden zwei zentrale Rahmenbedingungen näher betrachtet: die FoR (2.4.1.4) und die Rolle symmetrischer Konfigurationen.

2.4.1.4 Frames of Reference (FoR)

Am Anfang dieses Abschnitts wird eine kurze Übersicht über die in der kognitionswissenschaftlichen Literatur betrachteten Kategorien von Referenzrahmen (engl. *frames of reference*; im folgenden kurz: FoR) gegeben[23]. Anschließend werden am Beispiel von [PDTB02] die neurologisch nachgewiesenen egozentrischen FoR beim Menschen vorgestellt. Danach werden die Resultate, die McNamara in einer Reihe verschiedener Experimente (zusammen mit Kollegen) über die Rolle von landmarkenbasierten FoR gefunden hat, an einer zentralen Experimentreihe [SM01] ausführlich diskutiert. Die Ergebnisse werden im folgenden in den Kontext der bereits diskutierten Experimente gesetzt. Beschlossen wird dieser Abschnitt mit zwei aktuellen Untersuchungen bezüglich der Rolle von FoR beim Zugriff auf gespeicherte Informationen, insbesondere wird untersucht, wie verschiedene FoR zueinander in Beziehung stehen.

Referenzrahmen (engl. *frames of reference*; im folgenden kurz: FoR) lassen sich in drei Kategorien klassifizieren:

1. egozentrische FoR
2. landmarkenbasierte FoR und
3. allozentrische FoR.

Egozentrische FoR spezifizieren räumliches Wissen im Bezugsrahmen intrinsischer Eigenschaften eines kognitiven Systems. Ein solcher Bezugsrahmen kann z.B. assoziiert sein mit Annotierungen wie *oben, unten, rechts* und *links*, die in ihrer Gesamtheit ein Koordinatensystem definieren, in dem die ein kognitives System umgebenden Objekte relativ zu diesen Koordinaten ausgerichtet sind.

Ein landmarkenbasierter FoR spezifiziert die Lage und Orientierung von Objekten an signifikanten Landmarken der Umgebung. Diese FoR sind domänenspezifisch, und ihre Anwendung ist auf einen begrenzten Raum beschränkt, in dem die Referenzlandmarke ein dominierendes Merkmal der Umgebung ist. Es lassen sich

---

[23]Eine ausführlichere Diskussion über den kognitionswissenschaftlichen Rahmen hinaus erfolgt in Kapitel 3.1 bzw. 3.2.

vielfältige Beispiele anführen: *in der hinteren Ecken des Raums stehen die Boxen, die Regale stehen neben dem Fernseher*. Räumliches Wissen, welches in landmarkenbasierten FoR gespeichert wird, ist daher nur verwendbar, wenn auf diesen FoR zugegriffen werden kann. Wenn man den Raum nicht kennt oder nicht weiß, wo der Fernseher steht, stellen diese Art von FoR nur eingeschränkte Informationen bereit oder sie sind gar nicht abrufbar. D.h., ein landmarkenbasierter FoR definiert den Kontext, in dem räumliche Informationen gespeichert sind und aus nur dem hinaus sie abgerufen werden können.

Informationen in einem allozentrischen FoR sind auf der anderen Seite universell und unabhängig von der räumlich-egozentrischen Position eines kognitiven Systems oder von spezifischen Eigenschaften der Umgebung. Klassische Beispiele sind die aus der Geographie bekannten Koordinatensysteme mit *Nord, West, Süd, Ost*. FoR spielen auch in anderen Forschungsfeldern eine wichtige Rolle und sind gründlich analysiert worden. Ein klassisches Beispiel ist die Linguistik, hier insbesondere die Semantik und Pragmatik[24]. Diese hier verwendete Kategorisierung ist konzeptioneller Natur und nicht als eine Art *Entweder-oder* (XOR)- Klassifikation zu verstehen. FoR spielen nicht nur in der menschlichen Wahrnehmung eine wichtige Rolle, sondern werden auch von einfachen kognitiven Systemen wie Insekten verwendet. Wie in Abschnitt 2.3.1 dargestellt, verwenden Ameisen und Bienen sowohl egozentrische als auch allozentrische FoR (die lichtunabhängige Sonnenposition).

Egozentrische FoR

Jede Form von Aktion in einer Umwelt erfordert, dass räumliches Wissen im egozentrischen Koordinatensystem des Körpers vorliegt, um Aufgaben wie z.B. das Greifen nach einem Objekt bewerkstelligen zu können. So muss z.B. beim Greifen der Winkel und die Distanz zwischen dem Arm/der Hand und dem zu greifenden Objekt relativ zur Körperposition bekannt sein, um die Greifaufgabe erfolgreich umsetzen zu können. Auf der anderen Seite wird räumliches Wissen vermittels der Sinnesorgane bereits notwendig in einem egozentrischen FoR wahrgenommen. Nicht-egozentrische FoR (sowohl allozentrisch als auch landmarkenbasiert) sind daher abstrahierende Transformationen, die aus einem egozentrischen FoR generiert werden müssen und auf der anderen Seite für die Aktuatorik wieder in einen egozentrischen FoR zurück verwandelt werden müssen. Egozentrische FoR spielen auch bei der Integration sensorisch-räumlicher Informationen eine zentrale Rolle. [SF92] haben belegt, dass es mindestens drei bzw. vier egozentrische FoR

---

[24]Eine detailliertere Darstellung würde den Rahmen dieser Arbeit sprengen, da sie für die folgenden Untersuchungen und Theorien keine wichtige Rolle spielen.

mit Transitionen zwischen den verschiedenen Ebenen gibt (s. Abb. 2.6): augen-, kopf- und körperzentriert.

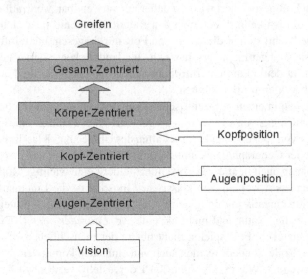

Abbildung 2.6: Adaptiert nach *(Pouget et al. 2002)*

Die Repräsentation der Umgebung eines kognitiven Systems hängt im besonderen für den visuellen Wahrnehmungprozess von den relativen Bewegungsachsen eines kognitiven Systems ab. Diese Abhängigkeit lässt sich am Beispiel der *links-rechts* Dichotomie anschaulich verdeutlichen: die sprachliche Äußerung, dass sich ein Objekt A links von einem kognitiven System befindet, bezieht sich im Normalfall auf die Ausrichtung des Körpers. Wenn das System jedoch den Kopf um 90^0 nach links auf die linke Schulter dreht, entspricht im egozentrischen FoR des Kopfes *links* im egozentrischen FoR der Körperachse *hinten*. Wenn aus dieser Position die Augen 90^0 nach rechts gedreht werden, entspricht im retinalen FoR die Richtung *vorne*, im Körperachsen bezogenen FoR auch *vorne* (d.h. heben sich beide auf). Diese nicht immer intuitiv erscheinenden Transitionen zwischen verschieden egozentrischen FoR spielen eine zentrale Rolle bei der räumlichen Wahrnehmung der Umwelt. Während der Sehprozess unmittelbar auf dem retinalen FoR basiert und damit von allen drei Bewegungsachsen abhängig ist (Auge, Kopf, Körper), hängt der Prozess des Hörens z.B. nicht von der Drehungsachse der Retina, sondern nur von der des Kopfes und des Körpers ab. Greifen wiederum hängt ausschließlich von der Körperachse ab. Da verschiedene Sinnesdaten an unterschiedliche FoR gekoppelt sind, kann nur über Transformationen zwischen den verschiedenen egozentrischen FoR ein einheitliches, stabiles Abbild der Umwelt geschaffen werden. Bei diesen Transformationen handelt es sich nicht um einen rein integrativen *Bottom-up*-Prozess, der in eine einheitliche Repräsentation mündet. [PDTB02] haben gezeigt, dass z.b. beim Greifen auditive Signale aus dem kopfzentrierten FoR auch in den retinalen FoR *herunter*-transformiert werden.

Auf welchen Repräsentationen diese Umformungsprozesse arbeiten, ist aus kognitiver Sicht weitgehend ungeklärt. Jedoch spielen die Transformationen notwendigerweise eine zentrale Rolle. Insbesondere die in der Hierarchie höher angesiedelten FoR (s. Abb. 2.6) bilden die Basis bei der Koordination länger- und mittelfristigen Verhaltens, da sie ein stabileres Weltbild beschreiben. So ist eine Beschreibung der Umwelt im körperbezogenen FoR unabhängig sowohl von der Kopf- als auch von der Augenbewegung und damit auch wesentlich stabiler (über die Zeit). Damit hat der verwendete egozentrische FoR auch direkten Einfluss auf die Fähigkeit, langfristige Handlungen zu planen.

Egozentrische vs. landmarkenbasierte FoR

Egozentrische FoR spielen eine zentrale Rolle für die Sensorik und Aktuatorik sowohl bei der Planung als auch bei der Durchführung von Aktionen in der Umwelt. Ein schwerwiegender Nachteil dieser Repräsentation ist, dass sie vollständig von der Position des kognitiven Systems abhängt. Um Landmarken flexibel wiedererkennen zu können, ist jedoch eine Repräsentation erforderlich, die von der spezifischen Position abstrahiert, so dass eine Landmarke auch dann noch erkannt wird, wenn sie aus einer anderen Sicht wahrgenommen wird. Die Qualität bzw. die Eigenschaften eines landmarkenbasierten FoR ist zudem dafür verantwortlich, wie flexibel auf der Repräsentation inferiert werden kann. Neben der wichtigen Funktion für die Verfügbarkeit und mögliche Inferenzen hat ein landmarkenbasierter FoR immer auch einen einschränkenden Charakter: Informationen, die im Rahmen eines spezifischen FoR gespeichert sind, können nicht ohne weiteres in einen anderen übertragen werden.

Die bisher betrachteten Ansätze, insbesondere [REMSC98], [SN97] und auch [ARB00], legen die Vermutung nahe, dass räumliches Wissen ausschließlich in einem egozentrischen FoR gespeichert wird (es hat sich in allen Experimenten eine deutliche Sichtabhängigkeit gezeigt (engl. *first view dependency*)). [ARB00] betonen sogar, dass in ihren Experimenten Testpersonen keine Landmarken-zentrierten FoR verwendet haben. Eine große Reihe von Experimenten, die von McNamara (und einigen Kollegen) durchgeführt wurden, zeigen jedoch, dass landmarkenbasierte FoR eine wichtige Rolle bei der Wiedererkennung von Szenen spielen ([McN03], [MRW03], [MD97], [MM02] und [SM01]). Im folgenden wird anhand einer zentralen Studie ([SM01]) das Spannungsfeld zwischen egozentrischen und landmarkenbasierten FoR eingehender untersucht. Diese Erkenntnisse werden anschließend durch Ergebnisse der neueren Studien ergänzt.

In [SM01] sollten Testpersonen eine Konfiguration von Objekten in einem Raum aus verschiedenen Sichten lernen und dann Fragen nach dem Schema *„Stelle Dir vor Du stehst beim Buch und schaust auf den Schuh; zeige auf die Uhr"* ([SM01], S. 282 Mitte) beantworten. Gemessen wurden die Antwortzeiten für jede Frage in Relation zu der gelernten Sicht. Dabei wurde davon ausgegangen, dass je länger eine Antwort dauert, desto weniger kann sie in Beziehung gesetzt werden zu bereits gelernten Sichten, d.h. um so weniger effektiv war die gelernte Sicht für die Vorstellungsaufgabe.

Im ersten Experiment (EXP1) mussten die Testpersonen drei Sichten eines Szenarios lernen (siehe Abb. 2.7(a)) und dann verschiedene Vorstellungsaufgaben lösen. Zwei der drei gelernten Sichten waren kongruent mit den Wänden des Raumes (0^0 und 90^0) und eine Sicht (225^0) wurde entgegen der Orientierung des Raumes gewählt. Positionen, die parallel zu den gelernten, kongruenten Sichten waren, konnten deutlich schneller vorgestellt werden. Die gelernte nicht-kongruente Sicht von 225^0 ist dagegen scheinbar nicht gespeichert worden, da die Antwortzeiten für Sichten, die parallel zu dieser Sicht waren, nicht schneller wiedergegeben werden konnten als vollkommen neue Sichten. Dieses Ergebnis ist zudem unabhängig davon, ob die nicht-kongruente Sicht zuerst gelernt/präsentiert wird oder nicht (bisherige Experimente z.B. [REMSC98] haben immer eine Präferenz für zuerst gelernte Sichten ergeben). Bereits dieses erste Experiment zeigt deutlich, dass Sichten, die mit einem externen FoR kongruieren, signifikant besser erinnert werden[25].

Im zweiten Experiment (EXP2) wurde das Szenario etwas komplizierter gestaltet. Neben dem globalen, allozentrischen FoR wurde vermittels einer Matratze ein weiterer, diesmal lokaler (bzw. landmarkenbasierter) FoR eingeführt. Beide FoR wurden zueinander kongruent angeordnet, d.h. die Ecken und Geraden beider FoR verliefen symmetrisch zueinander (s. Abb. 2.7(b)). In diesem Experiment sollten die Testpersonen nur eine Sicht lernen, die jeweils entweder mit den FoR kongruiert (0^0) oder entgegen dem FoR ausgerichtet war (135^0). In diesem Experiment sollte validiert werden, ob eine doppelt nicht-kongruente Sicht überhaupt gelernt werden kann. Die Auswertung ergab eindeutig, dass beide Sichten gelernt werden konnten. So waren Reaktionszeit und Präzision bei Sichten parallel zu der nicht-kongruenten Sicht signifikant besser als neue Sichten, jedoch konnten beide

---

[25]Sämtliche Experimente aus [SM01] liefern (beiläufig) zusätzliche Bestätigung für die These, dass auch mehrere Sichten mindestens nicht automatisch den Aufbau einer allozentrischen Karte ermöglichen.

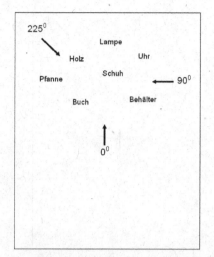
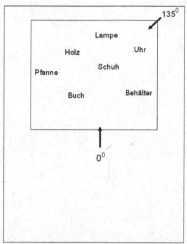

(a) Szenenlayout von Experiment 1; adaptiert nach (Sheldon und McNamara 2001)

(b) Szenenlayout von Experiment 2 und 3; adaptiert nach (Sheldon und McNamara 2001) (das innere Rechteck kennzeichnet eine Matratze)

Abbildung 2.7: Szenenlayout von Experiment 1-3; adaptiert nach (Sheldon und McNamara 2001)

Sichten nicht gleich flexibel verwendet werden. Neue Sichten, die ähnlich zur kongruenten Sicht waren, konnten besser vorgestellt werden als ähnliche Sichten bei der gelernten nicht-kongruenten Sicht. Im folgenden dritten Experiment (EXP3) wurde der Versuchsablauf so modifiziert, dass die Testpersonen zwei Lernsichten auf das gleiche Szenario lernen sollten, jeweils eine kongruente und eine nicht-kongruente Sicht. Es sollte abgesichert werden, dass die Ergebnisse aus (EXP1) nicht darauf zurückzuführen sind, dass die kongruenten Sichten häufiger präsentiert wurden. Diese Erwartung konnte durch die Analyse der Antwortzeiten und der Präzision im Zeigetest bestätigt werden. In Experiment 4 (EXP4) und Experiment 5 (EXP5) wurde das Lernverhalten in einer Konkurrenzsituation zweier FoR getestet. Die Matratze wurde diesmal 45^0 verdreht zu den Achsen des Raumes ausgerichtet und war damit inkongruent zum übergeordneten FoR des Raumes (s. Abb. 2.8(a)). In (EXP4) sollten die Testpersonen zunächst nur eine Sicht lernen: eine Teilgruppe in Kongruenz zum lokalen FoR und die andere in Kongruenz zum übergeordneten FoR des Raumes. Die zentrale Frage war, welcher FoR in den je-

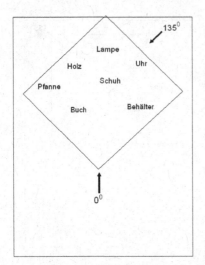 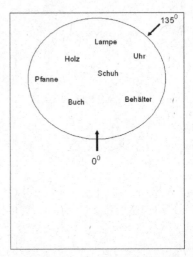

(a) Szenenlayout von Experiment 4 und 5; adaptiert nach (Sheldon und McNamara 2001) (das innere Rechteck kennzeichnet eine Matratze)

(b) Szenenlayout von Experiment 6 und 7; adaptiert nach (Sheldon und McNamara 2001)

Abbildung 2.8: Szenenlayout von Experiment 4-7; adaptiert nach (Sheldon und McNamara 2001)

weiligen Gruppen dominieren würde, bzw. ob überhaupt ein FoR den anderen zu dominieren vermag. Wie intuitiv zu erwarten, zeigten alle Testpersonen die besten Ergebnisse bei Sichten, die kongruent zum gelernten FoR waren. Unterschiede ließen sich jedoch in der Flexibilität nachweisen. Neue Sichten, die ebenfalls zum lokalen FoR der Matratze ausgerichtet waren, konnten besser wiedergegeben werden als neue Sichten im globalen FoR der Gegengruppe. Im fünften Experiment (EXP5) wurden beide FoR gegeneinander getestet. Jeweils eine Testgruppe hat im Rahmen des gleichen Testszenarios (s. Abb. 2.8(a)) erst die 0^0- oder die 135^0-Sicht präsentiert bekommen und danach die jeweils andere. Die statistische Auswertung brauchte für keinen der beiden FoR eine Präferenz. Im Gegenteil, jeweils die zuerst gelernte Sicht und damit der zuerst geprägte FoR dominiert die folgende Wahrnehmung (engl. *primacy effect*).

In Experiment 6 (EXP6) und Experiment 7 (EXP7) schließlich wurde das Testszenario invertiert. Es wurde diesmal ein runder Raum mit einer zylindrischen Decke gewählt, so dass weder Wände noch Decke wahrnehmbar waren. Der Boden wurde ausschließlich mit einem einfarbigen Teppich belegt. Das Ergebnis fiel, wie nach den vorherigen Ergebnissen zu vermuten, so aus, dass für beide gelernten Sichten eine Sichtabhängigkeit festgestellt werden konnte. Dies zeigte sich gleichmäßig bei beiden Sichten dadurch, dass Sichten parallel zu den gelernten besser und schneller erkannt wurden als neue. Im letzten und siebten Experiment (EXP7) wurde das Testszenario von zwei auf drei Sichten erweitert, um zu validieren, ob mehrere Sichten eine Sicht- bzw. Orientierungsunabhängigkeit bringen. Das Ergebnis fiel, wie die diskutierten Studien aus Abschnitt 2.4.1.2 nahelegen, so aus, dass kein derartiger Effekt nachgewiesen werden konnte. Im Gegenteil hat sich gezeigt, dass die beiden anderen Sichten (von 0^0) praktisch vergessen wurden und damit nur eine starke Sichtabhängigkeit für 0^0, d.h. der ersten Sicht zu beobachten war[26].

Es können einige wichtige Ergebnisse festgehalten werden: Landmarken-basierte FoR spielen eine zentrale Rolle bei der Repräsentation von räumlichem Wissen. Lokale wie globale FoR verbessern, statistisch signifikant, den Zugriff auf räumliche Informationen sowohl hinsichtlich Effizienz als auch Präzision im Vergleich zum rein egozentrischen FoR der ersten Sicht (s. Vergleich zu (EXP6) und (EXP7) und den Experimenten (EXP1)–(EXP5)). Zudem unterstützen lokale wie globale landmarkenbasierten FoR den für den egozentrischen Ansatz wichtigen Abgleich zwischen neuen und bekannten Sichten. Da keine, bzw. nur unter sehr speziellen Bedingungen eine allozentrische Karte der Umwelt erzeugt wird, hängt der Navigationsprozess entscheidend von der (Wieder-)Erkennung egozentrisch wahrgenommener Szenen ab. [SM01] konnten belegen, dass auch bei einem egozentrischen Wahrnehmungsprozess bei der Repräsentation von räumlichem Wissen domänenspezifische FoR verwendet werden und die (Wieder-)Erkennung signifikant unterstützen.

Die Ergebnisse liefern leider wenige Details, wie und wann FoR bessere Ergebnisse erzielen und besonders, welche Eigenschaften ein *guter* FoR haben muss. Zudem bleibt die Unterscheidung zwischen lokalen und globalen FoR unklar, insbesondere, da (EXP4) und (EXP5) (aus [SM01]) keine signifikanten Unterschiede zeigen. In einer Folgestudie konnten [MM02] die Ergebnisse präzisieren. Dazu haben sie untersucht, welche Rolle *intristische* FoR spielen. Letztere sind definiert durch die räumliche Konfiguration der egozentrisch wahrgenommenen Objekte.

Im ersten Experiment wurden sieben Objekte auf einer rechteckigen Matratze in einem rechteckigen Raum aufgestellt (d.h. zwei mögliche externe FoR). Als intristische Achse wurde die Konfiguration der Objekte vorgegeben. Die Objekte wurden dabei a) symmetrisch aufgestellt; b) Objekte der gleichen Spalten bekamen

---

[26]Es konnten darüber hinaus zahlreiche andere statistisch signifikante Merkmale nachgewiesen werden, die aber im Bezugsrahmen dieser Arbeit keine Rolle spielen.

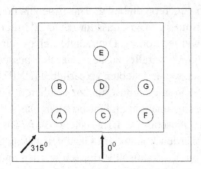 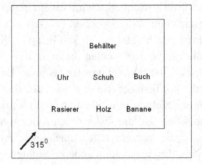

(a) Szenenlayout von Experiment 1; adaptiert   (b) Szenenlayout von Experiment 2; adaptiert
nach (Mou und McNamara 2002)   nach (Mou und McNamara 2002))

Abbildung 2.9: Szenenlayout von Experiment 1-2; adaptiert nach (Mou und McNamara 2002)

gleiche Farben, und c) es wurde eine intuitive Reihenfolge über Buchstabenanno-tationen definiert (s. Abb. 2.9(a)). Diese Faktoren sollten einen starken Impuls für den intristischen FoR der räumlichen Objektkonfiguration schaffen. Alle drei FoR waren einander kongruent zugeordnet. Die Probanden sollten die Konfiguration aus einer nicht-kongruenten Sicht von 315^0 lernen mit dem Wissen, dass sie die Positionen anschließend aus einer imaginären $0 - 180^0$ Sicht wiedergeben soll-ten. Ziel war es zu überprüfen, ob es gelingt, den starken egozentrischen FoR zu überdecken. Die Testpersonen zeigten tatsächlich bessere Ergebnisse bei der neu-en Sicht 0^0 als bei der gelernten 315^0-Sicht, womit die in [SM01] beobachtete Präferenz zu einem egozentrischen Hang überdeckt werden konnte. Dieses Ergeb-nis wurde bei anderen angepassten (alignierten) Ausrichtungen von 90^0, 180^0 und 270^0 Grad bestätigt. Jede dieser Sichten lieferte bessere Ergebnisse als die nicht-alignierten Sichten von 45^0, 135^0 und 225^0.

Natürlich stellt sich nach diesem Ergebnis die Frage, welcher bzw. welche FoR entscheidend dafür verantwortlich sind, dass die sichtabhängige Repräsentation von 315^0 überdeckt werden konnte. Dazu wurden zwei Folgeexperimente durch-geführt, in denen sukzessive die zusätzlichen unterstützenden FoR reduziert wur-den. In Experiment 2 (EXP2) wurden zunächst die Buchstabenscheiben mit realen Objekte vertauscht. Die Testpersonen wurden in zwei Gruppen unterteilt. Die ers-te Gruppe sollte von aus der 315^0-Sicht eben dieselbe lernen, die zweite Gruppe wurde angewiesen, aus der gleichen Sicht die (imaginäre) $0 - 180^0$-Sicht zu ler-nen. Wiederum stellte sich ein überraschend deutliches Ergebnis ein. Die zweite

Gruppe (imaginäre $0 - 180^0$-Sicht) konnte diese Sicht ebenso gut lernen wie die erste Gruppe die 315^0-Sicht. Erstaunlich ist, dass die zweite Gruppe über die gesamte Bandbreite von $0 - 180^0$ die Sicht sehr gut wiedergeben konnte, während bei der 315^0-Sicht-Gruppe der Fehler zunehmend mit der Winkeldistanz stieg. Noch erstaunlicher ist vielleicht, dass die $0 - 180^0$-Gruppe auch die zwar angepassten (alignierten), aber die nie gelernten Sichten 90^0, 180^0 und 270^0 sehr gut wiedergeben konnte. D.h. die $0 - 180^0$-Gruppe konnte nicht nur die egozentrische Sichtanpassung (-Alignierung) überwinden, sondern sie war die Flexibilität betreffend signifikant besser als die egozentrische Gruppe. Zudem wurden in (EXP2) die Lernbedingungen durch das Ersetzen der passend farbig markierten und nummerierten Scheiben erschwert. Insgesamt stellte sich unter restriktiveren Bedingungen das gleiche Ergebnis wie in (EXP1) ein. Die zentrale Frage, welcher FoR für das Ergebnis in (EXP1) und (EXP2) verantwortlich ist, wurde im dritten Experiment geklärt. In diesem Experiment wurde die Matratze entfernt und der eckige Raum durch einen runden ersetzt, so, dass nur die Alignierung der Objektkonfiguration zur Orientierung verblieb. Immer noch wurde das Ergebnis von (EXP2) repliziert. Damit liefern [MM02] eine wichtige Präzisierung der vorherigen Ergebnisse von [SM01]. Die in der ersten Experimentreihe beobachtete Präferenz für einen egozentrischen FoR scheint durch die intristische geometrische Ausrichtung der beobachteten Objekte überlagert werden zu können. Damit verbunden kann die Einschränkung eines egozentrischen FoR (hier: Sichtabhängigkeit) überwunden werden. Intristische FoR erlauben unter den gegebenen Bedingungen eine gewisse Sichtunabhängigkeit, die sich an der Geometrie der intristischen Achsen orientiert. Im Gegensatz zum Reorientierungsprozess bei Tieren, der ebenso entscheidend auf geometrischen Strukturen basiert (s.o.), kommt es hier nicht zu einer Rotationsinvarianz. D.h die Eckpunkte der Konfigurationen können durch Verwendung nicht-geometrischer Informationen disambiguiert werden. Trotz dieses zweifellos differenzierteren Bildes bleibt unklar, wann welcher FoR gewählt wird, und wie verschiedene FoR miteinander verknüpft sind. Insbesondere vor dem Hintergrund einer egozentrischen, sichtabhängigen Repräsentation spielt die Verknüpfung verschiedener Sichten eine zentrale Rolle, wenn das Weltmodell nicht aus einer unverknüpften Menge von Snapshots bestehen soll. Die nächste zentrale Frage ist daher, wie FoR gewählt werden müssen, damit sich ein zusammenhängendes Bild der Welt generieren lässt.

Verknüpfung verschiedener FoR

Die *klassische*, auf [McN86] zurückgehende Theorie der hierarchischen Repräsentation von räumlichen Wissen, geht davon aus, dass räumliche Strukturen hierarchisch zerlegt und vielfältig miteinander verknüpft sind. Restriktierende Verknüpfungen auf einer höheren Ebene beschränken demzufolge die möglichen Inferenzen auf den tieferen Ebenen. Dieses Konzept basiert jedoch mindestens zum Teil auf Annahmen, die sich aus dem Konzept einer *cognitive map* ableiten. Wenn räumliches Wissen zum einen sichtabhängig und zum anderen Snapshot-basiert abgespeichert wird, muss dies auf das repräsentationale Modell und die möglichen Inferenzen zurückwirken[27]. Eine zentrale Frage ist, ob und wie es zwischen verschiedenen Sichten sowie zwischen gleichen und verschiedenen FoR eine Abbildung geben kann. Kann man in seinem Büro sitzend in gleichem Maße Aussagen darüber machen, wo der eigene Wagen auf dem Parkplatz (vor dem Büro) steht (relativ zur Position im Büro), als wenn man auf dem Parkplatz selbst ist (aber den Wagen nicht sieht)? D.h. sind egozentrische Snapshots über FoR hinweg miteinander verknüpft, wie es der Ansatz von [McN86] vorsieht?

[PDTB02] haben belegt (s. Abschn. 2.4.1.4 und Abb. 2.6), dass es zwischen verschiedenen egozentrischen FoR verschiedene Abbildungen gibt, so dass z.B. räumliche Informationen im FoR der Retina in den FoR des Kopfes übertragen werden können. In einer Reihe von drei Studien haben Brockmole und Wang diesen Aspekt für landmarkenbasierte FoR genauer untersucht ([BW02], [WB03] und [BW03]).

In einer Reihe von drei Experimenten haben sie die Verknüpfung von FoR anhand von verschachtelten FoR getestet [WB03]. Im ersten Experiment (EXP1) sollten Testpersonen aus dem FoR_1 heraus angeben, in dem sie sich befinden, wo sich Objekte relativ zu anderen FoR_2 in Relation zu ihrem aktuellen FoR_1 befinden. Testpersonen wurden in ein Labor (FoR_1) innerhalb eines universitären Bereichs (FoR_2) geführt, den sie zuvor nicht gesehen hatten, während sie hingegen das universitäre Umfeld (FoR_2) genau kannten. Untersucht wurde, inwieweit Probanden in der Lage sind, innerhalb des neuen FoR (FoR_1) Wissen in den Kontext eines übergeordneten FoR (FoR_2) zu setzen. Zunächst mussten die Testpersonen die Konfiguration von fünf Objekten im Raum lernen und anschließend mit verbundenen Augen und nach Desorientierung angeben, wo sich bestimmte Objekte im Raum (FoR_1) befinden und wo bestimmte Gebäude (FoR_2) relativ zu ihrer aktuellen Position sind. Nach dem Ansatz von [McN86] wäre anzunehmen, dass diese Aufgabe mindestens befriedigend gelöst werden kann. Die Ergebnisse der beiden Teilexperimente unterscheiden sich deutlich: Bei Objekten im Raum trat ein kleiner *Konfigurationsfehler* von 9.6^0 auf, während hingegen die Richtungsangaben die universitären Gebäuden betreffend einen deutlichen Fehler von 32.3^0 ergaben. Dieses Experiment liefert bereits erste signifikante Hinweise dafür, dass zwischen

---

[27] [McN86] nimmt in seinem Ansatz auch eine Frame-basierte Repräsentation an.

verschiedenen FoR nicht mit gleicher Qualität gewechselt werden kann. Im zweiten Experiment (EXP2) sollten die Testpersonen diesmal den Raum verlassen und solange in Richtung Ausgang des Gebäudes und damit Richtung des Campus gehen, bis sie glaubten, eine sichere Aussage machen zu können. Dabei mussten 80 Prozent aller Probanden bis in die Eingangshalle gehen, um nach eigenem Befinden eine sichere Aussage treffen zu können. Umgekehrt konnten sie aber von dieser Position aus nicht mehr die Orientierungen der Objekte im Raum angeben, d.h. sie hatten die Orientierung bezüglich des Startpunktes (FoR_1) verloren. Auch wenn einige Probanden die Richtung ungefähr angeben konnten, waren doch 87 Prozent nicht fähig, die räumliche Lage des Labors relativ zu ihrer Position auf Papier aufzuzeichnen. Dieses Ergebnis erlaubt zwei Interpretationen: entweder ist der FoR an einen Ort gebunden und wird bei einem Ortswechsel angepasst, oder er kann nur bei genügend Zeit ineinander umgerechnet werden. Im dritten Experiment (EXP3) wurden diese beiden Thesen gegeneinander validiert. In diesem Experiment konnte klar ermittelt werden, dass nicht die Zeit, sondern der Ort und damit der FoR, von dem aus das Urteil gefällt werden soll, der ausschlaggebende Faktor ist.

In [BW02] wurde bereits gezeigt, dass es unwesentlich ist, ob es sich um eine neue Umgebung in Relation zu einer bekannten handelt. Es wurde nachgewiesen, dass immer nur ein FoR zu einem Zeitpunkt referenziert werden kann. Die Testpersonen sollten in diesem Fall Orientierungsaufgaben an einem Computer, in einem sehr ähnlichen Szenario lösen, d.h. nicht gebunden an einen lokalen FoR der aktuellen Position (dem Ort des Experimentes). Die Experimente ergaben ebenfalls, dass nicht mehr als auf eine räumliche Repräsentation zeitgleich zugegriffen werden kann. In dieser Experimentreihe wurden jedoch leider keine Vergleichszeiten gemessen

1. für einen Perspektivenwechsel, im Vergleich zu
2. einem FoR-Wechsel und
3. einem Perspektivenwechsel in Kombination mit einem FoR-Wechsel.

Empirische Daten könnten eine Aussage darüber machen, ob es sich bei den Abbildungen um einen oder um zwei differenzierte Mechanismen handelt. Falls es verschiedene Mechanismen sind, stellt sich die Folgefrage, wie die Mechanismen miteinander gekoppelt sind. Es lassen sich prinzipiell zwei Hypothesen über die Natur der zugrunde liegenden Repräsentation aufstellen. Entweder wird, wenn erforderlich, ein Perspektivenwechsel sequentiell nach einem FoR-Wechsel ausgeführt, oder beide Prozesse laufen parallel ab. Überträgt man die Vorhersagen dieser beiden Hypothesen auf Reaktionszeiten für Orientierungsaufgaben, sollten sich im ersten Fall die Zeiten für einen Perspektivenwechsel mit dem eines FoR-

Wechsel addieren lassen, um die Zeit für die Kombination beider Aufgaben zu ermitteln. Im Fall der zweiten Hypothese, dass beide Prozesse parallel arbeiten, sollte die Zeit für beide Prozesse der längsten Zeit eines der Einzelprozesse entsprechen (d.h die Zeit zum Perspektivenwechsel bzw. die Zeit zum FoR-Wechsel). Das Experiment lieferte jedoch überraschend eine dritte Alternative. Ein Perspektivenwechsel, der zusammen mit einem Wechsel des FoR verbunden ist, konnte von den Probanden signifikant schneller umgesetzt werden, als ein alleiniger Perspektivenwechsel! Überraschend erscheint auch die zweite Hypothese der parallelen Abarbeitung auf Basis dieser Experimente unwahrscheinlich, da die Zeit des Perspektivenwechsels in beiden Bedingungen gleich sein müsste, abhängig von der am längsten dauernden Aufgabe. Dieser Sachverhalt wurde jedoch nicht beobachtet. Darüber hinaus wurde in dieser Experimentreihe bestätigt, dass nur eine Repräsentation mit einem FoR aktiviert werden kann, auch wenn das hinterfragte Objekt in beiden FoR identisch ist. Dennoch kann sequentiell zwischen beiden FoR mit dem Objekt hin und her geschaltet werden.

Alle Experimente belegen, dass FoR eine zentrale Rolle sowohl bei der Speicherung als auch beim Zugriff auf räumliche Informationen spielen. Der FoR, in dem ein Objekt zuerst wahrgenommen wurde, spielt dabei die dominante Rolle. Generell lassen sich die verwendeten FoR in drei nicht vollständig disjunkte Klassen kategorisieren:

Umgebende, allozentrische FoR: Eine wichtige Rolle bei der Wahrnehmung spielen räumliche Begrenzungen wie Räume oder aber auch offene Begrenzungen wie eine Matratze. Dies zeigt sich daran, dass Räume mit einer geometrischen Struktur unter bestimmten Bedingungen in der Lage sind, einen egozentrischen FoR zu überdecken. Klassische allozentrische FoR wie die Sonne oder die Nordpol–Südpol–Dichotomie wurden bislang als FoR nicht näher untersucht. Umgebende, allozentrische FoR können einen egozentrischen FoR dominieren.

Landmarkenbasierte FoR: Eine andere wichtige Rolle als FoR können Landmarken spielen. Auch hier scheint die geometrische Anordnung, in diesem Fall von Landmarken, eine zentrale Rolle zu spielen. Geometrische Anordnungen, insbesondere Konfigurationen von Objekten, die als geometrisch angeordnet interpretiert werden können, spielen eine dominante Rolle und können jeden alternativen FoR in den Hintergrund treten lassen.

Egozentrische FoR: Egozentrische FoR spielen eine besondere Rolle, da sie auch eingesetzt werden können, wenn keine allozentrischen bzw. Landmarken-basierten FoR zur Verfügung stehen. Jedoch hat ein egozentrischer

FoR keine Dominanz gegenüber den geometrischen Varianten des allozentrischen oder auch landmarkenbasierten FoR.

Für alle FoR gilt, dass auch wenn ihnen eine geometrische Struktur zugrunde liegt, sie dennoch auch sichtabhängig repräsentiert sind.[28] Sichtabhängigkeit tritt in den unterschiedlichen FoR jedoch in unterschiedlichen Ausprägungen auf. Die Sichtabhängigkeit im egozentrischen FoR ist sehr restriktiv, und bereits kleinere Abweichungen erfordern eine höherer Rechenzeit und damit längere Antwortzeiten. Bei geometrischen, landmarkenbasierten FoR lässt sich zwar ebenso eine Sichtabhängigkeit nachweisen, aber sie sind weniger restriktiv. So werden Sichten parallel zur alignierten Sicht ebenso effizient wiedergegeben wie die ursprünglich Gelernte.

Die Experimente von [BW02] und [WB03] deuten darauf hin, dass es zum Zugriff auf räumliche Informationen zwei zentrale Systeme gibt. Das erste System kann Sichten innerhalb eines FoR generieren. Damit lassen sich imaginäre Sichten *vorstellen* und aktuelle Sichten mit Snapshots angleichen, auch wenn sie nicht aus der gleichen Perspektive betrachtete werden. Dieser Prozess ist damit z.B. für eine Reorientierung in einer Umgebung ausreichend. Obwohl das (eventl. imaginäre) retinale Bild bei einer Objektrotation im Vergleich zu einer Bewegung um das Objekt identisch ist, handelt es sich um verschiedene Prozesse. Ein zweites Subsystem erlaubt es zwischen Sichten aus verschiedenen FoR zu wechseln. Dieser Prozess kann bereits eine zentrale Rolle spielen, wenn die gleiche Landmarke aus einer anderen Distanz betrachtet wird und daher ein anderer FoR für das gleiche Objekt gewählt wird. Ein beim Abgleich zwischen dem aktuell wahrgenommenen und dem gespeicherten Bild erforderlicher Perspektivenwechsel wird in diesem System bereits implizit beim FoR-Wechsel durchgeführt. Unklar bleibt neben der Frage, ob diese funktionalen Komponenten auch neurologisch als eigenständige Komponenten nachweisbar sind, vor allem die nach der zugrunde liegenden Repräsentation, die die Grundlage der oben beschriebenen Prozesse bildet.

---

[28]Der Aspekt der Sichtabhängigkeit wird von verschiedenen Autoren, insbesondere in den älteren Papieren, anscheinend synonym mit egozentrisch verwendet. Diese Kategorisierung führt jedoch dazu, dass sowohl umgebende, allozentrische wie auch landmarkenbasierte FoR immer auch zusätzlich einen egozentrischen FoR haben können (Sichtabhängigkeit). Jedoch belegen die Experimente von [BW02] und [WB03], dass räumliche Informationen (anscheinend) immer nur in einem FoR gespeichert werden. Um begriffliche und in der Folge konzeptionelle Verwirrung zu vermeiden, werden diese Begriffe im Rahmen dieser Arbeit strikt getrennt.

2.4.2 *Path Integration* und Reorientierung bei Menschen

Wang und Spelke [WS02] argumentieren, dass der Navigation von Tieren und Menschen ein gemeinsames (phylogenetisch verankertes) modulares System zugrunde liegt, das aus den drei Komponenten: *path integration* (PI), Reorientierung und Sicht-ábhängige Landmarkenerkennung besteht.

Deutliche Hinweise für die Bedeutung des PI-Mechanismus zur menschlichen Navigation liefern die Experimente zur Aktualisierung egozentrischer Repräsentationen. Wie auch bei Tieren ist die wesentliche Aufgabe des Path-Integration-Mechanismus beim Menschen das Aktualisieren der egozentrischen Position. Die Experimente von [SW98] haben deutlich die tragende Rolle dieses Mechanismus aufgezeigt. Im zweiten Experiment (EXP2) durften Testpersonen eine 47^0 Winkelstrecke mit verbundenen Augen zu Fuß zurücklegen und sollten dann beantworten, ob sich die Konfiguration von Objekten (aus der neuen Position) geändert hat. Die Testpersonen konnten die Veränderung besser wiedergeben als bei der Kontrollgruppe, bei der nur der Tisch gedreht wurde. Als im dritten Experiment (EXP3) die Testpersonen nach einer Desorientierung mit verbundenen Augen mittels eines Rollstuhls an den Platz geschoben wurden, verschlechtern sich die Antwortzeiten signifikant und sich denen der sitzenden Kontrollgruppe des zweiten Experimentes angeglichen. Die erstaunlichen Diskrepanzen zwischen den Ergebnissen von [Rie89] und [REMSC98] bei ansonsten gleichem Versuchsaufbau wurden auf die gleiche Ursache zurückgeführt. Bei Rieser et.al. durften Testpersonen eine Strecke eigenständig zu Fuß zurücklegen, während sie bei [REMSC98] in einem Rollstuhl (hier ohne verbundene Augen) an ihren Platz geschoben wurden. Auch hier hat sich gezeigt, dass der PI–basierte Aktualisierungsprozess signifikant das räumliche Weltmodell aktualisieren hilft[29]. Übereinstimmende Ergebnisse kommen auch von [KLB+98]. Bei der Dreiecks-Navigationsaufgabe wurden Testpersonen sehr differenziert in einem Testszenario ohne Landmarken unter verschiedenen Bedingungen getestet. In allen Testbedingungen traten erhebliche Fehler bei der Einschätzung der aktuellen Position auf, außer wenn den Testpersonen erlaubt wurde, diesen Prozess durch aktives Gehen nachzuvollziehen. Zusammen mit den Beobachtungen von [SW98] können diese Ergebnisse darauf hindeuten, dass *Path-Integration* besonders in Situationen, in denen kein geeigneter FoR verfügbar ist, eine zentrale Rolle spielt, die jedoch in den Hintergrund tritt, wenn präzisiere Informationen zur Verfügung stehen. Diese Schlussfolgerung wird auch indirekt durch die Ergebnisse der Experimentreihe von [WS00] unterstützt.

Auch wenn *Path-Integration* ein einfacher, wahrscheinlich bereits auf Insekten

---

[29]Tatsächlich hat dieser scheinbar kleine Unterschied, aus aktueller Sicht das Bild einer kognitiven Karte fälschlicherweise erheblich untermauert.

zurückgehender Mechanismus ist, zeigt die Summe der oben genannten experimentellen Ergebnisse dennoch deutlich, dass er immer noch eine wichtige Rolle bei der Aktualisierung der egozentrischen Position spielt. Jedoch spielt die PI bei Menschen zweifellos nicht mehr die dieselbe zentrale Rolle wie bei vielen Tieren (insbesondere Insekten).

Auch bezüglich der Reorientierung lassen sich ähnliche räumliche Wahrnehmungsmuster bei Menschen wie bei Tieren beobachten. Es konnte gezeigt werden, dass sich viele Tiere auf der Basis ausschließlich geometrischer Informationen reorientieren. Dies führt bei symmetrischen Konfigurationen zu systematischen Fehlern, indem rotations-invariante Ecken vertauscht werden (Ausnahme z.B. [SBV02]). Dieses Phänomen ist zunächst erstaunlich, da in den Experimenten auch zusätzliche, nicht-geometrische Informationen zur Verfügung standen, die eine Disambiguierung der Invarianz erlaubt hätten. Hinzu kommt, dass diese nicht–geometrischen Informationen (z.B. Farbe, Textur) in anderen Kontexten durchaus erkannt und verwendet werden (s. Abschnitt 2.3.3). Genau dieses Phänomen kann auch bei Kindern im Alter von 1–4 Jahren beobachtet werden. Erwachsene hingegen können diese Beschränkung überwinden und eine Disambiguierung der Invarianz auf der Basis nicht-geometrischer Informationen durchführen.

Direkte Hinweise für eine Reorientierung auf der Basis rein geometrischer Informationen wird über eine Reihe von Experimenten mit 1,5-2-jährigen Kindern geliefert [HS96]. In einem rechteckigen Raum mit einer farblich markierten Stirnwand wurde ein Spielzeug versteckt und die Kinder wurden desorientiert. Auf der Suche nach dem Spielzeug haben sie zu gleichen Teilen in der richtigen als auch in der rotationsinvarianten, gegenüberliegenden Ecke nach dem Spielzeug gesucht. Die farbliche Markierung wurde folglich nicht zur Disambiguierung der Invarianz verwendet. Dies ist insofern von besonderem Interesse, als Kinder ansonsten nicht-geometrische Informationen sowohl wahrnehmen als auch verwenden können, d.h. diese Restriktion scheint ausschließlich auf den Reorientierungsprozeß beschränkt zu sein. Die Experimente waren so ausgelegt, dass zahlreiche Nebenbedingungen ausgeschlossen werden konnten: die zuerst gesehene Ecke hatte bessere Chancen etc.. Zudem korreliert dieses Ergebnis mit den Untersuchungen, die an Ratten gemacht worden sind [Red99]. [HS96] diskutieren abschließend ausführlicher die Argumente, die für ein modulares Reorientierungssystem sprechen.

[GE01] haben in einer Variation die Experimente von [HS96] an drei- bis vierjährigen Kindern und an Erwachsenen repliziert und näher die Rolle geometrischer Informationen untersucht. Wenn die Kinder in einem sehr großen Raum mit einer rund angeordneten Möblierung ein in eine von drei Landmarken verstecktes Spielzeug nach einer Desorientierung wiederfinden sollten, scheitern sie, auch wenn die räumliche Konfiguration deutliche Asymmetrien aufweist und auch nicht-geometrische Hinweise (engl. *cues*) (hier: Farbe und Helligkeit) gegeben sind. Dieses Ergebnis stützt die These des modularen Charakters des Reorientierungsprozesses. Die Tatsache, dass weder Symmetrie noch nicht-geomerische Informationen von Kindern bei der Reorientierung verwendet werden, stützt die These des modularen Charakters des Reorientierungsprozesses. Die gleichen Experimente mit erwachsenen Probanden führen wie erwartet zu einem umgekehrten Ergebnis: Erwachsene Probanden konnten sich in demselben Szenario regelmäßig zuverlässig reorientieren. Auch bei drei- bis vierjährigen Kindern gilt, dass wenn die Experimente in einem überschaubaren rechteckigen, symmetrischen Raum stattfinden, dass es ihnen gelingt sich zu reorientieren. (Die Orientierung war auch erfolgreich, wenn es gelang, die Landmarke direkt mit dem versteckten Objekt zu assoziieren. Jedoch ist es in diesem Szenario auch nicht erforderlich nicht-geometrische Informationen mit geometrischen zu verknüpfen (wie z.B. mit Postern in bestimmten Ecken der Wände). Doch auch wenn Erwachsene die Reorientierungsaufgabe mit großer Flexibilität meistern, kann, wie [GE01] gezeigt haben, diese Fähigkeit durch eine gleichzeitige Aufmerksamkeit fordernde Aufgabe interferiert werden. [GM03]

2.5 Diskussion und Zusammenfassung

Die klassische Sicht, dass die Fähigkeit der Lokalisation und Navigation von Menschen ausschließlich auf dem Konzept einer *cognitive map* beruht, wird durch die diskutierten aktuellen Ergebnisse wesentlich in Frage gestellt. Eine allozentrische kartenbasierte Repräsentation bietet grundlegende Vorteile gegenüber einer egozentrisch fokussierten Repräsentation: Zum einen ist eine kartenbasierte Repräsentation unabhängig von einem spezifischen Sichtwinkel, d.h. die räumliche Repräsentation hängt nicht davon ab, von welcher Position, z.B. in einem Raum, räumliche Objekte wahrgenommen werden. Darüber hinaus benötigt eine allozentrische Repräsentation keinen kontinuierlichen Aktualisierungsprozess, um eine stabile räumliche Repräsentation aufzubauen, bzw. zu erhalten. Beides sind wichtige Argumente für die Verwendung einer allozentrischen Karte. Dennoch widersprechen die aktuellen kognitions-psychologischen Experimente dieser Sicht. Es konnte gezeigt werden, dass

1. die räumliche Repräsentation menschlicher Agenten mindestens in vielen relevanten Fällen, sichtabhängig ist.

2. In verschiedenen Experimenten wurde gezeigt, dass die Qualität und Stabilität der räumlichen Repräsentation wesentlich mit der Fähigkeit zusammenhängt, die aktuelle Repräsentation kontinuierlich aktualisieren zu können.

Da die unmittelbare Wahrnehmung jedes kognitiven Systems ihrer Natur nach egozentrisch ist, bietet eine egozentrische Repräsentation den Vorteil, dass nicht jede Wahrnehmung erst in eine allozentrische Repräsentation übertragen werden muss, insbesondere in Umgebungen, die unter Umständen nur einmalig erkannt werden müssen (z.B. beim einmaligen Passieren eines Raumes). Darüber hinaus ist die Anzahl der egozentrischen räumlichen Repräsentationen signifikant kleiner als die der allozentrischen Relationen (siehe Einleitung dieses Kapitels) und daher leichter aufzubauen und zu erhalten. Leider geben die Experimente wenig Aufschluss darüber, welche Strukturen und Algorithmen einer egozentrischen Repräsentation zugrunde liegen, die anscheinend sowohl effizient als auch robust Aufgaben wie die Lokalisation bewältigen. Diese Fragestellung ist auch für die Robotik von zentraler Bedeutung, da die *cognitive map* die Grundlage für praktisch alle aktuellen Ansätze zur Navigation, Lokalisation und zum Aufbau von Karten bildet[30].

Wichtige Fragen sind insbesondere aus kognitiver Sicht noch unbeantwortet. So kann aktuell nicht abschließend beantwortet werden, ob es sich bei den Prozessen der PI, der Reorientierung und der sichtabhängigen Landmarkenerkennung um eigenständige Module handelt, denen neuronale Entitäten ähnlich der *cognitive map* entsprechen. Insbesondere neurologische Untersuchungen sind erforderlich um präzisere Antworten zu bekommen. Ebenso legen die sehr ähnlichen Beobachtungen in kognitionspsychlogischen Experimenten nahe, dass es sich bei Tieren und Menschen um mindestens funktional sehr ähnliche Module handelt. Weitgehend unklar ist auch die Verknüpfung zwischen egozentrischen und allozentrischen Repräsentationen. Auch wenn die diskutierten Experimente deutliche Hinweise für eine egozentrische Repräsentation liefern, stellt dies nicht die Existenz der *cognitive map* in Frage. Vielmehr gilt es die Frage nach der Abgrenzung und den Verknüpfungspunkten zwischen allozentrischen und egozentrischen Repräsentationen zu beantworten.

Im Rahmen dieser Arbeit (siehe Kapitel 5) werden wir ein algorithmisches Verfahren zur Navigation und Lokalisation auf der Basis einer egozentrischen Repräsentation entwickeln, welches es erlaubt mit einfachen räumlichen Informationen robust und effizient egozentrische Repräsentationen zu aktualisieren.

---

[30]Tatsächlich bezieht der Begriff *Cognitive Robotics* seine Legitimation wesentlich aus der Verwendung einer der *cognitive map* entlehnten Modellierung von räumlichem Wissen.

3 Räumliche Wissensrepräsentation zur Navigation von Robotern

Roboter-Navigation und -Lokalisation ist seit mindestens zwanzig Jahren ein sehr aktives Forschungsfeld und insbesondere in den letzten fünf Jahren wurden grosse Fortschritte erzielt. Während Stanford's *Shaky* nur extrem langsam in einer artifiziellen Umgebung zu navigieren vermochte, sind aktuelle Systeme in der Lage, auch komplexe Navigationsaufgaben wie die Kartographierung von Höhlen oder die Besucherführung in Museen zu lösen [TBB+98], [TBB+00], [THF+03]. Die Komplexität der Problemstellungen hat sich dabei beständig erhöht. Generell lässt sich das Navigationsproblem nach [TFBD00] in drei Problemklassen mit zunehmender Schwierigkeit unterteilen:

Positionsverfolgungs-Problem: Aufgabe eines Positionsverfolgungsmechanismus ist die Aktualisierung der aktuellen Roboterposition auf Grundlage einer vorherigen validen Positionshypothese zum Zeitpunkt $t - 1$. Dabei muss nicht die globale, sondern nur die lokale Position, z.B. als Abweichung von der vorherigen Position ermittelt werden.

Globales Lokalisations-Problem: Während beim *Positionsverfolgungs-Problem* eine Positionshypothese zum vorangegangen Zeitpunkt $t - 1$ vorausgesetzt wird, gilt es beim globalen Lokalisationsproblem die aktuelle Position ohne Positions-Vorwissen zu bestimmen. Im Gegensatz zum *Positionsverfolgungs-Problem* wird eine globale, räumliche Repräsentation benötigt, bezüglich derer die Lokalisation erfolgen kann. Das *globale Lokalisations-Problem* ist als wesentlich komplexer und anspruchsvoller als das Positionsverfolgungs-Problem zu bewerten.

Kidnapped Robot-Problem: Das komplexeste Problem ist das *Kidnapped Robot Problem*. Im Vordergrund steht die Erkennung extremer Positionsveränderungen, die z.B. auftreten, wenn ein Roboter von einer bekannten Position *entführt* und an einen neuen Platz gestellt wird. Die Schwierigkeit ist dabei nicht, eine neue Position zu bestimmen, sondern sie besteht darin, während der Positionsaktualisierung zu erkennen, dass eine neue globale Lokalisation erforderlich ist und dass *position tracking* zur Lokalisation nicht ausreicht, um eine valide Lokalisationshypothese zu erstellen. Obwohl diese Anforderung nicht in jeder Anwendungsdomäne von besonderer Bedeutung ist, ist sie für ein robustes Navigationsverfahren erstrebenswert.

In praktischen Anwendungsdomänen gilt es mindestens, die ersten beiden Problemklassen zu lösen: (1) die Positionsverfolgung als inkrementelles Verfahren zur Aktualisierung der Position und (2) die globale Lokalisation zur Erkennung der (globalen) Startposition und zur Reorientierung. Hingegen ist es in vielen Domänen nicht erforderlich, dass der Roboter selbstständig radikale Positionsveränderungen erkennen kann.

Für die erste Problemklasse wurden im Rahmen verhaltensbasierter Architekturen (AAI) verschiedenste anwendbare Lösungen entwickelt (repräsentativ siehe [Bro95], [Mae92]). Die hinter den Ansätzen stehende Grundidee ist, verschiedene Systeme für die gleiche Aufgabenstellung zu verwenden und verschiedene Lösungsvorschläge zu generieren, um zwischen diesen auswählen zu können. Obwohl sich die Mehrzahl der verhaltensbasierten Ansätze dadurch auszeichnet, dass sie keine explizite räumliche Repräsentation verwenden, ist die Idee, verschiedene ggf. redundante Lokalisations-Hypothesen zu generieren, auch der Grundgedanke der aktuellen Ansätze. Diese versuchen jedoch im Gegensatz zu der Hypothese dieser Arbeit eine allozentrische, sichtunabhängige und quantitative Kartenrepräsentation [DWMT$^+$01], [TBB$^+$00], [TFBD01], [THF$^+$03], [Thr02].

Im Gegensatz zu vielen anderen Bereichen der künstlichen Intelligenz ist die Bewertung der Lokalisations- und Navigationsverfahren in der Literatur sehr Benchmark-orientiert[1]. Ein Verfahren gilt genau dann als erfolgreich, wenn der Erfolg in einer praktischen Anwendung nachgewiesen werden kann. Die speziellen Kriterien ergeben sich naturgemäß aus der Anwendung selbst. Die zentralen Bewertungskriterien sind dennoch für alle Verfahren gleich: sie müssen hinreichend effizient und in der Lage sein, bedingt durch fehlerhafte Sensorik, mit unvollständigem (d.h. fehlendem) und unsicherem (Sensor-)Wissen umgehen zu können. Konsequenterweise korreliert die Entwicklung neuer Verfahren mit zunehmend komplexer werdenden Test- und Anwendungsszenarien. Eine Schwäche der Bewertungsschemata ist ihre Beschränkung auf Navigationsaufgaben. Obwohl Navigation zweifellos eine der zentralen Aufgabenstellungen für einen autonomen Roboter darstellt und in jedem Fall angemessen gelöst werden muss, sollten im Hinblick auf die mittelfristige Zielsetzung, mobile und *intelligente* Roboter zu

---

[1]Ein Trend, der sich scheinbar vermehrt durchsetzt. Ein Beispiel ist die AIPS, als Benchmark für Planungsalgorithmen. Der RoboCup stellt ein vergleichbares Benchmark für die Integration von Robotik und KI-Methoden dar, ebenso wie die *Grand Challenge* der DARPA für autonome Fahrzeuge.

entwickeln, zusätzliche Kriterien herangezogen werden. Im Rahmen dieser Arbeit und insbesondere dieses Kapitels sollen die Kriterien hinzugezogen werden, die die Integrationsfähigkeit mit wissensbasierten Methoden beurteilen helfen. Eine besondere Rolle bei der Integration kommt den räumlichen Repräsentationen zu. Diese bilden nicht nur die Basis zur Navigation, sondern auch für die Anwendung deliberativer Methoden, die Robotern einen höheren Grad an Autonomie ermöglichen sollen. Aktuelle Verfahren im Bereich z.B. der Planung und der Planerkennung im Multiagentenbereich benötigen mindestens für einen kürzeren Zeitraum eine stabile räumliche Beschreibung der Umwelt auf der Grundlage einer qualitativ-räumlichen Beschreibung. Unter dem Gesichtspunkt der Integration muss auch die Effizienz der Verfahren kritisch beurteilt werden. So ist ein Verfahren z.B. dann nicht hinreichend effizient, wenn es die vollständige Rechenkapazität zur Lokalisation bzw. Navigation benötigt. Die Verwendung qualitativ-räumlicher Beschreibungen kann auch in diesem Kontext zu einer Verbesserung führen: Sie helfen quantitativ unterschiedliche Situationen unter einer einheitlichen Beschreibung zu subsummieren und spezifizieren damit ein Ähnlichkeitsmaß, das es erlaubt, diese Situationen einheitlich zu behandeln.

Im Rahmen dieses Kapitels soll analysiert werden inwieweit sich die untersuchten Verfahren sowohl zur Navigation als auch zur Integration mit bestehenden qualitativ-deliberativen Verfahren eignen. Im Abschnitt 3.1 werden die zugrunde liegenden Konzepte zur allozentrisch-quantitativen Navigation vorgestellt. Ziel ist nicht eine detaillierte, umfassende Beschreibung aller Ansätze, sondern die Abgrenzung zu den in dieser Arbeit entwickeltem qualitativen egozentrischen Verfahren. Diese Verfahren lassen sich wiederum in zwei nicht vollständig disjunkte Klassen unterteilen: der Klasse der egozentrisch-quantitativen Ansätze 3.2.1 und der Klasse der egozentrisch-qualitativen Ansätze in Abschnitt 3.2.1. Das Kapitel wird beschlossen mit einer kritischen Diskussion der untersuchten Ansätze, die damit das Anforderungsprofil des hier vorgestellten Ansatzes spezifizieren.

3.1 Quantitativ-Allozentrische Ansätze zur Roboternavigation

Die wesentliche Eigenschaft fast aller aktuellen Ansätze zur Roboternavigation ist die Lokalisation auf der Grundlage einer allozentrischen, quantitativen und möglichst präzisen Karte. Der Prozess der Kartenbildung auf der Basis probabilistischer Sensordaten wird als ein eigenständiges Aufgaben- bzw- Forschungsfeld betrachtet (in der Literatur als *SLAM* bezeichnet; Abkürzung für *simultaneous localization and mapping*) [Thr01], [THF+03], [MTKW03]. Gleiches gilt für die

Explorationsstrategien, die bestimmen, wie sich ein Roboter bewegen muss, um maximale Informationen in minmaler Zeit zu erlangen [Thr00]. Gleichwohl ist das Bindeglied bzw. die Schnittstelle dieser drei Bereiche die allozentrische Repräsentation der räumlichen Karte. Um eine klare Trennung dieser drei Aufgabenfelder beizubehalten, gehen wir in diesem Abschnitt davon aus, dass (bereits) eine präzise allozentrische Karte zur Verfügung steht[2]. Die Aufgabe der Lokalisation besteht in der Positionsbestimmung eines perzeptiven Roboters Γ relativ zu einer Position auf der Karte. Mit einer allozentrischen Repräsentation bezeichnen wir in diesem Kontext eine räumliche Repräsentation, die unabhängig von der Position von Γ ist.

3.1.1 Begriffsklärung

Formal lassen sich egozentrische und allozentrische Relationen wie folgt definieren:

Definition 3.1 (Allozentrische und egozentrische Relationen)
Bezeichne Θ die Menge der räumlichen Objekte und A_{pra} einen physikalischen, perzeptionellen Roboter-Agenten, mit $A_{pra} \notin \Theta$. Darüber hinaus bezeichne $\mathscr{R}_{SP}$ die Menge der räumlichen Relationen, die von A_{pra} wahrgenommen werden können. Eine binäre räumlich Relation $R_{ego} \in \mathscr{R}_{SP}$ ist eine egozentrische räumliche Relation gdw.

$$R_{ego} \subseteq A_{pra} \times \alpha, \text{ mit } \alpha \in \Theta$$

Eine binäre räumliche Relation $R_{allo} \in \mathscr{R}_{SP}$ ist allozentrisch gdw.

$$R_{allo} \subseteq \beta \times \alpha, \text{ mit } \beta, \alpha \in \Theta$$

Basierend auf der Definition einer allozentrischen und einer egozentrischen Relation können wir die verschiedenen resultierenden Repräsentationen definieren.

Definition 3.2 (Allozentrische räumliche Repräsentation)
Eine relationale räumliche Repräsentation R_a ist allozentrisch gdw.,

$$\exists x, y R_{allo}(x,y) \in R_a \land \neg \exists x, y R_{ego}(x,y) \in R_a$$

Eine allozentrische Repräsentation hat den entscheidenen Vorteil von der Position und der aktuellen Wahrnehmung eines Roboters unabhängig zu sein und daher in beliebigen Kontexten wiederverwendet werden zu können. Hinzu kommt, dass eine allozentrische Repräsentation nicht aktualisiert werden muss, wenn der Roboter seine Position ändert. Jedoch wird zum Aufbau einer allozentrischen Karte

---

[2]Dies gilt nicht für die gesamte Arbeit, sondern nur für dieses Kapitel!

eine effiziente Funktion $f_{e \rightarrow a} : \{R_{ego_1}, \ldots, R_{ego_n}\} \rightarrow R_{allo}$ benötigt, um eine allozentrische Repräsentation zu erzeugen, da die Perzeption eines Roboters ihrer Natur nach egozentrisch ist. Darüber hinaus wird in der anderen Richtung für die Transformation der allozentrischen Relationen zurück in das egozentrischer Referenzsystem des Roboters eine effiziente Funktion $f_{a \rightarrow e}$ benötigt.

3.1.2 Probabilistisch-allozentrische Lokalisation

Die räumliche Repräsentation ist nicht nur die Schnittstelle zwischen Roboternavigation und der Anwendung deliberativer (wissensbasierter) Methoden, sondern auch zwischen verschiedenen methodischen Ebenen zur Roboternavigation. Obwohl sich Roboternavigation in der Forschung als eigenes Gebiet abgrenzt, ist die praktische Anwendung unabdingbar an andere Verfahren gekoppelt. Prinzipiell sind bei der Umsetzung eines Navigationsverfahrens in realistischen Umgebungen drei Verfahren notwendig:

SLAM: Da das Ziel eines Navigationsalgorithmus die Navigation bezüglich einer räumlichen Repräsentation ist, muss diese in einem vorhergehenden Schritt aufgebaut werden. Bei praktisch allen probabilistischen Verfahren zur Roboternavigation wird dies über einen SLAM-Algorithmus (SLAM, kurz für *simultaneous localization and mapping*) realisiert. Ziel dieser Verfahren ist es, sich parallel zum Aufbau einer räumlichen (Karten-) Repräsentation bezüglich derselben zu lokalisieren [DWMT+01], [TBB+98], [Thr01], [MTKW03]. Die resultierende probabilistische Repräsentation bildet das Fundament für alle folgenden, darauf aufbauenden Verfahren.

Exploration: Um zu einer geeigneten räumlichen Repräsentation zu kommen, muss festgelegt werden, wie sich ein Roboter bewegen muss, um möglichst ein Maximum an Informationen zum Aufbau einer Karte zu erlangen [Thr00].

Navigation: Die eigentliche Lokalisation bzw. Navigation setzt schließlich auf die erzeugte probabilistisch-allozentrische Repräsentation auf.

Basierend auf den Ergebnissen der SLAM- und Explorationsverfahren verwenden fast alle probabilistischen Verfahren eine allozentrische, quantitative räumliche Repräsentation. Die aktuell am häufigsten verwendeten Verfahren lassen sich in zwei Klassen aufteilen:

1. die Monte-Carlo-Lokalisation [TFBD01], [THF+03], [TFBD00] und

2. die Kalman-Filter basierten Verfahren (z.B. [FLS99])

3.1.2.1 Die *Markov*-Update-Funktion

Der wesentliche Unterschied beider Verfahren ist der Umgang mit Lokalisations-hypothesen. Beide Verfahren verwenden mit der *Markov*-Lokalisation das gleiche grundlegende formale, probabilistische Modell. Die hier verwendete Formalisierung und Beschreibung orientiert sich an [RN03b]. Die *Markov*-Lokalisation lässt sich in zwei Teilaufgaben unterteilen: (1) die Festlegung der zur Lokalisation benötigen Informationen und (2) zum anderen die Aktualisierung nicht aktueller Lokalisationshypothesen bzw. deren neue Erzeugung. Während die verwendete Update-Funktion im wesentlichen z.B. auch bei *Hidden-Markov*-Modellen verwendet wird, ist die Wahl der Repräsentation und damit der beim Update verwendeten Informationen von entscheidender Bedeutung. Im Gegensatz zur domänenunabhängigen *Update*-Funktion sind die Repräsentationsmodelle auf die spezielle Problematik der Lokalisation für physikalische Roboter ausgelegt.

Die Repräsentation besteht aus zwei Modellen, denen jeweils die *Markov*-Annahme erster Ordnung zugrunde gelegt wird. Der Grundgedanke ist die Segmentierung der verwendeten Daten in zwei klar getrennte Klassen. Das Transitionsmodell (manchmal in der Literatur auch als *Bewegungsmodell* bezeichnet; siehe Gleichung 3.1) beschreibt die Wahrscheinlichkeit von einem Zustand in einen anderen zu kommen, d.h. im Kontext der Lokalisation, die Wahrscheinlichkeit, an einem Ort ε_2 zu kommen, gegeben, dass die aktuelle Position ε_1. Die zentrale Annahme ist, dass das Transitionsmodell unabhängig von jeder Wahrnehmung definiert werden kann. D.h. es spiegelt im Rahmen der Lokalisation ausschließlich die relative Erreichbarkeit von Orten wider (z.B. durch Bewertung der Distanzen zwischen verschiedenen Orten) ohne Berücksichtigung der Sensorik. Allerdings reicht die Abstraktion von der Sensorik nicht aus, um eine handhabbare Gleichung zu erhalten. Es bleibt das Problem, dass die Gleichung 3.1 von *allen* vorherigen Positionen abhängt. Die Auswertung eines solchen Transitionsmodells würde mit zunehmender Wegstrecke eines Roboter beständig komplexer werden, und es müsste zusätzlich eine zunehmend große Zahl von konditionalen Wahrscheinlichkeitstabellen aufgestellt werden. Die Anwendung der *Markov*-Annahme erster Ordnung erst bringt für das Transitionsmodell die entscheidende Simplifikation.

$$P(Z_t \mid Z_{0 \to t-1}) = P(Z_t \mid Z_{t-1}) \qquad (3.1)$$

Sie besagt, dass der aktuelle Zustand bzw. die aktuelle Position im Kontext der Lokalisation ausschließlich von der letzten Position abhängt. Durch die Aufgabe der Historie einer Bewegung wird der kontinuierliche Bewegungsprozess eines Roboters auf eine Menge kontextunabhängiger Sprünge von einem Punkt auf einen anderen reduziert. Der zentrale Vorteil dieser Simplifizierung des Transitionsmodells (s. Gleichung 3.1) ist eine signifikante Reduktion der Komplexität, die nun statt linear zu wachsen konstant in Relation zur zurückgelegten Wegstrecke ist. Das zweite wesentliche Modell, das Sensormodell, fokussiert umgekehrt ausschließlich auf die Sensorik. Im Gegensatz zum Transitionsmodell beschreibt es ausschließlich die Wahrscheinlichkeit von aufeinander folgenden Wahrnehmungen. Gegeben, ein Roboter nimmt eine Landmarke δ_1 an der Position ε_1 wahr, wie wahrscheinlich ist es, als nächstes eine Landmarke δ_2 wahrzunehmen (siehe Gleichung 3.2?

$$P(B_t \mid Z_{0 \to t}, B_{0 \to t-1}) = P(B_t \mid Z_t) \qquad (3.2)$$

Dem Sensormodell müssen in dieser Form die gleichen Nachteile zugeschrieben werden wie dem initialen Transitionsmodell. Das Sensormodell hängt sogar nicht nur von allen vorhergehenden Zuständen, sondern auch von allen vorhergehenden Beobachtungen ab (s. 3.2). Die Vereinfachungen für das Sensormodell müssen daher noch weiter gehen als für das Transitionsmodell. Zum einen wird die Annahme gemacht, dass die aktuelle Wahrnehmung in keiner Weise von den vorherigen Annahmen abhängt (Unabhängigkeitsannahme), und zum zweiten wird über die *Markov*-Annahme erster Ordnung vorausgesetzt, dass die aktuelle Beobachtung nur von der aktuellen Position und nicht von der Historie der Beobachtungen abhängt. Auf der Grundlage dieser Annahmen kann sowohl das Sensor- als auch das Transitionsmodell relativ einfach beschrieben werden.

Diesen beiden Modellen kommt bei der Aktualisierung der Position nach einer neuen Beobachtung eine zentrale Bedeutung zu. Um die aktuelle Position zu bestimmen (allgemein, englisch *filtering*), wird eine Funktion benötigt, die, gegeben eine neue Beobachtung, die neue Position (den neuen Zustand) auf Basis der bisherigen Position und der vorherigen Beobachtung berechnet (s. Gleichung 3.3).

$$P(Z_{t+1} \mid B_{1 \to t+1}) = f(B_{t+1}, P(Z \mid B_{1 \to t})) \qquad (3.3)$$

Aufgrund der rekursiven Definition wird diese Funktion in der Literatur als rekursive Abschätzungfunktion bezeichnet (englisch, *recursive estimation*). In der praktischen Anwendung wird sie jedoch nicht rückwärts von einen gegebenen Zeitpunkt t ausgewertet, sondern von der ersten Bewegung des Roboters an kontinuierlich berechnet und im Sinne einer Botschaft an den nächsten Zustand weitergereicht (englisch, *forward message*) (s. Gleichung 3.6).

Ziel der Update-Funktion ist es, die Wahrscheinlichkeit zu berechnen, dass sich ein Roboter an einem Ort Z zum Zeitpunkt $t + 1$ befindet, auf der Basis der bisherigen und der aktuellen Beobachtung (s. linke Seite der Gleichung 3.4). Die erforderliche Wahrscheinlichkeit lässt sich in dieser Form, wie oben beschrieben, nur schwer ermitteln. Jedoch ist es mit einigen einfachen Umformungen möglich, sie auf das vereinfachte Transitions- und Sensormodell zurückzuführen:

$$
\begin{aligned}
P(Z_{t+1}|B_{1 \to t+1}) &= P(Z_{t+1}|B_{1 \to t}, B_{t+1}) && \text{(Splitten)} \\
&= \alpha P(B_{t+1} \mid Z_{t-1}, B_{1 \to t}) P(Z_{t+1}|B_{1 \to t}) && \text{(Bayes)} \qquad (3.4) \\
&= \alpha P(B_{t+1} \mid Z_{t-1}) P(Z_{t+1}|B_{1 \to t}) && \text{(Markov)}
\end{aligned}
$$

Zunächst wird die Historie (der Beobachtungen) von der neuen Beobachtung entkoppelt und dann wird auf die resultierende Formel die normalisierte *Bayes* Regel angewendet[3]. Im nächsten Schritt kann wie beim Sensormodell mittels der *Markov*-Annahme erster Ordnung die Beobachtungshistorie herausgekürzt werden.

In zwei Schritten lässt sich die Gleichung 3.4 so umformen, dass sie praktisch nur noch auf dem Transitions- und Sensormodell basiert. Zunächst wird auf $P(Z_{t+1}|B_{1 \to t+1})$ Bayes und *Markov* angewendet, womit die Abhängigkeit von der Historie der Beobachtungen beseitigt wird.

$$
\begin{aligned}
P(Z_{t+1}|B_{1 \to t+1}) &= \alpha P(B_{t+1} \mid Z_{t-1}) \\
\textstyle\sum_{Z_t} P(Z_{1 \to t+1} \mid Z_t, B_{1 \to t}) P(Z_t \mid B_{1 \to t}) \\
&= \alpha P(B_{t+1} \mid Z_{t-1}) \qquad (3.5) \\
\textstyle\sum_{Z_t} P(Z_{1 \to t+1} \mid Z_t,) P(Z_t \mid B_{1 \to t})
\end{aligned}
$$

Die nächsten Umformungsschritte folgen dem gleichen Schema: erst Bayes, dann *Markov* (s. Gleichung 3.5). Das Ergebnis dieser Umformung ist leicht zu berechnen. Bei dem ersten Term der Summe handelt es sich direkt um das Transitionsmodell und das zweite Produkt ist die Wahrscheinlichkeitsverteilung der aktuellen Position auf Basis der aktuellen Beobachtung. Statt der oben erwähnten Rekursion wird die berechnete Wahrscheinlichkeit des aktuellen Zeitpunktes an den kommenden weitergereicht, wodurch die Summenfunktion praktisch inkrementell ausgewertet wird:

$$
f_{1 \to t+1} = \alpha FORWARD(f_{1 \to t}, B_{t+1}) \qquad (3.6)
$$

3.1.2.2 Markov-Update zur Selbstlokalisation

Die dargestellten formalen Grundlagen bilden die Basis sowohl für die Monte-Carlo-Lokalisation als auch für die Kalman-Filter basierten Verfahren. Der zentrale Unterschied beider Verfahren liegt in der Art und Weise der Hypothesengenerierung.

---

[3] α bezeichnet hier den Normalisierungsfaktor.

Kalman-Filter-basierte Verfahren erzeugen eine einzelne Hypothese, die abhängig von den Sensordaten und der vorherigen Position auf der Basis einer Gauss'schen Normalverteilung berechnet wird. Wenn die aktuellen Werte als schlecht eingeschätzt werden, z.B. wenn über einen längeren Zeitraum keine Landmarke erkannt werden konnte, wird die Position nur approximiert. Wenn hingegen davon ausgegangen werden kann, dass die Ausgangswerte recht genau sind, dann wird eine präzise Hypothese generiert. In Abbildung 3.1(a) sieht man einen möglichen Verlauf der Präzision der Hypothesen an einem schematischen Beispiel. Zunächst wird angenommen, dass der Roboter am Start seine Position kennt. Die generierte Hypothese ist daher sehr präzise und lässt nur eine geringe Abweichung zu. Da der Roboter in den nächsten drei Schritten keine Landmarke wahrnehmen kann, um seine Hypothesen zu validieren, nimmt die Präzision kontinuierlich ab (d.h. bis zur Mitte in der Abbildung). Im fünften bis siebten Schritt kann der Roboter wieder eine Landmarke wahrnehmen und die generierten Hypothesen werden in der Folge zunehmend präziser.

Während in vielen Anwendungskontexten bereits lineare Kalman-Filter gute Ergebnisse liefern, können insbesondere bei der *globalen Lokalisation* Probleme auftreten. Die zugrunde liegende starke Annahme bei der Anwendung eines linearen Kalman-Filters ist, dass Änderungen der Sensorwerte und der Bewegung sich relativ linear verhalten. Diese Annahme gilt jedoch in der Praxis insbesondere für schwachstrukturierte Domänen nur eingeschränkt. Hierzu wurden verschiedene erweitere Kalman-Filter-Verfahren (kurz, EKF) vorgeschlagen, die mit dieser Einschränkung besser umgehen können. Die Kalman-Filter-basierten Verfahren haben eine lange Tradition und wurden bzw. werden insbesondere für die Problemklasse der *Positionsverfolgung* (siehe Einleitung dieses Kapitels) eingesetzt [FLS99].

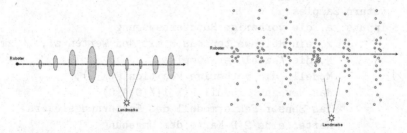

(a) Schematisches Beispiel: Kalman-Filter-Lokalisation   (b) Schematisches Beispiel: Monte-Carlo-Lokalisation

Abbildung 3.1: Beispiel: Monte-Carlo- vs. Kalman-Filter-Lokalisation

Die Monte-Carlo-basierten Verfahren erzeugen im Gegensatz zu den Kalman-Filtern eine Menge von Positions-Hypothesen. Die Unsicherheit bzw. die Präzision einer Hypothese wird nicht durch einen Unschärferadius beschrieben, sondern durch eine Vielzahl von generierten Hypothesen. Je präziser die Annahme, um so stärker gruppieren sich die Hypothesen um einen einzelnen zentralen Ort. In Abbildung 3.1(b) ist schematisch der gleiche Navigationsverlauf wie beim obigen Kalman-Filter-Beispiel mit der *Monte-Carlo*-Lokalisation dargestellt.

Die grundlegende Idee geht dabei auf bereits auf Rubin ([Rub88]) zurück und wird in anderen Domänen auch als Partikel-Filter ([CCF99], [DdFMR00]) bezeichnet. Die im *SIR*-Algorithmus manifestierte Idee von Rubin ist, den aktuellen Zustand eines Systems durch verschiedene Partikel zu approximieren. Durch einen Vergleich von aktuellen und vergangenen Wahrscheinlichkeitsverteilungen werden die Partikel gewichtet (englisch, *importance sampling*). Gute bzw. passende Zustände erzeugen durch den SIR-Filter neue Zustände (d.h. vermehren die Anzahl der Partikel in diesem Bereich des Zustandsraums), während Partikel mit schlechten Approximationen entfallen. Der ursprüngliche Ansatz von Rubin beschreibt allerdings nur den statische Situationen und keine sich dynamisch ändernden Zustände. In der Folge wurden verschiedene modifizierte, an die Aufgabenstellung besser adaptierte Filter entwickelt, die z.B. robuster sind für den Fall dynamischer Situationen, die zu einem „*Aussterben*" der Sampling-Menge führen können [Dou98], [DdFMR00]. Die durch (Partikel-)Filter bzw. den Sampling-Algorithmus zu treffende Entscheidung, welche Partikel *aussterben* und wo welche hinzugefügt werden, hängt entscheidend von der Bewertung der einzelnen Partikel ab. Diese Bewertung schließlich basiert wieder auf der oben beschriebenen *Markov*-Lokalisation.

```
function MONTE-CARLO-LOKALISATION(a,z,N,model,map)
   return Samples
   inputs: a, die vorherige Roboterbewegung
           z, ein Reichweitenscan M mit den Werten z1,...,zm
           N, die Anzahl der Samples
           Modell, die vorherige Position P(X_0),
           das Bewegungsmodell P(X_1|X_0,A_0)
           das Sensor-Fehlermodell des Entfernungslasers
           Karte, eine 2-D-Karte der Umgebung
   static S, ein Vektor mit Samples mit der Anzahl N
   lokale Variablen: W, ein Vektor mit Gewichten der Anzahl N

   for i=1 to N do
```

```
S[i] <- Sample von P(X_1|X_0=S[i], A_0=a)
W[i] <- 1
for j=1 to M do
    sc <- Hole-Werte-des-Range-Scanners(j,S[i],map)
    W[i] = W[i] * P(Z=z| SC=sc)
S <- Gibt-die-Gewichteten-und-ersetzten-Samples-zurück
return S
```

Der grundlegende *Monte-Carlo*-Lokalisation-Algorithmus ist eine direkte Umsetzung der Kombination von *Partikel-Filtering* und Markov-Lokalisation. Der Basisalgorithmus durchläuft zwei zentrale Schleifen. In der ersten Schleife wird über jedes erzeugte *Sample* (Partikel) iteriert. Auf jedem der *Sample* wird in der zweiten, inneren Schleife die Markov-Lokalisation angewendet ($W[i] = \ldots$) und anschließend bewertet, ob die neue Wahrscheinlichkeit die Aufgabe des alten *Samples* und das Erzeugen eines neuen *Samples* rechtfertigt, oder ob das aktuelle Sample beibehalten werden kann. Die gesamte Filterlogik ist damit in der Funktion *Gibt-die-Gewichteten-und-ersetzten-Samples-zurück* gekapselt. Letztere ist auch Hauptgegenstand der aktuellen Forschung im Bereich der *Monte-Carlo-Localisation*. Die durch diese Funktion bestimmte Auswahl der Samples ist entscheidend für den Erfolg des gesamten Ansatzes. So ist die *Monte-Carlo-Lokalisation* anfällig, wenn sich ein Roboter lange nicht bewegt, da in dieser Phase die *Sample* stark auf einen Punkt hin kulminieren. Auf den ersten Blick scheint ein solches Verhalten sinnvoll, doch der Ansatz verliert damit eine seiner zentralen Stärken: das *Kidnapped-Robot*-Problem lösen zu können. Diese Fähigkeit ist gekoppelt an eine angemessene Verteilung der *Samples* unter Berücksichtigung von Regionen, die aktuell nicht als besonders wahrscheinlich erscheinen. Ein anderes potentielles, zunächst kontraintuitiv erscheinendes Problem ist der Umgang mit sauberen, d.h. relativ unverrauschten Sensordaten. Diese können durch die *Markov-Lokalisierungsfunktion* künstlich verrauscht und damit verschlechtert werden! Für beide Problemklassen gibt es jedoch erste Lösungsansätze z.B. [TFBD00].

Obwohl beide geschilderten Verfahren in der Praxis sehr erfolgreich angewendet wurden (als repräsentativ können besonders die Arbeiten von Thrun gelten, ([THF+03], [TBB+98], [TBB+00]), ist die Integration mit bestehenden qualitativ-deliberativen Verfahren extrem schwierig. Zum einen können die Mehrzahl der aktuellen Planungsverfahren ebenso wie die Methoden zum qualitativ-räumlichen Schließen nicht oder nur unbefriedigend mit wahrscheinlichkeitsbasierten Informationen arbeiten. Auf der anderen Seite lassen sich aus den erzeugten probabilistischen Repräsentationen nur schwer qualitativ räumliche Beschreibungen erzeugen: die Kalman-Filter-basierten Verfahren modifizieren potentiell mit jedem

Aktualisierungsschritt die Granularität der generierten Hypothese. Dies steht weitgehend in Widerspruch zu der Grundintention qualitativer Beschreibungen, eine einheitliche und konstante Beschreibung der Welt zu liefern. Die Monte-Carlo-basierten Verfahren auf der anderen Seite erzeugen prinzipiell eine große Menge von Hypothesen und verwenden gezielt stark abweichende Lokalisationshypothesen (Samples), die sich fast unmöglich unter einer einheitlichen qualitativen Beschreibung zusammenfassen lassen. Auf der anderen Seite ist aber auch unklar welche Hypothesen zu einer einheitlichen qualitativen Beschreibung konglomeriert werden könnten. Dieser Kritikpunkt bestätigt sich auch in der Praxis. Kaum ein bekannte Anwendung kombinieren den jeweiligen Lokalisierungs- und Navigationsansatz mit bekannten qualitativen, wissensbasierten Methoden.

3.2 Egozentrische Roboternavigation

Eine rein egozentrische Repräsentation hängt[4] vollständig von der aktuellen Position des perzeptiven Roboters ab und muss jede Relation $R_{ego}(x,y) \in R_e$ bei jeder Bewegung und in der Folge bei jeder Positionsänderung aktualisieren.

Definition 3.3 (Egozentrische räumliche Repräsentation:)
Eine relationale räumliche Repräsentation R_e ist egozentrisch gdw.

$$\exists x,y : R_{ego}(x,y) \in R_e \wedge \neg \exists x,y : R_{allo}(x,y) \in R_e$$

Insbesondere in Umgebungen mit vielen Landmarken und einem Navigationsalgorithmus, der auf viele Landmarken angewiesen ist, kann dieser Prozess sehr rechenintensiv sein. Auf der anderen Seite wird weder eine Funktion $f_{a \to e}$ von einer Funktion $f_{e \to a}$ benötigt, die verschiedene konzeptionelle, räumliche Repräsentationen aufeinander abbildet. Der gravierendste Nachteil einer rein egozentrischen Repräsentation ist, dass sie keine globale Lokalisation erlaubt, da sich die Landmarken kontinuierlich relativ zu der Roboterposition verändern und daher keine Positionen wiedererkannt werden können. D.h. es kann keine (räumliche) Distanz zwischen verschieden egozentrischen Wahrnehmungen berechnet werden. Zur Referenzierung und Wiedererkennung bekannter Landmarken muss entweder jede Wahrnehmung zu jedem Zeitpunkt gespeichert werden (Snapshot), oder es muss zumindest ein Minimum an allozentrischen Informationen repräsentiert werden, die eine Abbildung zwischen verschiedenen Wahrnehmungsmustern erlaubt. Eine solche hybride Repräsentation lässt sich wie folgt definieren:

---

[4]Egozentrische und allozentrische Repräsentationen beziehen sich jeweils auf die angestrebte Zielrepräsentation, in der alle sensorischen Informationen integriert werden. Per Definition ist jede Wahrnehmung zunächst egozentrisch. Im Rahmen allozentrischer Ansätze wird jedoch versucht, aus egozentrischen räumlichen Relationen eine zentrale allozentrische Repräsentation zu erzeugen.

Definition 3.4 (Hybride räumliche Repräsentation)
Eine relationale räumliche Repräsentation R_h ist hybrid gdw.,

$$\exists x, y R_{allo}(x,y) \in R_h \wedge \exists x, y R_{ego}(x,y) \in R_h$$

Da eine rein egozentrische Repräsentation nur eine beschränkte Lokalisation erlaubt, wird sie implizit im wesentlichen zur lokalen Lokalisation, z.B. dem *position tracking* eingesetzt. Zur Lösung der komplexeren globalen Lokalisationsaufgabe wird mindestens eine hybride Repräsentation benötigt. Da im Rahmen dieser Arbeit nur Navigationsverfahren betrachtet werden, die auch eine globale Lokalisation ermöglichen, liegt den folgenden *egozentrischen* Verfahren genau genommen eine hybride Repräsentation zugrunde. Neben den in der Diskussion der allozentrischen Ansätze beschriebenen Kriterien, müssen bei einer hybriden Repräsentation zusätzliche Anforderungen berücksichtigt werden. Zum einen hängt die Verwendbarkeit vom Umfang der zu generierenden allozentrischen Informationen ab und davon wie aufwendig diese aus egozentrischen Relationen berechnet werden müssen. Zum anderen spielt die Effizienz und Robustheit der Aktualisierung der egozentrischen Relationen eine entscheidende Rolle.

3.2.1 Quantitative Ansätze

Die hier vorgenommene Einteilung der egozentrischen Ansätze zur Lokalisation und Navigation in quantitativ und qualitativ entspricht nicht durchgängig der Selbsteinschätzung der Autoren der in diesem Abschnitt diskutierten Ansätze. Insbesondere [Pre96] und [BSdM03] klassifizieren ihren Ansatz als *qualitativ*, da sie von spezifischen Eigenschaften der Landmarken abstrahieren. Da jedoch die räumlichen Relationen wie Distanz und Winkel zwischen diesen Landmarken quantitativ repräsentiert werden und die darauf angewendeten Berechnungsmethoden ebenso quantitativer Natur sind, werden sie im Rahmen dieser Arbeit auch als quantitative Ansätze aufgefasst. Von einem qualitativen Ansatz wird in Abschnitt 3.2.2 gefordert, dass die gesamte räumliche Repräsentation auf qualitativen Beschreibungen beruht.

Egozentrische Ansätze haben eine lange Tradition und sind als Ansätze zur Lösung des lokalen Navigationsproblems, insbesondere im Rahmen verhaltensbasierter bzw. reaktiver Roboterarchitekturen detailliert untersucht worden (u.a. [Mae92], [Bro95]). Ein klassisches Beispiel ist z.B. die Navigation entlang einer Wand [Mae92]. Ein charakteristisches Merkmal dieser Ansätze ist, dass sie keine oder nur eine minimale explizite räumliche Repräsentation verwenden. Es gibt jedoch nur wenige verhaltensbasierte Ansätze, die die komplexeren Navigationsaufgaben erfolgreich lösen. Zur globalen Lokalisation müssen zuvor wahrgenommene

Perzepte wiedererkannt werden. Das impliziert, dass Wissen über vorhergehende Wahrnehmungen gespeichert werden muss, um sie mit der aktuellen Wahrnehmung vergleichen zu können. Prinzipiell eröffnen sich zwei Möglichkeiten:

Snapshot-Repräsentationen: Die einfachste Möglichkeit besteht darin, Wahrnehmungen direkt zu speichern und mit neuen Wahrnehmungen zu vergleichen. Sind beide Wahrnehmungsmuster hinreichend ähnlich, kann angenommen werden, dass die Wahrnehmungen vom gleichen Ort stammen.

Struktur-Repräsentationen: Die komplexere Variante besteht darin, eine abstrakte sichtunabhängige Struktur aus den egozentrischen Wahrnehmungen zu generieren und zu versuchen, neue Wahrnehmungen auf diese Strukturen abzubilden.

Der erste Ansatz hat aufgrund seiner Einfachheit signifikante Schwächen. Es ist konzeptionell nicht klar wie entschieden werden soll, wann zwei Wahrnehmungen als identisch bewertet werden sollten. In vielen Fällen werden sich Wahrnehmungen, selbst wenn sie vom gleichen Ort stammen, in vielen Details unterscheiden. Dabei spielen nicht nur geringe Positionsabweichungen bezüglich Distanz und Winkeln eine Rolle, sondern auch sich ändernde Umweltbedingungen wie die Lichtverhältnisse oder eine andere relative Sensorposition, z.B. ein anderer Neigungswinkel. Der fundamentalste Nachteil besteht jedoch darin, dass eine große Anzahl von Wahrnehmungsmustern gespeichert werden müssen, um sicherzustellen zu können, dass Orte auch aus leicht unterschiedlichen Perspektiven wiedererkannt werden können. Da zweifellos, schon aus Gründen des Speicherplatzes, nicht jede Wahrnehmung gespeichert werden kann, stellt sich umgekehrt wiederum die Frage, wie unterschiedlich bzw. wie ähnlich Wahrnehmungsmuster sein müssen, um eine dauerhafte Speicherung zu rechtfertigen. Von entscheidener Bedeutung ist daher die Definition eines geeigneten Ähnlichkeitsmaßes, das einen geeigneten Kompromiss zwischen guter Wiedererkennung und effizienter Speicherausnutzung darstellt. Schölkopf und Mallot [SM95] konnten zeigen, dass ein solcher Ansatz in stark strukturierten Domänen erfolgreich angewendet werden kann. Ziel war es zu nachzuweisen, dass sich aus einer graphbasierten Verkettung egozentrischer Sichten mittels eines neuronalen Netzes ein Positions-Graph berechnen lässt, der einem Ort verschiedene Sichten zuordnet. Der Ansatz wurde jedoch unter sehr restriktiven Bedingungen getestet. Die Umgebung bestand aus einem einfach strukturierten Labyrinth, wobei die Sichten so gewählt wurden, dass sie jeweils auf signifikante Bereiche fokussieren. Die Entscheidung, welches Wahrnehmungsmuster (welche Sicht) als signifikant beurteilt und in der Folge gespeichert wird, ist damit redundant. In [FSMB98] wurde das Konzept eines Sichtgraphen (englisch, *view graph*) auf unstrukturierte Domänen erweitert. Im Vordergrund stand in dieser Experimentreihe die Auswahl von geeigneten Sichten und deren Verknüpfung in einem zentralen Sichtgraphen. Ein Minaturroboter (Khepera^{TM}) mit omnidirektionaler Kamera sollte in einer Minaturumgebung (118x102 cm) mit fünf Miniaturhäusern selbständig den zur Navigation erforderlichen Sichtgraphen lernen. Dabei wurde eine einfache Explorationsstrategie angewendet: der Roboter bewegt sich um eine vorgegebene Distanz, nimmt ein Bild auf und vergleicht es mit den bisher aufgenommenen Bildern. Ist das Bild hinreichend unterschiedlich, wird eine neue Kante im Sichtgraphen erzeugt und mit der Odometrieinformation des Weges vom letzten Knoten annotiert; an diese Kante wird schließlich das aktuelle Bild als Knoten eingefügt. Wird die Sicht nicht als hinreichend unterschiedlich beurteilt, wird nur eine neue Kante erzeugt, die mit dem bereits vorhandenen (ähnlichen) Bildknoten verknüpft wird. Trotz einer Beschränkung auf maximal 30 Sichten konnten Sichtgraphen gelernt werden, die es erlaubten, innerhalb einer Toleranzgrenze vordefinierte Ziele anzufahren. Zur Bestimmung der Ähnlichkeit verschiedener Bilder (Sichten) wurde ein direkter Pixelvergleich durchgeführt. Wenn hinreichend viele Pixel übereinstimmten, wurden Bilder als identisch klassifiziert. Trotz des Erfolgs, ausschließlich mit Sichten zu navigieren, zeigten sich auch die Grenzen dieses Ansatzes. Die physikalischen wie auch die simulierten Umgebungen waren relativ klein gehalten. Die Qualität der Ergebnisse ist eng mit der Verwendung einer omnidirektionalen Sensorik verknüpft. Da eine 360^0 Sicht signifikant mehr Informationen bietet, als eine nicht-omnidirektionale Sicht, muss davon ausgegangen werden, dass im Fall der Verwendung letzterer deutlich mehr Sichten (Bilder) aufgenommen werden müssen, um Orte voneinander unterscheiden zu können. Zudem ist das Verfahren sehr sensitiv gegenüber sich ändernden Umweltbedingungen (z.B. den Lichtverhältnissen).

Mit dem *Beta-Coeffizient*-Verfahren [Pre96] und dessen Erweiterung von [BSdM03] wird ein anderer Weg eingeschlagen. Statt eine rein auf Sichten basierende Repräsentation zu verwenden, wurde versucht, eine Repräsentation zu entwickeln, die globale Lokalisation und Navigation erlaubt und nur ein Minimum an allozentrisch-räumlichen Informationen benötigt. Die grundlegende Idee ist, eine auf lokalen Landmarken basierende Struktur zu definieren, die eine bessere Wiedererkennung erlaubt. Wenn von einem Sichtpunkt V_1 die Landmarken α, β und γ sowie die Ziellandmarke δ wahrgenommen werden und wenn zudem die allozentrischen Koordinaten der Landmarken bekannt sind, dann kann gezeigt werden, dass von jedem anderen Sichtpunkt V_2 mit $V_1 \neq V_2$, an der mindestens drei weitere Landmarken erkannt werden (sowie deren Position), jede vierte nicht-sichtbare Landmarke, z.B. δ berechnet werden kann.

Dieser Ansatz soll an einem Beispiel verdeutlicht werden (siehe Abbildung 3.2):

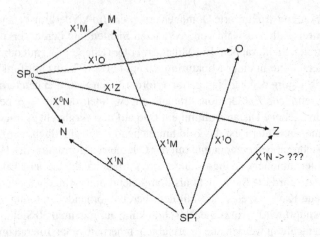

Abbildung 3.2: Drei-Punkt-Lokalisation (adaptiert nach Busquet et. al. 03)

Vom Sichtpunkt SP_0 aus kann die Position der Landmarken N, M, O und Z egozentrisch bestimmt werden. Vom Sichtpunkt SP_1 können hingegen nur die Landmarken N, M und O erkannt bzw. deren Position bestimmt werden, dann kann auf der Basis der relativen Koordinaten vom Sichtpunkt SP_0 auf die Position von Z vom Sichtpunkt SP_1 mittels der Beta-Koeffizienz-Berechnung auf der Grundlage von SP_0 geschlossen werden.

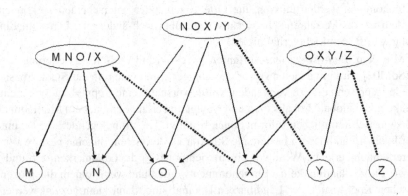

Abbildung 3.3: Drei-Punkt-Lokalisation: Inferenzen (adaptiert nach Busquet et. al. 03)

Gleichwohl die berechnete Lokalisation unzweifelhaft egozentrisch ist und nur auf lokale Landmarken angewendet wird, kann sie doch die Basis für globale Lokalisationsmethoden bieten. Für sechs Landmarken konnten die egozentrischen Positionen für jeweils drei Landmarken an insgesamt drei Positionen $((MNO/X)$, (NOX/Y), $(OXY/Z))$ berechnet werden (siehe Abbildung 3.3). Dann können in diesem Beispiel, gegeben die Positionen M,N und O können erkannt werden, ebenso die Positionen von X und Y berechnet werden, ohne dass sie von der aktuellen Position direkt wahrgenommen werden können. Die globale Position einer Landmarke kann über die Verkettung egozentrischer, lokaler Positionen abgeleitet werden. Auch, wenn die Idee der globalen Lokalisation über eine Verkettung von egozentrischen, lokalen räumlichen Informationen als minimale räumliche Struktur zur globalen Lokalisation vielversprechend erscheint, sind der Anwendung dieses Ansatzes Grenzen gesetzt. Bedingt durch die räumliche Struktur der Umgebung mit den gegebenen Sichtbarkeitsbedingungen nicht immer möglich geeignete Sichten zu finden, die die in Abbildung 3.3 dargestellten globalen Inferenzen erlauben. Auch der Informationsbedarf kann sich daher für verschiedene Anwendungen als kritisch erweisen: Für die jeweils benötigten Punkte werden unter anderem exakte Distanzinformationen benötigt, die in realistischen Umgebungen ohne größere Verrauschungen schwer zu ermitteln sind. Tatsächlich würden die verwendeten Informationen in vielen Fällen die Grundlage zum Aufbau einer vollständigen allozentrischen bieten[5]. Auch, wenn Busquet et. al. [BSdM03] die Anforderungen abschwächen, indem sie die zu ermittelten Distanzinformationen über *Fuzzy*-Sets repräsentieren und damit Unschärfe zulassen, bleiben die prinzipiellen Probleme erhalten. Der Ansatz kann nur als partiell qualitativ angesehen werden, obwohl er von der spezifischen räumlichen Struktur von Landmarken abstrahiert, da alle erforderlichen Berechnungen vollständig auf quantitativer Ebene durchführt werden.

3.2.2 Qualitative Ansätze

Im Rahmen des *QUALNAV*-Ansatzes gehen Lewitt und Lawton [LL90] einen Schritt weiter und entwickelten einen Navigationalgorithmus, der vollständig auf qualitativ räumlichen Informationen basiert. *QUALNAV* ist eine Robotersimulation konzipiert in der sowohl die Bewegungen des Roboters als auch die Umgebung simuliert werden. Da es sich um eine Simulation handelt verwenden sie u.a. keine vollständige Bildverarbeitung, sondern setzen auf einer abstrakteren sensorischen Ebene auf. Ähnlich wie die bisher beschriebenen Ansätze von [SM95], [Pre96] und [BSdM03] verwenden bzw. simulieren sie eine omnidirektionale Sensorik, die

---

[5]Es muss hinzugefügt werden, dass die Motivation von Prescott [Pre96] in der Entwicklung einer kognitiven Theorie lag und nicht das Ziel verfolgte, ein generelles Verfahren zur Lokalisation zu entwickeln.

einen vollständigen Rundumblick über die Umgebung erlaubt und nur durch die
Rahmenbedingungen der simulierten Umgebung begrenzt wird. Ziel von *QUAL-
NAV* ist nicht nur der Test einer bestimmten Methode, sondern die Entwicklung eines im Rahmen einer realistischen Simulation funktionierenden mehrstufigen Navigationsverfahrens. Daher basiert das System auch nicht ausschließlich auf einer
qualitativen räumlichen Repräsentation, sondern verwendet ähnlich wie von Kuipers motiviert [Kui00], wenn auch deutlich vereinfacht, eine Hierarchie von räumlichen Repräsentationen auf verschiedenen Abstraktionsstufen. Top-down betrachtet verwenden bzw. berechnen sie als konkreteste und präziseste Repräsentation eine *klassische* allozentrische, metrische Karte der Umgebung, die alle verfügbaren
Informationen repräsentiert. Zusätzlich schlagen sie für die einfachste (d.h. tiefste)
Ebene eine rein qualitative Repräsentation vor, die ebenfalls als Basis zur Navigation dient. Dabei folgen sie einer einfachen Idee: Wenn die gesamte Umgebung,
wie auch bei [Pre96] und [BSdM03] als eine Menge von punktförmigen Landmarken wahrgenommen wird (davon abstrahierend, wie diese erkannt und insbesondere wiedererkannt werden können), dann sollte die zirkuläre Reihenfolge, in der
die Landmarken wahrgenommen werden, etwas über die Position des Beobachters
aussagen. Gegeben ein Roboter nimmt wie in Abbildung 3.4(a) dargestellt, die
Landmarken A, B und C in der Reihenfolge $\langle A, C, B \rangle$ wahr. Dann sollte der Idee
Lewitt und Lawtons [LL90] folgend die Reihenfolge $\langle A, C, B \rangle$ qualitativ eine Position in Relation zu den wahrgenommenen Objekten bezeichnen. Werden wie in
Abbildung 3.4(b) alle Punkte-Tupel über eine Linie miteinander verbunden (LPB)
(engl., *(landmark pair boundaries)*), so ergeben sich sieben verschiedene Regionen, die sich durch eine jeweils unterschiedliche Ordnungsinformation bezeichnen
lassen. Da Ordnungsinformationen prinzipiell nicht sensitiv bezüglich metrischer
Distanzen sind [Sch91], kann sich die Lokalisation nur auf eine qualitative Größe
beziehen: der durch Regionen bezeichneten relativen räumlichen Beziehung des
Roboters zu den wahrgenommenen Landmarken.

Passiert ein Roboter im Rahmen des Navigationsprozesses das LPB *AC*, ändert
sich in diesem Beispiel die Ordnungsinformation von $\langle A, C, B \rangle$ nach $\langle C, A, B \rangle$ und
bezeichnet damit eindeutig die neue Position. Offensichtlich ist eine Lokalisation
über Regionen weniger präzise als z.B. eine Positionsangabe über exakte euklidische Koordinaten. Jedoch kann angenommen werden, dass sie sich relativ robust
verhält, da sie zum einen auf einem Minimum an Informationen beruht und folglich minimale Anforderungen an die Wahrnehmung von Landmarken stellt. Alle
zur Lokalisation in Beispiel 3.4 erforderlichen Informationen lassen sich vermittels dreier binärer Constraints beschreiben:

1. *DirectLeftOf*(B, A)

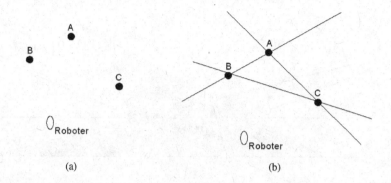

(a) (b)

Abbildung 3.4: Beispiel: Topologische Informationen mittels Ordnungsinformation

2. $DirectLeftOf(A,C)$
3. $DirectLeftOf(B,C)$

Da *QUALNAV* eine omnidirektionale Kamera verwendet, kann sichergestellt werden, dass alle Landmarken in einem 360^0-Radius wahrgenommen werden. Eine Konsequenz ist, dass die *Rundumsicht*-Repräsentation von zyklischer Natur ist. Daher ist jede Landmarke gleichzeitig sowohl rechts als auch links von jeder anderen Landmarke, liegt aber immer nur direkt links und rechts neben einer anderen Landmarke. D.h. auch die im Beispiel verwendete Notation $\langle A,C,B \rangle$ ist als eine zyklische Struktur zu verstehen bzw. muss als Kurzform für eine Menge von n Zeichenketten betrachtet werden, wobei n die Anzahl der beobachtbaren Landmarken bezeichnet. Für das Beispiel in Abbildung 3.4 ergibt sich als nicht-zyklische Repräsentation: $(\langle A,C,B \rangle, \langle C,B,A \rangle, \langle B,A,C \rangle)$.

Im Gegensatz zu den bisher vorgestellten Ansätzen basiert der *QUALNAV*-Ansatz nicht nur vollständig auf einer qualitativen Repräsentation mit einem Minimum an Informationen, er benötigt zudem weder zur Lokalisation noch zur Navigation metrische Informationen (d.h. weder Distanz- noch Winkelinformationen). Die genaue, formale Analyse von Schlieder [Sch91] offenbart jedoch fundamentale die Schwächen *QUALNAV*-Ansatzes.

Die grundlegende Annahme des Ansatzes, dass die 360^0-Reihenfolge von Landmarken die Position eines wahrnehmenden Systems eindeutig bestimmt, trifft in der behaupteten allgemeinen Form nicht zu. Dieser Annahme liegen nach Schlieder (in [Sch91], S.17 und S.33) zwei Grundannahmen zugrunde:

1. die Äquivalenzbehauptung und
2. die Rundumsichtbehauptung

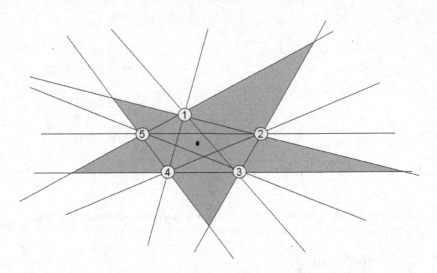

Abbildung 3.5: Adaptiert nach *(Schlieder 1991)*: Ambige Lokalisation durch *Rundumsicht*

Die *Äquivalenzbehauptung* nimmt an, dass zwei verschiedene Landmarkenan-
ordnungen genau dann topologisch äquivalent sind, wenn sie gleiche Anzahl an
Regionen besitzen. Diese Annahme lässt bereits durch einfache Gegenbeispiele
widerlegen ([Sch91], S.17-20). Noch weitreichendere Folgen hat die Verletzung
der *Rundumsichtbehauptung*. Sie besagt, dass die egozentrisch wahrgenommene
360^0-Reihenfolge von Landmarken eindeutig topologisch die Position des Beobachters bestimmt ([Sch91], S.33-36). Ein Gegenbeispiel findet sich in der Abbildung 3.5. Der schwarze Punkt bezeichne die Position des Beobachters, die sich ergebende Rundumsicht der Landmarken aus dieser Position wird durch $\langle 5, 1, 2, 3, 4 \rangle$
beschrieben. Die gleiche Rundumsicht ergäbe sich jedoch auch in allen anderen
grau markierten Regionen in Abbildung 3.5. Die Verletzung dieser für den Ansatz grundlegenden Annahme hat gravierende Konsequenzen für den darauf aufsetzenden Navigationsalgorithmus: er kann nicht (allgemein) korrekte Ergebnisse
liefern[6].

Die Ursache für das Scheitern des *QUALNAV*-Ansatzes liegt darin begründet,
dass die *Rundumsicht*-Repräsentation zu wenig Informationen enthält, um eine

---

[6][Sch91] kann dem *QUALNAV*-Ansatz weitere gravierende Schwächen nachweisen, die jedoch im
Kontext dieser Arbeit keine wesentliche Rolle spielen: (1) die von Lewitt und Lawton angegebe-
ne Zielreduktion bei der Zielsuche gilt nicht allgemein, sondern liefert nur in dem spezifischen
Anwendungs-(Domänen-)Kontext korrekte Pfade. (2) Die angegebene Formel zur Bestimmung der
Anzahl der aus einer Menge von Landmarken resultierenden Regionen ist nicht korrekt.

eindeutige Abbildung zwischen Sicht und Position bereitzustellen. In [Sch91] konnte formal gezeigt werden, dass weder eine partielle Sicht (Satz 3.16, S. 85) noch eine vollständige Rundumsicht (Satz 3.21, S. 93) ausreicht, um die gewünschte eindeutige Abbildung zu realisieren[7]. Aus dieser zunächst ernüchternden Erkenntnis folgt jedoch weder, dass Ordnungsinformationen im speziellen oder qualitative Informationen im allgemeinen prinzipiell nicht ausreichen, um eine eindeutige Abbildung zwischen Sicht und Position zu ermöglichen.

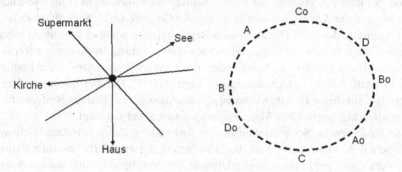

(a) Beispiel: Rundumsicht einer einfachen Umgebung

(b) Beispiel: Abstrakte Panorama-Repräsentation

Abbildung 3.6: Eindeutige und nicht-eindeutige räumliche Ordnungsrepräsentationen

Ebenfalls von Schlieder (in [Sch91], [Sch93], [Sch96]) wurde eine qualitative, ebenso ausschließlich auf Ordnungsinformationen basierende Erweiterung der *Rundumsicht* vorgeschlagen, die *Panorama*-Repräsentation. Dies soll an einem Beispiel verdeutlicht werden. Die *Rundumsicht* des in Abbildung 3.6(a) dargestellten Beispiels würde folgende zyklische Ordnungssequenz ergeben,

$\langle$ Supermarkt, See, Haus, Kirche $\rangle$

Die *Panorama*-Repräsentation erweitert die *Rundumsicht* durch Einbeziehung der Gegenseiten der auf die Landmarken weisenden Sichtlinien. Dadurch wird in die *Rundumsicht*-Repräsentation in Beispiel 3.6(a) erweitert zu,

$\langle$ Supermarkt, GS-Haus[8], See, GS-Kirche, GS-Supermarkt, Haus, GS-See, Kirche$\rangle$

---

[7]Es wird konstruktiv gezeigt, wie viele Geraden erforderlich sind, um eine Menge von Regionen mit dem gleichen Rundblick zu beschreiben.

[8]Das Präfix GS steht hier als Abkürzung für die *Gegenseite* der jeweiligen Landmarke.

Formal lässt sich das Panorama nach [Sch96] wie folgt definieren,

Definition 3.5 (Panorama:)
Sei $\Theta = \{\theta_1, \ldots, \theta_i\}$ eine Menge von Punkten und $\Phi = \{\phi_1, \ldots, \phi_n\}$ ein Arrangement von n-1 gerichteten Verbindungen zwischen θ_i und einem anderen Punkt Θ, dann wird die zyklische, orientierte Ordnung im Uhrzeigersinn von Φ das Panorama von θ_i genannt.

Durch die Einbeziehung der Gegenseite (GS) von Landmarken verdoppelt sich die Anzahl der Ordnungsrelationen und erhöht in der Folge signifikant die Präzision. So liegt das Haus in der *Panorama*-Repräsentation nicht mehr zwischen dem *See* und der *Kirche*, sondern zwischen der Gegenseite des *Supermarktes* und der Gegenseite des *Sees*. Die *Panorama*-Repräsentation benötigt signifikant mehr Informationen, es kann dafür gezeigt werden, dass auf Basis der *Panorama*-Repräsentation, im Gegensatz zur *Rundumsicht* des *QUALNAV*-Ansatzes, jeder Region eine eindeutige Sicht zugeordnet werden kann [Sch91]. Darüber hinaus wird gezeigt, dass auf dieser Basis ein optimaler, ausschließlich auf Ordnungsinformationen basierender qualitativer Algorithmus spezifiziert werden kann.

Die fundamentale Schwierigkeit bei der Anwendung dieses Ansatzes in einem praktischen Anwendungsfeld ist die Generierung der erforderlichen Informationen. Zum einen wird eine omnidirektionale Sensorik benötigt und zum anderen müssen mit den Gegenseiten nicht-wahrnehmbare Perzepte integriert werden, um eine *Panorama*-Repräsentation zu erzeugen. Genau dies erfordert jedoch präzise quantitative ordinale Informationen (Winkeldistanzen), um die Position der Gegenseiten berechnen zu können. In der Praxis wird hierdurch der entscheidende Vorteil der *Rundumsicht*- und der *Panorama*-Repräsentation, nur qualitative Landmarken und deren Ordnung zu benötigen, zumindest partiell aufgegeben.

3.3 Diskussion und Zusammenfassung

Navigation und Lokalisation gehören zu den zentralen Aufgabenstellungen, die jeder autonome physikalische Roboter in jeder Umgebung bewältigen muss. Die Komplexität der Aufgabenstellung hängt dabei wesentlich von der Umgebung und den spezifischen Rahmenbedingungen ab:

1. Wie groß ist die Verrauschung der sensorischen Informationen?
2. Wie dynamisch ist die Umgebung (z.B. sich ändernde Lichtverhältnisse)?
3. Ist der Roboter extremen Störungen ausgesetzt, d.h. muss das *kidnapped robot*-Problem gelöst werden?

Obwohl die Antworten auf diese Fragen abhängig von der Anwendungsdomäne unterschiedlich ausfallen können, sind die grundsätzlichen Anforderungen identisch. Ein Navigationverfahren muss hinreichend effizient sein, um besonders in zeitkritischen Anwendungen erfolgreich sein zu können. Darüber hinaus muss ein solches Verfahren unbedingt in der Lage sein mit fehlerhaften bzw. unvollständigen Sensorinformationen umgehen zu können. Die aktuellen quantitativen und allozentrischen Verfahren wie die erweiterten Kalman-Filter und die Monte-Carlo-Lokalisation bewältigen diese Aufgabe in verschiedenen Domänen mit beachtlichem Erfolg [TBB+98], [TBB+00], [THF+03]. Doch auch diese Verfahren haben ihre Grenzen. So ist es für diese Ansätze prinzipiell schwierig, mit relativ unverrauschten Sensorinformationen gute Lokalisationsergebnisse zu erzielen oder die Position eines über einen längeren Zeitraums stehenden Roboters zu bestimmen. Für jeden dieser Problemfälle gibt es jedoch erste Lösungsansätze (als Beispiel wiederum [TBB+00]). Die Fähigkeit der Integration deliberativer bzw. wissensbasierter Methoden stellt eine Reihe zusätzlicher Anforderungen, die von den aktuellen Verfahren kaum berücksichtigt werden. Navigationsverfahren dürfen nicht die gesamte Rechenkapazität eines Roboters in Anspruch nehmen, um zu einer guten Lokalisation zu kommen, sollen noch zusätzliche *intelligente* Verfahren zur Anwendung kommen. Insbesondere für komplexere Anwendungen wie z.B. dem RoboCup gilt dies für die oben genannten probabilistischen Ansätze nur eingeschränkt. Auch, wenn sich die Effizienz zugunsten der Präzision optimieren lässt (bei Monte-Carlo z.B. durch Reduzierung der Samples (Variable N im *Monte-Carlo*-Algorithmus)) erfordern die Verfahren einen wesentlichen Teil der Rechenkapazität.

Die Anwendung deliberativer bzw. wissensbasierter Methoden hängt auch von der Bereitstellung geeigneter Daten ab. Diese werden implizit von den Navigationsverfahren erzeugt und sind daher ihrer Natur nach quantitativ.

Die große Zahl der wissensbasierten Verfahren benötigt hingegen eine qualitativ-räumliche Beschreibung der Umwelt. Eine qualitative Beschreibung bringt wesentliche Vorteile mit sich. Zum einen abstrahiert sie von unwesentlichen Details, indem sie eine Vielzahl quantitativ unterschiedlicher Repräsentationen unter einer einheitlichen qualitativen Beschreibung subsummiert (s. Abb. 3.7). Eine qualitative Beschreibung definiert damit eine Art Ähnlichkeitsmaß für räumliche Konfigurationen. Zum anderen abstrahiert sie damit von der spezifischen Sensorik eines Roboters und den zugrunde liegenden Fehlermodellen. Beide Faktoren tragen erheblich zur besseren Wartbarkeit und Anwendbarkeit von Verhaltensmodellen bei. Gemessen an der Zielsetzung der Integrationsfähigkeit wissensbasierter Methoden sind die Kalman-Filter-basierten Verfahren und die Monte-Carlo-Lokalisation wesentlich kritischer zu bewerten. Es gibt mit Einschränkung keine anwendbare Methode, aus den generierten quantitativen Daten qualitative Beschreibungen zu erzeugen, da dieser Klassifikationsprozess sehr schnell aufgrund

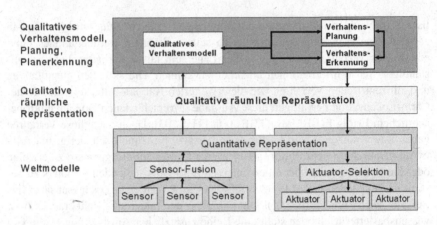

Abbildung 3.7: Verhaltensarchitektur auf Basis einer qualitativ-räumlichen Schnittstelle

der verrauschten Daten zu Fehlklassifikationen führt.

Beide Verfahren bringen jeweils zusätzliche spezifische Probleme mit sich. Eine wesentliche Eigenschaft der Kalman-Filter-basierten Verfahren ist die flexible Variation der Präzision der generierten Hypothesen in Abhängigkeit von den aktuell wahrnehmbaren Landmarken. Diese Form der Varianz lässt sich jedoch kaum auf eine qualitative Beschreibung abbilden, noch kann sie umgekehrt ignoriert werden. Ähnliches gilt für die Monte-Carlo-Lokalisation. Letztere erzeugt zu jedem Zeitpunkt eine Vielzahl von Hypothesen (*Samples*) zur Beschreibung der Unsicherheit. Ähnlich wie bei den Kalman-Filtern stellt sich die Frage, welche Hypothesen in die qualitativ-räumliche Beschreibung eingehen sollten.

Die Bewertung der in Abschnitt 3.2.2 ff. untersuchten qualitativen Ansätze fällt umgekehrt aus. Alle hier diskutierten Verfahren verwenden entsprechend der Namensgebung eine qualitative Repräsentation, wobei der Grad der qualitativen Beschreibung signifikant variiert. Der *beta-Coefficient*-Ansatz von [Pre96] bzw. die Erweiterung von [BSdM03] verwendet nur partiell eine qualitative Repräsentation. Ihre wesentliche Abstraktion bezieht sich auf die Struktur von Landmarken. Jede Landmarke wird hierbei als eine punktförmige Struktur betrachtet, unabhängig von der realen physikalischen Ausprägung. Die räumlichen Beziehungen der Landmarken untereinander werden hingegen über quantitative Winkel- und Distanzbeschreibungen repräsentiert. In der Konsequenz sind alle Berechnungen quantitativer Natur, so dass von qualitativen Inferenzen kaum gesprochen werden kann. [BSdM03] konnte im Gegensatz zu [Pre96] zeigen, dass sich diese Abstraktion auch in einer praktischen, wenn auch einfachen Anwendung bewährt. Qualitative Beschreibungen im Sinne qualitativer Verhaltensmodelle werden von beiden Ansätzen weder generiert noch verwendet. Damit wird die Integration wissensbasierter Methoden im Verhältnis zu den probabilistischen Verfahren nicht wirklich verbessert.

Der erste vollständig qualitative und auch in der Praxis (an Simulationsdaten) validierte Ansatz *QUALNAV* stammt von [LL90]. In *QUALNAV* wird ein ausschließlich auf Ordnungsinformationen basierender Navigationsalgorithmus eingesetzt. Ebenso wie beim *beta-Coefficient*-Ansatz werden Landmarken als abstrakte Punkte betrachtet. In *QUALNAV* werden jedoch alle räumlichen Beziehungen ausschließlich auf Basis von Ordnungsinformationen beschrieben. Zudem erlaubt die erzeugte räumliche Beschreibung eine Navigation auf rein qualitativen Daten. Die zentrale Schwäche dieses Ansatzes ist die mangelnde theoretische Fundierung. Mehrere fundamentale Annahmen des Ansatzes konnten von Schlieder als falsch nachgewiesen werden mit der Konsequenz, dass der beschriebene Algorithmus bestenfalls in speziellen Situationen zu einem korrekten Ergebnis führen kann.

Die grundlegende Idee, topologische Beziehungen ausschließlich über Ordnungsinformationen zu beschreiben, offenbart aber auch grundlegende Vorteile. Ordnungsinformationen sind sehr viel einfacher aus der Sensorik zu generieren als vollständige quantitative, Beschreibungen mit präzisen Winkel- und Distanzinformationen.

Der Panorama-Ansatz von Schlieder ([Sch91],[Sch96] greift die grundlegende Idee der Navigation auf der Basis von Ordnungsinformatonen auf. Im Gegensatz zum *QUALNAV*-Ansatz kann Schlieder jedoch (formal) zeigen, dass die Panorama-Repräsentation ausreicht, um die angestrebte eindeutige Abbildung zwischen Wahrnehmung (von Ordnungsinformationen) und Position zu realisieren. Aus der Analyse der Panorama-Repräsentation von Schlieder ergibt aber auch, dass detaillierte Informationen erforderlich sind, wenn Navigation und Lokalisation ausschließlich auf Ordnungsinformationen basieren sollen.

1. Es werden alle Ordnungsinformationen benötigt, die sich aus der vollständigen (omnidirektionalen) Rundumsicht der Umgebung ergeben.
2. Zusätzlich muss für jede Landmarke die Gegenseite in die Repräsentation integriert werden.

Während die erste Anforderung durch eine geeignete und heute weit verbreitete Sensorik erfüllt werden kann, ist die Erfüllung der zweiten Anforderung weitaus komplexer, da es sich bei der Gegenseite einer Landmarke nicht um ein wahrnehmbares Perzept handelt. Zur Berechnung der Gegenseite der Landmarken werden präzise Winkelinformationen benötigt, um zu bestimmen, wo eine Gegenseite in

Relation zu anderen Landmarken liegt.

Da die einzige umfassendere und vollständig auf Ordnungsinformationen basierende Anwendung von [LL90] nachweislich nicht korrekt ist, fehlt im Gegensatz zu den allozentrischen Ansätzen der Nachweis der Praktikabilität. Eine Reihe von Argumenten sprechen dennoch für erfolgreiche Anwendbarkeit: (qualitative) Ordnungsinformationen sind sehr viel einfacher zu erzeugen als präzise quantitative Distanz- und Winkelinformationen. In [BSdM03] konnte gezeigt werden, dass eine punktförmige Landmarkenrepräsentation robust auch ohne ein probabilistisches Modell generiert werden kann. Hinzu kommt, dass die Abbildung allozentrischer Informationen in den egozentrischen *Frame of Reference* des Roboters im Vergleich zu den allozentrischen Ansätzen sehr viel einfacher ist. Zudem bietet der Ansatz eine gute Basis zur Integration wissensbasierter Methoden, da er ordinale Informationen in qualitativer Form bereitstellt. Darüber hinaus ist hervorzuheben, dass Ordnungsinformationen nicht erst durch ein Klassifikationsverfahren indirekt erzeugt werden müssen und daher im Gegensatz zu metrischen Distanzen keinen Klassifikationfehlern unterliegen.

4 Qualitative Sicht-basierte Lokalisation

4.1 Einführung

Der in diesem Kapitel spezifizierte Ansatz basiert auf zwei grundlegenden Hypothesen:

1. Die sich durch Ordnungsinformationen ergebende Tessilierung auf der Basis von (punktförmigen) Landmarken bietet unter bestimmten Voraussetzungen hinreichend topologisches Wissen zur qualitativen Lokalisation und Navigation.
2. Eine nicht omnidirektionale (d.h. beschränkte), sichtabhängige, räumliche Repräsentation bietet hinreichend Informationen zur Bewältigung von Lokalisierungs- und Navigationsaufgaben.

Für beide Konzepte konnten im zweiten und dritten Kapitel deutliche Belege präsentiert werden. Verschiedene aktuelle Ergebnisse aus der kognitiven Psychologie haben gezeigt, dass die visuelle Wahrnehmung von Objektkonfigurationen bei Menschen in vielen Fällen sichtabhängig repräsentiert wird ([SN97],[REMSC98], [RMH99],[MD97], [McN03], [MRW03], [MS03], [SM01], [ARB00], [GSH02],) (Details siehe Kapitel 2) und kontinuierlich aktualisiert werden muss. Sichtabhängigkeit heißt auf der Basis von Definition 3.1, dass eine räumliche Repräsentation ausschließlich auf egozentrischen, räumlichen Relationen basiert. Da die diskutierten Experimente ausnahmslos an kognitiven Systemen mit einer *nicht-omnidirektionalen* Wahrnehmung durchgeführt wurden, kann geschlossen werden, dass eine sichtbasierte Wahrnehmung omnidirektional sein muss, um das Fundament zur Navigation und Lokalisation zu bilden.

Noch deutlichere Belege finden sich für die erste Hypothese in der formalen Analyse von Schlieder [Sch91][1]. Dabei mussten zwei zusätzliche Annahmen gemacht werden: zum einen mussten die von einer Position aus wahrgenommenen Ordnungsinformationen auf einer omnidirektionalen Sicht basieren und zum anderen mussten die Gegenseiten der wahrgenommenen Landmarken in die Repräsentation einbezogen werden: (*Panorama-Repräsentation*).

---

[1]Im formalen Sinne handelt es sich daher bei der ersten Hypothese um einen Satz und hat daher keinen im strikten Sinne hypothetischen Charakter.

Im Rahmen dieses Kapitels sollen die beiden Konzepte miteinander zu einer beschränkten[2], sichtbasierten Navigations- und Lokalisationsmethode auf der Grundlage von Ordnungsinformationen verknüpft werden. Da selbst die räumlichen Informationen einer omnidirektionalen Sicht nicht ausreichen, um eine eindeutige Abbildung zwischen der Wahrnehmung und der Position eines Roboters herzustellen, müssen bei der Verwendung noch eingeschränkterer Informationen prinzipiell entweder alternative zusätzliche Informationen der Wahrnehmung hinzugefügt werden und/oder die Allgemeinheit des Ansatzes muss eingeschränkt werden. Im Rahmen des in dieser Arbeit entwickelten Ansatzes wird gezeigt, dass zusätzliche Informationen das Navigationsverfahren zwar noch robuster machen, aber für den Erfolg nicht entscheidend sind. Die Allgemeinheit des Verfahrens ist nur durch die Wahl des geeigneten Referenzsystems eingeschränkt. Die zentralen Fragestellungen auf die im Rahmen dieser Arbeit eine Antwort gegeben werden sollen, lassen sich wie folgt beschreiben,

1. Welche Einschränkungen müssen gemacht werden, um sich ohne *Karte*, *Rundblick* oder *Panorama* exakt qualitativ lokalisieren zu können?
2. Welche geometrischen (räumlichen) Eigenschaften von Landmarkenkonfigurationen können nur auf der Basis von Ordnungsinformationen erkannt werden?
3. Welche (Ordnungs-)Informationen sind unter welchen spezifischen Umständen erforderlich? Gibt es alternative Informationen, die zum gleichen Ziel führen?
4. Wie robust ist qualitative Navigation? Kann eine Ordnungswahrnehmung auch ohne *ground truth*-Daten empirisch validiert bzw. bewertet werden?
5. Welche zusätzlichen qualitativen Informationen lassen sich robust aus Ordnungswahrnehmungen ableiten?

Zentrale Teile dieses Kapitels basieren auf den Publikationen von [WSV03], [WVH04a], [WVHL04], [WH04], [WH05], [WVH04b].

4.2 Strukturierung des Kapitels

Der Rest des Kapitels gliedert sich in drei übergeordnete Abschnitte. Im nächsten Abschnitt 4.3 werden die Ziele, Anforderungen und Rahmenbedingungen die

---

[2] *„Beschränkt" bezieht sich in diesem Kontext auf eine nicht-omnidirektionale Wahrnehmung, d.h. ohne vollständige Rundumsicht.* Die Spezifikation, welche Informationen unter welchen Bedingungen wahrgenommen werden müssen, um eine präzise Lokalisation zu erreichen, steht im Zentrum dieses Kapitels.

sich implizit oder explizit aus der Anwendung eines qualitativen Verfahren zur Navigation ergeben. In Anschnitt 4.4 wird das Konzept einer *Ordnungs-Ansicht* eingeführt und eine erste grobe Charakterisierung des Ansatzes gegeben, sowie eine Abgrenzung zu bestehenden alternativen bzw. verwandten Ansätzen vorgenommen. Im fünften Abschnitt 4.5 werden alle eingeführten Konzepte formalisiert. Im Vordergrund dieses Abschnitts steht der Nachweis, dass sich es eine bijektive Abbildung zwischen *Ordnungs-Ansicht* und der Position bezüglich einer Landmarkenkonfiguration konstruieren lässt. Dabei wird untersucht und nachgewiesen welche räumlichen Eigenschaften sich aus einer Ordnungs-Ansicht ableiten lassen. Im Rahmen dieser Untersuchung werden zwei Fälle/Szenarien unterschieden: (1) Landmarkenkonfigurationen auf denen eine Lokalisierung ohne Vorwissen bezüglich der räumlichen Eigenschaften möglich ist (Abschnitt 4.5.1) und (2) Landmarkenkonfigurationen die eine präzisere Lokalisierung ermöglichen dabei aber auf zusätzliche räumliche Informationen der Landmarkenkonfiguration zurückgreifen[3] (Abschnitt 4.5.2). Dieses Kapitel beschließt in 4.6 mit einer Zusammenfassung der erzielten Ergebnisse.

4.3 Externe und interne Anforderungen

4.3.1 Zielsetzungen an die sichtbasierte Navigation

Das zentrale Ziel dieses Ansatzes ist es, ein robustes, rein qualitatives Verfahren zur Navigation und Lokalisation zu spezifizieren, welches ausschließlich auf aus Ordnungsinformationen generierbaren Informationen basiert. Das Verfahren soll so spezifiziert werden, dass je nach Validität der aktuellen Lokalisationshypothese unterschiedlich präzise Informationen verwendet werden. D.h., wenn die aktuelle Position zum Zeitpunkt $t - 1$ als relativ sicher gelten kann, soll gemäß der Einteilung der Navigation in die beschriebenen drei Problemklassen (siehe Kapitel 3) das *Positionsverfolgungsproblem* mit deutlich weniger Informationen bewältigt werden, als wenn aufgrund einer schlechten Hypothese eine *globale Lokalisation* erforderlich ist. Wahrnehmung wird im Rahmen dieses Ansatzes nicht als ein passiver Vorgang betrachtet, sondern immer als ein zielgerichteter aktiver Prozess zur Erlangung spezieller räumlicher Informationen. D.h. Wahrnehmung dient z.B. im Rahmen der Positionsverfolgung nicht nur vornehmlich zur Erzeugung neuer, sondern vor allem auch zur Validierung von unsicheren oder unpräzisen Hypothesen. Es wird gezeigt, dass auf der Basis dieses Ansatzes auf verschiedenen Gra-

---

[3]Die sich aber selbst wiederum vollständig aus Ordnungsinformationen ableiten lassen; genauer einer Sequenz von *Ordnungs-Ansichten*.

nularitätsstufen vorgegeben werden kann, welche Informationen auf Sensorebene benötigt werden, um zu einer validen Positionshypothese zu gelangen und dabei die Perzeption aktiv steuern zu können.

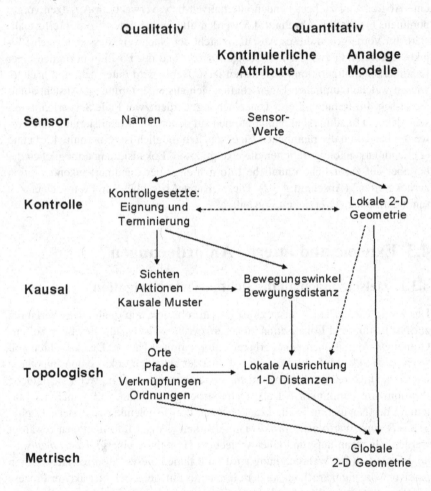

Abbildung 4.1: Räumlich-semantische Hierarchie nach Kuipers

Obwohl das in dieser Arbeit entwickelte Verfahren vollständig auf Ordnungs-, d.h. auf (qualitativen) ordinalen Informationen basiert, wird nicht die These vertreten, dass zusätzliche qualitative oder quantitative Daten keine Rolle spielen. Verschiedene Anwendungen wie die quantitative Lokalisation ebenso wie zahlreiche deliberative Methoden benötigen zusätzliche Informationen wie Distanzen und Winkelabstände. Die in dieser Arbeit entwickelte Repräsentation soll sowohl als eigenständiges Verfahren als auch in Kombination mit anderen Verfahren, z.B. eingebettet in eine Hierarchie räumlicher Repräsentationen (siehe unter anderem [Kui00] und Abbildung 4.1) robust und effizient Navigationsaufgaben unterstützen. Das Verfahren ist so konzipiert, dass es dem Leitgedanken der *AAI* folgend bei Bedarf auch redundant, z.B. zur Validierung der Wahrnehmung oder auch anderer Lokalisationsverfahren eingesetzt werden kann.

Allgemein ist es das Ziel, ein effizientes Verfahren zur Verfügung zu stellen, welches robust mit einem Minimum an räumlichen Informationen Navigations- und Lokalisationsaufgaben für Szenarien löst, deren primäre Aufgabenstellung in der Lokalisation und Navigation mit einem Fokus auf die Integration deliberativer Methoden, ggf. in Kombination mit bestehenden quantitativen Verfahren liegt und nicht in der Erstellung präziser quantitativer Karten liegt.

4.3.2 Qualitative Abstraktion

Die Verwendbarkeit eines qualitativen Ansatzes zur Navigation und qualitativen Verhaltenssteuerung in der Robotik hängt wesentlich von der Fähigkeit ab valide, qualitative räumliche Beschreibungen zu generieren. Ähnlich wie bei den vorgestellten Ansätzen zur qualitativen Navigation von [LL90] und [Sch91] (Details s. Kap. 3, insbesondere Abschnitt 3.2.2 ff.) basiert der hier vorgestellte Ansatz auf zwei qualitativen Abstraktionen:

1. der Abstraktion von dreidimensionalen Landmarken auf punktförmige Objekte und
2. der Generierung qualitativer Ordnungsinformation auf der Grundlage quantitativer Sensordaten.

Prinzipiell lassen sich qualitativ-räumliche Beschreibungen sowohl durch Klassifikation als auch durch Attributreduktion generieren. Im Gegensatz zu vielen klassischen Ansätzen zum *qualitativen Schließen* (repräsentativ, [CH01]) entsteht die qualitative Beschreibung durch Ordnungsinformation nicht durch Klassifikation von konkreten Wertausprägungen auf qualitative Wertausprägungsklassen, sondern durch die monotone Reduktion auf eine spezielle Attributmenge. D.h. im Rahmen eines Ordnungsinformations-Ansatzes wird eine Wertausprägung z.B. $10.58m$ nicht auf eine qualitative Klasse (z.B. *mittelweit*) abgebildet, sondern Attribute wie Distanz und Winkel werden in qualitativer wie in quantitativer Form vollständig ignoriert. Die Attributreduktion bietet insbesondere für Zeit- und Resourcen-kritische Anwendungen den Vorteil, dass keine zusätzlichen bzw. neuen Daten konstruktiv erzeugt werden müssen. Die zweite verwendete Abstraktion besteht in der Abbildung von dreidimensionalen Landmarken auf abstrakte punkt-förmige Marken. Dieser Schritt ist nicht trivial und dient im Rahmen dieser Arbeit insbesondere zur Abgrenzung des Navigationsansatzes von anderen aktuellen wissenschaftlichen Fragestellungen, speziell der Bildverarbeitung (u.a. dem *Korrespondenzproblem*). Die zwei zentralen Anforderungen zur Navigation auf der Basis von Landmarken sind, dass (1) verschiedene Landmarken unterschieden werden können müssen und dass (2) einmal wahrgenommene Landmarken wiedererkannt werden können. Insbesondere die Wiedererkennung ist bei 3-dimensionalen Objekten eine komplexe Problemstellung, da solche Objekte aus verschiedenen Blickwinkeln sehr unterschiedlich erscheinen können und sich eine Abbildung zwischen verschiedenen Wahrnehmungen desselben Objektes komplex gestalten kann. Ähnliches gilt für die Unterscheidung von Landmarken bei sich ändernden Umweltbedingungen[4]. Ein zweites wichtiges Argument ist die Kontrolle von Wahrnehmungsfehlern bzw. Ungenauigkeiten. Bei der Verwendung *echter* physikalischer Landmarken könnte bei der Validierung des entwickelten Ansatzes nur mit hohem Aufwand und dennoch nur ungenau bestimmt werden, bis zu welchem Grad der Verrauschung von Sensordaten der hier entwickelte Ansatz ohne zusätzliche Maßnahmen funktioniert und wann er an definierte Grenzen stößt. Erst durch die Abstraktion von einer spezifischen Landmarkenerkennung können bei der Validierung dieses Ansatzes die Fehlerbedingungen präzise kontrolliert werden. Abgesehen von einer einmaligen initialen Referenz-*Ansicht* wird jedoch nicht davon ausgegangen, dass die Wahrnehmungs-Prozesse fehlerfrei verlaufen: In Kapitel 5 wird eine robuste Operationalisierung zur Validierung dieser Prozesse entwickelt.

4.4 Konzept zur Lokalisation auf der Grundlage von Ordnungs-*Ansichten*

4.4.1 Ordnungsrelationen: Rundblick, Panorama und *Ansicht*

Ziel der Lokalisation ist die Positionsbestimmung eines Objektes bezüglich eines Referenzsystems. Das intuitivste und dabei am häufigsten verwendete Referenzsystem ist eine an die *cognitive map* angelehnte allozentrische Karte. Eine Karte bietet, wie im vorherigen Kapitel ausführlich beschrieben, verschiedene Vorteile. Aufgrund der Sichtunabhängigkeit kann sie als gemeinsame statische Repräsentation zwischen verschiedenen Agenten verwendet werden und erlaubt z.B. eine

---

[4]Dieses Problem ist jedoch nicht spezifisch für den hier entwickelten qualitativen Ansatz zur Navigation, sondern betrifft alle in Kapitel 3 untersuchten Ansätze.

probabilistische Validierung der aktuellen egozentrischen Wahrnehmung auf der Basis bereits gewonnener Informationen (zu SLAM bzw. Markov Updatefunktion siehe Abschnitt 3.1.2.2). Trotz dieser Vorteile hat dieser Ansatz offensichtliche Nachteile. Die Generierung einer quantitativen, allozentrischen, statischen Karte auf der Basis verrauschter quantitativer Sensordaten ist ein rechen- und speicherintensiver und zudem potentiell fehlerhafteter Prozess. Hinzu kommt, dass in vielen Anwendungsdomänen, in denen nicht explizit die Exploration neuer Umgebungen im Fokus steht, die generierten präzisen, quantitativen Informationen oft nicht zwingend benötigt werden und der Prozess redundant sein kann. Aus Effizienzgesichtspunkten kommt negativ hinzu, dass jede ihrer Natur nach egozentrische Wahrnehmung in eine allozentrische Repräsentation umgerechnet werden muss[5].

Die zugrunde liegenden Konzepte und Annahmen des im Rahmen dieser Arbeit entwickelten Ansatzes sind weitgehend orthogonal zum oben beschriebenen Ansatz einer allozentrischen Karte. Ziel dieses Ansatzes ist es, ein Verfahren zu entwickeln, das auf der Basis minimaler Informationen eine effiziente und robuste Lokalisierung erlaubt, ohne dabei eine potentiell redundante allozentrische, quantitative Karte erzeugen zu müssen. Die qualitative Abstraktion der Wahrnehmung auf reine Ordnungsinformationen erlaubt es, Wahrnehmung als eine streng geordnete Sequenz diskreter Zustände interpretieren zu können.

Die egozentrische Wahrnehmung W_n auf die in Abbildung 4.2 dargestellte Konfiguration von Landmarken wird repräsentiert als $W_n = <B,E,D,A,C>$. Der gesamte Wahrnehmungsprozess WP kann abstrakt als eine zeitlich geordnete Sequenz $WP = \langle ..., W_{n-1}, W_n, W_{n+1}, ... \rangle$ beschrieben werden.

- ...
- $W_n = \langle B,E,D,A,C \rangle$
- $W_{n+1} = \langle E,B,D,A,C \rangle$
- $W_{n+2} = \langle E,B,D,C,A \rangle$
- ...

Ordnungsinformationen auf der Basis partieller *Ansichten* unterscheiden sich, abgesehen von der Sichtbeschränkung, in mindestens einer zentralen Hinsicht von Ordnungsinformationen, wie sie im *QUALNAV*- oder im *Panorama*-Ansatz verwendet werden. Eine *Ansicht* sei gegeben mit beschränkter (aber vollständiger)

---

[5]Die Abbildung einer egozentrischen Wahrnehmung auf ein allozentrisches Modell ist ein komplexer Prozess in dessen Zuge z.B. häufig neue (allozentrische) Relationen berechnet werden müssen. Beispiel: Ein Roboter Γ sieht zwei Landmarken α und β und kann die Distanzen $\overline{\Gamma\alpha}$ und $\overline{\Gamma\beta}$ sowie die Winkeldistanz zwischen α und β berechnen. Eine allozentrische Repräsentation muss z.B. auf der Basis dieser Informationen die sichtunabhängige Distanz zwischen den Landmarken $\overline{\alpha\beta}$ berechnen.

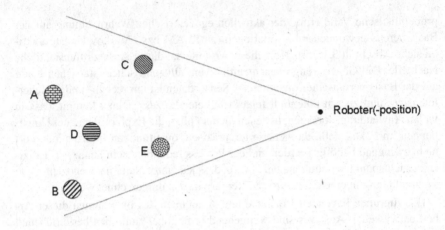

Abbildung 4.2: Beispiel: die dargestellte Konfiguration von Landmarken wird repräsentiert durch die geordnete Sequenz $\langle B, E, D, A, C \rangle$ (von links nach rechts aus egozentrischer Sicht des Roboters).

Sicht wie in Abbildung 4.2 dargestellt. Implizit codiert die Repräsentation folgende vier Constraints:

1. $DirectLeftOf(B, E)$
2. $DirectLeftOf(E, D)$
3. $DirectLeftOf(D, A)$
4. $DirectLeftOf(A, C)$

Diese Constraints lassen sich unmittelbar aus der Wahrnehmung eines Roboters ableiten. Dabei ist die Anzahl der Constraints zum einen durch die Domäne und zum anderen durch die Größe des Sichtwinkels beschränkt. Eine Einschränkung der $DirectLeftOf$ Constraintrelation ist die nicht-Transitivität. Aus den beiden Constraints $DirectLeftOf(E, A)$ und $DirectLeftOf(A, C)$ kann kein Rückschluss auf die relative Anordnung von E zu C gezogen werden. Auf der Grundlage einer zirkulären Repräsentation wie sie in dem Rahmen des *QUALNAV*-Ansatzes und der *Panorama*-Repräsentation verwendet, spielt Transitivität eine untergeordnete Rolle, da jede Landmarke immer sowohl *links* als auch *rechts* von jeder anderen Landmarke liegt (ggf. mit unterschiedlichen Abständen). Dies gilt jedoch nicht für eine nicht-zirkuläre Repräsentation. Die relationale Repräsentation einer *Ordnungs-Ansicht* in dieser Arbeit basiert auf eine Kombination beider Relationstypen. D.h. für die Ordnung des obigen Beispiels $\langle B, E, D, A, C \rangle$ ergibt sich folgende Repräsentation:

1. $LeftOf(E,A)$[6]
2. $LeftOf(A,C)$
3. $LeftOf(C,D)$
4. $LeftOf(D,B)$

Damit können wir die $LeftOf$-Relation formal definieren.

Definition 4.1 ($<_L$)

Bezeichne $\mathscr{L} = \{l_1, \ldots, l_i, l_j, l_k, \ldots, l_n\}$ die Menge der wahrnehmbaren Landmarken, dann gilt,

$$<_L := \{\{l_i, l_j\} \in \mathscr{L} \times \mathscr{L} \mid l_i \neq l_j\}$$

Zudem gelte,

$\forall l_i \in \mathscr{L}, (l_i, l_i) \notin <_L$ (irreflexiv)

$\forall l_i, l_j \in \mathscr{L}, (l_i, l_j) \in <_L \wedge (l_j, l_i) \in <_L \Rightarrow l_i = l_j$ (antisymmetrisch)

$\forall l_i, l_j, l_k \in \mathscr{L}, (l_i, l_j) \in <_L \wedge (l_j, l_k) \in <_L \Rightarrow (l_i, l_k) \in <_L$ (transitiv)

4.4.2 Ansicht und Anordnung

Navigation erfordert das Erkennen und Wiedererkennen von Landmarken. Auf der Grundlage einer egozentrischen *Referenz-Ansicht*, die das konzeptionelle Gegenstück zur Karte bildet, wird gezeigt[7], dass sich jede mögliche folgende Ordnungs-Wahrnehmung, die sich aus einem Links- oder Rechts-Rundgang um die Landmarkenkonfiguration ergibt, auf der Basis einfachen räumlichen Vorwissens berechnen lässt, welches nur aus Ordnungsinformationen bestimmt werden kann. Angewendet auf das Beispiel 4.2 kann jede beliebige Position außerhalb einer Landmarkenkonfiguration ausschließlich durch eine Ordnungswahrnehmung bzw. aus den daraus resultierenden Ordnungs-Constraints bestimmt werden. Um in einem realistischen Robotikszenario angewendet werden zu können, wird *nicht* davon ausgegangen, dass die im Zuge eines Rundgangs um eine Landmarkenkonfiguration wahrgenommenen Informationen vollständig oder korrekt sind. Konkret sollen folgende Bedingungen in Anlehnung an [TFBD01] berücksichtigt werden:

---

[6]Kurzform, '$<_L$'.

[7]Die hier intuitiv verwendeten Begriffe wie *Ordnungs-Ansicht, Referenzansicht* werden in den folgenden Abschnitten präzise formal definiert.

1. WP kann als egozentrische, prozedurale Beschreibung einer Landmarkenkonfiguration dienen, die wesentliche räumliche Eigenschaften repräsentiert.

2. Es wird konstruktiv gezeigt, dass die in WP kodierten Informationen ausreichen, einen perzeptiven Roboter eindeutig zu lokalisieren. Das angewendete Verfahren ist so allgemein, dass es auf beliebige Punktkonfigurationen angewendet werden kann und erlaubt im Rahmen der Exploration von Landmarkenkonfigurationen die Erkennung weiterer räumlicher Eigenschaften.

3. Ferner ist es möglich, die Validität jeder Wahrnehmung auf verschiedenen Granularitätsstufen und auf der Grundlage unterschiedlich detaillierter Informationen zu berechnen und ggf. Korrekturmassnahmen einzuleiten.

4. Es wird gezeigt, dass bereits ein kleiner, partieller Ausschnitt aus einer Wahrnehmungssequenz W_n zur sicheren Positionsverfolgung ausreicht. Im Sinne einer aktiven Steuerung der Perzeption kann zudem mit verschiedenen Alternativen angegeben werden, welche alternativen, partiellen Informationen präzise zur Positionsvalidierung benötigt werden, und als wie zuverlässig eine Ordnungswahrnehmung bewertet werden kann.

4.4.3 Abgrenzung zur statischen, allozentrischen Repräsentation von Anordnungen

Qualitative Lokalisation - die Lokalisation ohne metrische Informationen - erfordert die Spezifikation eines auf *Regionen* basierenden Referenzsystems. Gegeben eine Menge von Landmarken $L_1, L_2, ..., L_n \in L$, so lassen sich durch Strecken begrenzt Regionen durch die Verbindung aller Landmarken konstruieren. Durch die Linien entstehen Strecken zwischen den Punkten und neue Schnittpunkte durch die nicht parallelen Verbindungslinien der Landmarken. Dabei gilt, dass sich aus einer Punktrepräsentation (in der Literatur als *Konfiguration* bezeichnet, siehe Abbildung 4.3(a)) konstruktiv eine Linienrepräsentation (*Arrangement*, siehe Abbildung 4.3(b)) erzeugen lässt.

Die Anzahl der Linien einer gegebenen Konfiguration hängt von verschiedenen Faktoren ab. So spielt beispielsweise bei der Bestimmung der Anzahl der Geraden, die auf der Basis einer *Konfiguration* konstruiert werden können eine wichtige Rolle, ob und wie viele Punkte kollinear liegen. Bei einem *Arrangement* spielt umgekehrt bei der Bestimmung der Anzahl der Punkte (Landmarken) eine Rolle, wie viele Linien parallel zueinander verlaufen. *Konfigurationen* und *Arrangements* sind im Bereich der *Combinatorial Geometry* gut untersucht [Sch91], [Ede87]. Abhängig von den jeweiligen Rahmenbedingungen lassen sich für verschiedenste

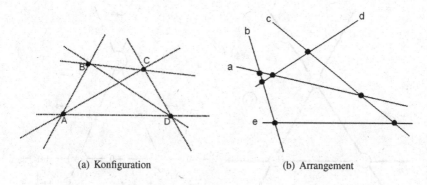

(a) Konfiguration   (b) Arrangement

Abbildung 4.3: Konfiguration und Arrangement

Fälle Ober- und/oder Untergrenzen angeben.

Die Beschreibung einer räumlichen Anordnung als *Konfiguration* bzw. als *Arrangement* ist jedoch nur beschränkt präzise. So lässt sich zwar unterscheiden, ob verschiedene Punkte auf der gleichen Seite einer Geraden liegen, jedoch nicht auf welcher, d.h. ob auf der linken oder rechten Seite bezüglich eines Referenzsystems. Um diese Unterscheidung treffen zu können, müssen die Landmarken verbindenden Geraden gerichtet sein. In der *Combinatorial Geometry* wird dies über Positionsvektoren erreicht. Um zwei Seiten anhand der Lage bezüglich einer Geraden unterscheiden zu können, muss zunächst angenommen werden, dass sie gerichtet ist. Da es keine *natürliche* Ausrichtung gibt, muss diese willkürlich spezifiziert werden. Ein typisches Verfahren ist die lexikographische Ausrichtung, mit Hilfe eines lexikographischen Landmarkenbezeichners (siehe Abbildung als Beispiel 4.4(a)). Alternativ kann die Ausrichtung auch mit Hilfe geometrischer Eigenschaften (d.h bezüglich der Lage zu einem definierten Punkt, der nicht Teil der *Konfiguration* ist und auf keiner Geraden des entsprechenden *Arrangements* liegt) spezifiziert werden [Sch91].

Der *Positionsvektor* eines Punktes lässt sich auf dieser Basis durch die relative Lage zu den gerichteten Geraden spezifizieren. Dabei gilt folgende übliche Konvention:

+ , wenn der Punkt links der gerichteten Geraden liegt,

0 , wenn der Punkt auf der gerichteten Geraden liegt,

- , wenn der Punkt rechts der gerichteten Geraden liegt.

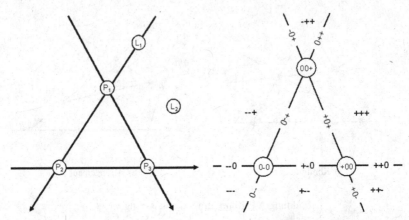

(a) Lexikographische Ausrichtung von Verbindungsgeraden bei drei Landmarken P_1, P_2, P_3 (adaptiert nach Schlieder 1991).

(b) Positionsvektoren der Punkte, Geraden und Regionen bei drei Landmarken P_1, P_2, P_3 (adaptiert nach Schlieder 1991).

Abbildung 4.4: Positionsvektoren

In dem Beispiel 4.4 ist die Position eines Punktes durch drei Geraden bestimmt. Der Punkt A in Abbildung 4.4(b) liegt links der Geraden $g1$ (d.h. es ergibt sich: '+') und links der Geraden $g2$ und $g3$ (d.h. es ergibt sich jeweils: '-'). Die Position ist damit beschrieben durch den Positionsvektor $(+--)$[8]. Dieses Verfahren lässt sich für alle Punkte anwenden und erlaubt es, die Lage eines Punktes ausschließlich auf der Grundlage ordinaler Informationen zu beschreiben. Die globale Topologie, d.h. die Nachbarschaftsbeziehungen zwischen den verschiedenen Regionen (und damit auch Punkten und Strecken) wird über einen *Inzidenzgraphen* beschrieben.

Die Beschreibung topologischer Beziehungen über die Lage eines Punktes relativ zu einer Geraden hat zwar den Vorteil, ausschließlich auf Ordnungsinformationen zurückgreifen zu müssen, doch die Anwendung dieses Ansatzes zur Roboterlokalisation und -Navigation ist mit Schwierigkeiten verbunden. Da die Lage eines Punktes relativ zu den gerichteten Verbindungsgeraden bestimmt wird, ist eine allozentrische Sicht (einer *Draufsicht*) auf die Konfiguration erforderlich, da sich auf der Grundlage einer egozentrischen Sicht (einer *Ansicht*) nicht entscheiden lässt, ob ein Punkt rechts oder links von einer Geraden liegt. Darüber hinaus erfordert bereits die Konstruktion einer gerichteten Geraden eine zweidimensionale Reprä-

---

[8]Punkte, die auf einer Geraden liegen, enthalten folglich eine '0' und Punkte, die auf zwei Geraden liegen, entsprechend zwei '0'.

sentation. Zur eindeutigen Bestimmung der Lage ist es darüber hinaus erforderlich, die Lage des zu lokalisierenden Punktes relativ zu allen Verbindungsgeraden
zu kennen. D.h., es müssen immer alle Landmarken und deren relative Anordnung
zueinander erkannt werden.

Statt aus der egozentrischen Wahrnehmung eines Roboters eine allozentrische
Repräsentation zu erzeugen, gehen wir im Rahmen des in dieser Arbeit entwickelten Ansatzes den umgekehrten Weg und untersuchen, welche räumlichen Informationen bereits explizit in der eindimensionalen, egozentrischen Wahrnehmung
von Ordnungsinformationen kodiert werden und welche klassisch zweidimensio-
nal repräsentierten Informationen sich auf eine eindimensionale geometrische Repräsentation reduzieren lassen.

Da die eine reine eindimensionale *Ansicht* wie in Abbildung 4.2 nicht ausreicht
um zu bestimmen, ob eine Landmarke rechts oder links einer imaginären Verbin-
dungslinie liegt, werden andere über die reine *Ansicht* hinausgehende Informationen benötigt. Die zentrale durch das Kapitel 2 motivierte Idee ist, räumliche
Strukturen als eine diskrete Sequenz eindimensionaler Wahrnehmungen zu repräsentieren.

Im ersten Schritt wird daher in Abschnitt 4.5.1.1 zunächst spezifiziert, wie eine
(egozentrische) *Ansicht* auf der Grundlage quantitativer Sensorinformationen erzeugt werden kann. Auf dieser Basis wird im zweiten Schritt in Abschnitt 4.5.1.2
eine dynamische Repräsentation von räumlichen Anordnungen als eine Sequenz
von *Ordnungs-Ansichten* entwickelt. In den darauf folgenden beiden Abschnitten
wird die Grundlage zur Lokalisation durch die Konstruktion von Regionen auf der
Basis von *Ordnungs-Ansichten* gelegt. Dabei werden Dreiecke (Abschnitt 4.5.1.3)
und n-Ecke (Abschnitt 4.5.2) aufgrund der unterschiedlichen Eigenschaften bei der
Konstruktion der Regionen getrennt behandelt[9]. Im folgenden Kapitel 5 wird eine Variante beschrieben, wie sich das Navigationsproblem, differenziert nach den
klassischen Problemklassen, als ein *constraint satisfaction problem* (kurz, CSP)
operationalisieren lässt. Die Formulierung als *CSP* erlaubt nicht nur eine effiziente Lokalisierung auf verschiedenen Granularitätsebenen, sondern bildet auch die
Grundlage zur aktiven Steuerung der Perzeption mit der Generierung von Wahr-
nehmungshypothesen. Die Vorhersagbarkeit und damit die Validierung von Wahrnehmung basiert auf der Annahme, dass die von der Odometrie gelieferten Daten
im wesentlichen korrekt sind. Das Kapitel schließt mit einer Zusammenfassung
(Abschnitt 5.4) und einer kritischen Diskussion der entwickelten Konzepte.

---

[9]Das Konstruktionsverfahren lässt sich auf beliebige N-Eckkonfigurationen anwenden. Repräsentativ
wird das Verfahren am Beispiel von Vierecken dargestellt. Das im Rahmen dieser Arbeit entwickelte Tool *EGO-QUALNAV* generiert für beliebige dynamisch repräsentierte n-Eckkonfigurationen die
entsprechenden CSP's zur Lösung der jeweiligen (Navigations-)Problemklasse.

4.5 Lokalisierung

4.5.1 Lokalisation ohne geometrisches Vorwissen (Dreiecke)

4.5.1.1 Konstruktion der *Ansicht*

Grundvoraussetzung zur qualitativen Lokalisation, neben der Spezifikation eines Referenzsystems (siehe Abschnitt 4.5.1.2), ist die Erzeugung einer qualitativen Repräsentation der quantitativen, sensorischen Wahrnehmung eines Roboters Γ. Zur Erzeugung einer qualitativen egozentrischen Repräsentation der Wahrnehmung werden (wie in Abschnitt ausführlich 4.3.2 beschrieben) zwei Abstraktionen vorgenommen:

1. die Reduktion dreidimensionaler Landmarken auf Punkte und
2. die Reduktion der räumlichen Wahrnehmung auf Ordnungsinformationen.

Um dennoch eine Landmarkenkonfiguration wiedererkennen und auf deren geometrische Eigenschaften referenzieren und im speziellen Ordnungsinformationen generieren zu können, ist es erforderlich, jede Landmarke einem eindeutigen Bezeichner zuzuweisen. Im Folgenden gehen wir davon aus, dass jede Landmarke L_i mindestens prinzipiell von allen anderen Landmarken L_n einer Landmarkengruppe LG unterschieden werden kann.

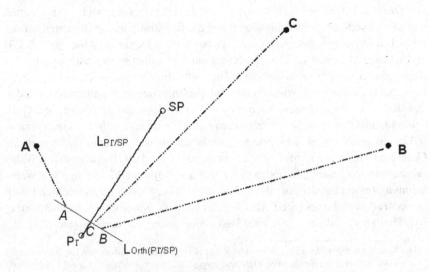

Abbildung 4.5: Konstruktion einer Dreiecks-*Ansicht* $\mathscr{A}$

Da die egozentrische Konstruktion immer in Abhängigkeit zu einer speziellen Sensorik spezifiziert werden muss, wird im Folgenden eine allgemeine, aber dennoch eventuell anzupassende Spezifikation gegeben. Zur Konstruktion einer Ansicht visiert dabei ein Roboter Γ einen beliebigen Punkt SP innerhalb der konvexen Hülle der Landmarkenkonfiguration an und projiziert die wahrgenommenen Landmarken auf die Orthogonale $L_{Orth(P_\Gamma/SP)}$ zur Sichtlinie $L_{P_\Gamma/SP}$. Die sich auf $L_{Orth(P_\Gamma/SP)}$ ergebende Reihenfolge von Punkten beschreibt die Ordnungsinformation vom Punkt P_Γ. Formal ergibt sich daher,

Definition 4.2 (Konstruktion einer *Ansicht* ($\mathscr{A}$))
Bezeichne P_Γ die Position eines Agenten A_Γ und $C_{T(ABC)}$ eine 3-Landmarkenkonfiguration in der Ebene mit den Punkten A, B, C. Die Linie $L_{P_\Gamma/SP}$ sei die Sichtlinie von A_Γ zu SP, mit SP als einen fixen Punkt innerhalb von $C_{T(ABC)}$. Ferner sei $L_{Orth(P_\Gamma/SP)}$ eine Orthogonale zu $L_{P_\Gamma/SP}$. Eine Ansicht $\mathscr{A}$ ist definiert als die orthogonale Projektion $P(P_\Gamma, SP, C_{T(ABC)})$ der Punkte ABC auf $L_{Orth(P_\Gamma/SP)}$.

Die Namensgebung der Landmarken ist willkürlich und erfordert keine zusätzlichen Informationen. Es muss nur gefordert werden, dass jede Landmarke eindeutig bezeichnet ist. Es wird daher eine Benennungsfunktion NF angenommen, die die durch die Menge von wahrnehmbaren Attributen gekennzeichneten Landmarken einem eindeutigen Bezeichner zuweist, $NF_\triangle :< A_1, ..., A_n > \rightarrow L$ mit $L = \{A, B, ..., Z\}$ als die Menge zulässigen Landmarkenbezeichner. Als Konvention wird im folgenden der Begriff Landmarkenbezeichner synonym mit Landmarke verwendet

Eine Landmarke wird ausschließlich über ihren Landmarkenbezeichner referenziert. Eine Landmarkengruppe LG und die egozentrische Wahrnehmung W^{ego} sind als Sequenz von Landmarken (bzw. Landmarkenbezeichnern) definiert. Für spezielle Landmarkengruppen gilt ebenso wie für eine egozentrische Wahrnehmung eine Kardinalitätsbeschränkung. Für die 3-Landmarkenkonfiguration $LG_\triangle$ und die egozentrische Wahrnehmung $W^{ego}_\triangle$ auf $LG_\triangle$ gilt $|LG_\triangle| \leq 3$ und $|W^{ego}_\triangle| \leq 3$. Eine Ansicht $\mathscr{A}_\triangle$ auf $LG_\triangle$ ist damit wie folgt definiert,

Definition 4.3 (*Ansicht* ($\mathscr{A}_\triangle$))
Eine Ansicht ist definiert als $\mathscr{A}_\triangle =< NF_\triangle, W^{ego}_\triangle, LG_\triangle >$, wobei W_{ego} die egozentrische Wahrnehmung auf Landmarken $p, q, r \in LG_\triangle$ bezeichnet.

Ferner sei die Menge aller möglichen Ansichten auf $LG_\triangle$ wie folgt definiert,

Definition 4.4 (Menge aller *Ansichten* von $LG_\triangle$ ($\mathscr{A}^*_\triangle$))
Die Menge aller Ansichten auf $LG_\triangle$ sei bezeichnet durch $\mathscr{A}^*_\triangle$.

Eine Ansicht ist nicht notwendigerweise vollständig, d.h., dass nicht alle Landmarken aus $LG_\triangle$ wahrgenommen werden müssen. Als Konvention werden bei

Beispielen, in denen eine konkrete Benennungsfunktion NF angenommen wird, die Landmarken mit $A, B, C, \ldots$ bezeichnet. In Fällen, die unabhängig von einer spezifischen Benennungsfunktion sind, werden die Landmarken mit $p, q, r, s, \ldots$ bezeichnet, unter der Annahme, dass es eine Funktion NF gibt die $A, B, C, \ldots$ auf $p, q, r, s, \ldots$ abbildet.

Auch wenn generell zur Lokalisation und Navigation keine vollständige Ansicht benötigt wird, muss zur Spezifikation eines egozentrischen Referenzsystems zumindest einmalig eine vollständige Ansicht angenommen werden,

Definition 4.5 (Referenz-*Ansicht* ($\mathscr{A}_{\triangle}^{Ref}$))

Bezeichne $\mathscr{A}_{\triangle}$ eine *Ansicht*. $\mathscr{A}_{\triangle}$ wird genau dann als Referenz-*Ansicht* $\mathscr{A}_{\triangle}^{Ref}$ bezeichnet, wenn gilt: $\forall i \in LG_{\triangle}, i \in W_{ego}$.

Da es sich bei $\mathscr{A}^{Ref}$ lediglich um eine spezielle *Ansicht* handelt, ist die Konstruktion identisch mit der allgemeinen *Ansicht* $\mathscr{A}_i$ (aus Def. 4.2). Unter Wahrung dieser Rahmenbedingung gilt, dass jede Position SP von Γ zur Generierung von $\mathscr{A}^{Ref}$ geeignet ist.

4.5.1.2 Ansichts-Sequenzen $\mathscr{A}_{\triangle}$

Mit der Definition der *Ansicht* respektive der *Referenzansicht* sind die Grundbausteine zur Spezifikation eines egozentrischen Referenzsystems gegeben. Durch die Zielsetzung, bei der Lokalisation auf eine rein egozentrische Repräsentation aufzusetzen, ergeben sich zwei maßgebliche Anforderungen. Zum einen sollen im Zuge der Spezifikation keine neuen *allozentrischen*, sichtunabhängigen räumlichen Relationen erzeugt werden, zum anderen soll die Repräsentation ausschließlich auf Ansichten und damit auf Ordnungsinformationen basieren. Das zentrale Problem besteht in der Spezifikation der räumlichen Anordnungsvarianten einer Landmarkenkonfiguration LG ohne auf zusätzliche (allozentrische) Informationen referieren zu müssen.

Der Lösungsansatz ist motiviert aus der kognitiven Beobachtung, dass menschliche Testprobanten ihre Position scheinbar kontinuierlich egozentrisch aktualisieren müssen, um zu einer stabilen Repräsentation der räumlichen Struktur der Umwelt zu gelangen (siehe speziell Abschnitt 2.4.1.3 ff., Kapitel 2). Diese Beobachtung legt die Vermutung nahe, dass zwischen dem kontinuierlichen Aktualisierungsprozess und der Wahrnehmung der räumlichen Anordnung einer Landmarkenkonfiguration ein Zusammenhang besteht. Übertragen auf *Ansichten* besagt die These, dass ein Zusammenhang zwischen einer (diskreten) Sequenz von Ansichten $\mathscr{A}_i \ldots \mathscr{A}_j$ von LG und der räumlichen Anordnung der wahrgenommenen Landmarkenkonfiguration besteht.

Dieser Zusammenhang lässt sich mit Hilfe einer einfachen physikalischen Annahme beschreiben:

Axiom 4.5.1 (Transitions-Vertauschungs-Axiom:)

Bezeichnen p und q zwei beliebige Landmarken mit $p, q \in L$, $G_{p/q}$ eine Verbindungsgerade zwischen p und q und Γ einen perzeptiven Roboter. Die Ansicht $\mathscr{A}_{POS_\Gamma}$ an der Position POS_Γ ist gegeben durch $\mathscr{A}_{POS_\Gamma} = \langle p, q \rangle$. Die durch die Transition über $G_{p/q}$ erreichte Position von Γ sei bezeichnet durch POS_Γ^{trans}. Es gilt, bei jeder Transition von $G_{p/q}$ vertauscht sich die Ordnung in der Landmarkenwahrnehmung an Position POS_Γ^{trans} nach $\mathscr{A}_{POS_\Gamma^{trans}} = \langle q, p \rangle$.

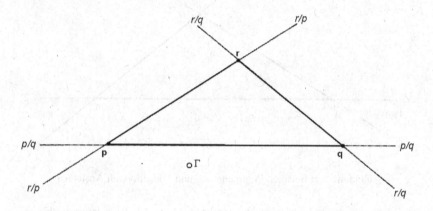

Abbildung 4.6: Beispiel: Wahrnehmung und Transition

Angewendet auf die konkrete Konfiguration von Landmarken in Abbildung 4.6, besagt das Axiom, dass, wenn Γ an einem beliebigen Punkt zwischen den Landmarken p und q steht (außerhalb der konvexen Hülle) und sich gegen den Uhrzeigersinn über die Verbindungsgerade $\overline{pq}$ bewegt, dann vertauschen sich in seiner Ansicht die Landmarken p und q[10]. Die zirkuläre Sequenz der Transitionsachsen $[\rightarrow r/q \rightarrow p/q \rightarrow r/p \rightarrow r/q \rightarrow p/q \rightarrow r/p \rightarrow]$ beschreibt rotationsinvariant die egozentrische Anordnungstopologie der 3-Punktkonfiguration[11]. Eine zentrale Eigenschaft dieser Repräsentation ist, dass sie sensitiv bezüglich spezifischer

---

[10]Die Gültigkeit des Transitions-Axioms lässt sich nicht nur empirisch motivieren, sondern kann auch über die Dreiecksorientierung abgeleitet werden, da sich die Orientierung eines Dreiecks beim Überschreiten einer Transitionsachse ändert. Da die Generierung der Orientierung jedoch eine allozentrische (*Drauf-Ansicht* erfordert), wurde bei der Beschreibung des Transistionsaxioms darauf verzichtet, um den strikt egozentrischen Charakter des hier entwickelten Ansatzes nicht zu verfälschen.

[11]In den folgenden Abschnitten wird im Detail analysiert, welche räumlichen Eigenschaften durch eine transitionsbasierte Beschreibung beschrieben werden können.

Landmarken ist. Dies erlaubt jedoch verschiedene räumliche Anordnungen unter einer einheitlichen Beschreibung zu subsummieren.

Eine universellere Beschreibung ergibt sich durch die Umformung von Landmarken- (z.B. 'A/B' bzw. p/q) auf Positionsvertauschungen (z.B. '$1/2$'). Zur Bestimmung der Positionsvertauschungen werden über die Reihenfolge der Transitionsachsen hinaus eine Sicht $\mathscr{A}^{Ref}$ benötigt[12].

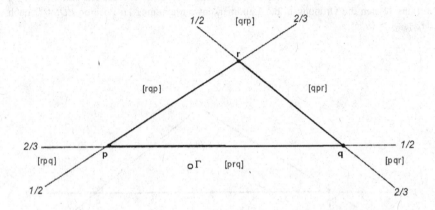

Abbildung 4.7: Beispiel: Wahrnehmung und Transition mit Ansichten

Gegeben sei wiederum das Szenario aus Abbildung 4.6. Es gelte weiterhin, dass sich Γ an einer beliebigen Position außerhalb der konvexen Hülle von LG zwischen den Landmarken p und q befindet. Nehmen wir jedoch zusätzlich an, dass Γ eine Ansicht $\mathscr{A}^{Ref}$ an der Position POS_Γ erzeugen kann. Wird nun auf POS_Γ sukzessive das Transitionsaxiom auf der Basis der Transitionsachsenreihenfolge angewendet, lässt sich jede zukünftige Wahrnehmung von Γ berechnen, die durch die Navigation um LG entsteht. So wird z.B. in Abbildung 4.7 aus $\mathscr{A}^{Ref}$ mit $\mathscr{A}^{Ref} = \langle p, r, q \rangle$ bei der Navigation von Γ gegen den Uhrzeigersinn $\mathscr{A}^{Ref}_{\circlearrowleft+1} = \langle p, q, r \rangle$. Hieraus lässt sich unmittelbar ableiten, daß im Zuge des Überschreitens der Transitionsachse $r\!\!\not/q$ eine Vertauschung an den Positionen $1/2$ stattfindet. Wendet man dieses Verfahren sukzessive auf alle resultierenden folgenden Ansichten $\mathscr{A}^{Ref}_{\circlearrowleft+i}$ an, ergibt sich eine räumliche Beschreibung von LG, die unabhängig von einer spezifischen Bezeichnung der Landmarken ist. Zur Repräsentation der Transitionstopologie wird eine Graphstruktur verwendet[13].

---

[12]Eine formale Spezifikation der hier zunächst intuitiv verwendeten Konzepte folgt in den nächsten Abschnitten.

[13]Zur Repräsentation der Dreiecksanordnung ($TR_\triangle$) reicht eine direkt verknüpfte zyklische Liste aus.

Definition 4.6 (Transitionstopologie (TT))

Eine Transitionstopologie TT ist definiert als eine ungerichtete Graphstruktur, $TT = \langle TA, TV \rangle$., wobei TA die Menge der Transitionsachsen beschreibt und TV die Verbindungen zwischen den Knoten TA. TV sei definiert als eine Teilmenge der zwei-elementigen Teilmengen von TA, $TV = \{\{x,y\} \mid x,y \in TA, x \neq y\}$.

Der Aufbau der Graphstruktur erfolgt in zwei Schritten. Im ersten Schritt wird auf der Basis einer konkreten Benennungsfunktion jeder Landmarke ein eindeutiger Bezeichner zugewiesen und die Sequenz der Landmarkenvertauschungen empirisch ermittelt. Mittels dieser Sequenz wird eine namensunabhängige Beschreibung auf der Basis der Positionsvertauschungen erzeugt.

Satz 4.5.1 (Positionsvertauschungen - Dreiecksanordnungen)

Die sich aus der Navigation, um eine 3-Landmarkenkonfiguration ergebenen Positionsvertauschungen $TV_\triangle$ werden beschrieben durch $TV_\triangle = [2/3^{(1)}, 1/2^{(1)}, 2/3^{(2)}, 1/2^{(2)}, 2/3^{(3)}, 1/2^{(3)}]$.

Beweis 4.5.1

Die Reihenfolge der Transitionsachsen einer 3-Landmarkenkonfiguration sei empirisch gegeben durch $[r/q, p/q, r/p, r/q, p/q, r/p]$. Ferner sei eine Referenzansicht an der Position zwischen den Transitionsachsen r/p und r/q gegeben durch $\mathscr{A}_\triangle^{r/p - r/q} = [p,r,q]$.

aktuelle Transition	resultierende Ansicht	Positionsvertauschung
r/q	$\mathscr{A}_\square^{r/q - p/q} = [p,q,r]$	$2/3^{(1)}$
p/q	$\mathscr{A}_\square^{p/q - r/p} = [q,p,r]$	$1/2^{(1)}$
r/p	$\mathscr{A}_\square^{r/p - r/q} = [q,r,p]$	$2/3^{(2)}$
r/q	$\mathscr{A}_\square^{r/q - p/q} = [r,q,p]$	$1/2^{(2)}$
p/q	$\mathscr{A}_\square^{p/q - r/p} = [r,p,q]$	$2/3^{(3)}$
r/p	$\mathscr{A}_\square^{r/p - r/q} = [p,r,q]$	$1/2^{(3)}$ ∎

Im zweiten Schritt müssen zusätzlich zu den Knoten TV einer TT die Kantenstruktur TA, d.h. die Nachbarschaftsbeziehungen, bestimmt werden. Da zur Bestimmung der Positionsvertauschungen auf der Basis der Landmarkenvertauschungen bereits die Reihenfolge der Positionsvertauschungen ermittelt wurde, kann TA unmittelbar aus obigem Beweis abgeleitet werden.

Korollar 4.5.1 (Transitions-orientierte Dreiecksanordnungen ($TT_\triangle$))

Die sich aus der Anwendung des Transitions-Axioms auf die Referenz-Ansicht $\mathscr{A}^{Ref}$ und Transitionsachsenvertauschungssequenz $[\rightarrow 2/3^1 \rightarrow 1/2^1 \rightarrow 2/3^2 \rightarrow 1/2^2 \rightarrow 2/3^3 \rightarrow$

Da jedoch, wie im folgenden gezeigt wird, für Landmarkenkonfigurationen mit mehr als drei Punkten (Landmarken) eine Graphstruktur benötigt wird, und um die Einheitlichkeit der Repräsentation zu wahren, wird bereits an dieser Stelle eine allgemeine Graphrepräsentation eingeführt.

$1/2^3 \rightarrow$] ergebene Transitions-orientierte zirkuläre Dreiecksanordnung lässt sich beschreiben als Graph $TT_\triangle$,

$$TT_\triangle = \begin{bmatrix} 0 & 1 & 0 & 1 & 0 & 0 \\ 1 & 0 & 1 & 0 & 0 & 0 \\ 0 & 1 & 0 & 1 & 0 & 0 \\ 0 & 0 & 1 & 0 & 1 & 0 \\ 0 & 0 & 0 & 1 & 0 & 1 \\ 1 & 0 & 1 & 0 & 0 & 0 \end{bmatrix}$$

Beweis 4.5.2
Die Sequenz der Positionsvertauschungen folgt unmittelbar aus Beweis 4.5.1.

Da sich aus $\mathscr{A}^{Ref}$ alle Folge-Ansichten $\mathscr{A}^{Ref}_{\circlearrowright+i}$ berechnen lassen, hängt die erzeugte Repräsentation nicht länger von der spezifischen Position POS_Γ von Γ ab. Die Unabhängigkeit der erzeugten Repräsentation $TR_\triangle$ von der Navigationsrichtung von Γ folgt aus der Symmetrieeigenschaft der Transitionen (siehe Axiom 4.5.1).

4.5.1.3 Spezifikation der Positionen $POS_\triangle$

Der nächste Schritt zur Spezifikation eines geeigneten Referenzsystems zur Lokalisation ist die Spezifikation von Regionen. In der vollständigen Allgemeinheit lassen sich, wie in Kapitel 3.2.2 ausführlich beschrieben, eindeutige Positionen nur unter Einbeziehung der Gegenseiten der Landmarken spezifizieren (siehe [Sch91]). In der Praxis lässt sich das Problem jedoch durch eine einfache Einschränkung der Allgemeinheit umgehen. Gegeben Γ befindet sich an der sin Abbildung 4.8(a) bezeichneten Position, innerhalb der konvexen Hülle der Landmarken p, q, r und s, dann ist eine präzise Lokalisation von Γ bezüglich der durch die Punkte p, q, r, s und S_m begrenzten Region nur unter Einbeziehung der Gegenseiten aller Landmarken möglich.

Wird jedoch ein anderes Referenzsystem gewählt, lässt sich diese Anforderung umgehen. In diesem Abschnitt wird gezeigt, dass es bei der Wahl eines geeigneten Referenzsystems möglich ist, sich ohne Gegenseiten ausschließlich auf der Basis egozentrischer Informationen zu lokalisieren. Abbildung 4.8(b) verdeutlicht die grundlegende Idee (Bei den Landmarken in Abbildung 4.8(a) und 4.8(b) handelt es sich um qualitativ wie quantitativ identische Landmarkenkonfigurationen.). Allgemein besteht die Lösung darin, das Referenzsystem so zu wählen, dass Γ sich außerhalb der konvexen Hülle einer Landmarkenkonfiguration LG lokalisieren muss. So befindet sich Γ innerhalb der konvexen Hülle der Landmarkengruppe

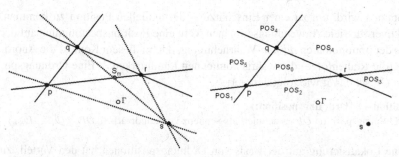

(a) Grenzen der Lokalisation auf der Basis   (b) Selektion des geeigneten Referenzsystems
von Ordnungsinformationen

Abbildung 4.8: Wahl des geeigneten Referenzsystems

p, q, r, s (siehe Abbildung 4.8(a)), aber außerhalb der der konvexen Hülle der Landmarkengruppe p, q, r (siehe Abbildung 4.8(b)). Für letzteren Fall wird gezeigt, dass es eine bijektive Abbildung zwischen Position und egozentrischer Wahrnehmung gibt.

Positionen auf der Basis von Ordnungsinformationen lassen sich prinzipiell auf zwei Arten beschreiben. Die unmittelbarste Möglichkeit besteht in der Spezifikation von Positionen durch die sie begrenzenden Transitionsachsen,

Definition 4.7 (Transitionsposition:)
Eine Transitionsposition $TP_{n/m}^D$ ist definiert als Sequenz von Transitionsachsen $TP^d =< TA_i, ..., TA_{i+n} >$, wobei $\circlearrowleft, \circlearrowright \in D$ die Richtung und n und m die Ordnung und den Typ der Transitionsachsen bezeichnet.

Die Symbole $\circlearrowleft$ und $\circlearrowright$ bezeichnen die Navigation in- bzw. gegen den Uhrzeigersinn. Eine Region ist auf der Grundlage der obigen Definition durch eine Menge von Transitionsachsen begrenzt. Eine Verwendung ausschließlich dieser Konzeptionalisierung von Positionen hat jedoch Nachteile. Zum einen sind die durch dieses Verfahren spezifizierten Regionen nicht eindeutig bezeichnet, da es z.B. im Fall der 3-Landmarkenkonfiguration verschiedene Regionen gibt, die zwischen Transitionsachsen 1/2 und 2/3 liegen[14]. Zum anderen muss bei der Anwendung dieser Konzeptionalisierung vorausgesetzt werden, dass jede Transition tatsächlich wahr-

---

[14]Eine eindeutige Positionierung auch auf der Grundlage von Transitionspositionen lässt sich erreichen, wenn man die Transitionsachsen über spezifische Landmarken-Feature voneinander unterscheidet. Dies soll zwar wie am Anfang dieses Kapitels gefordert *prinzipiell* möglich sein (z.B. bei der Konstruktion der Referenzansicht), aber diese in der Praxis oft schwer zu erfüllende Annahme sollte nicht Grundvoraussetzung für jede Form der Lokalisierung sein.

genommen wird, um zu einer Einschätzung der aktuellen Position zu kommen. Effektiver für viele Anwendungsdomänen wäre eine Positionsbestimmung auf der Basis der unmittelbaren *ad-hoc*-Wahrnehmung, d.h. in diesem Kontext die Anordnung (die Reihenfolge) der wahrgenommenen Landmarken[15]. Eine Ordnungsposition *OP* sei damit wie folgt definiert,

Definition 4.8 (Ordnungsposition:)
Eine Ordnungsposition *OP* ist definiert als Sequenz von Landmarken, $OP = \langle L_i, ..., L_{i+n} \rangle$.

Eine Lokalisierung auf der Basis von Ordnungspositionen hat den Vorteil, zu jedem Zeitpunkt, auch unabhängig von der Bewegung eines Beobachters angewendet werden zu können. Um sich jedoch im Rahmen einer qualitativen Lokalisierung exakt lokalisieren zu können, ist es erforderlich, eine ein-eindeutige Beziehung zwischen der Wahrnehmung von Γ und Position bezüglich der Topologie $TR_\triangle$ nachzuweisen.

Satz 4.5.2 ($LOC_\triangle$:)
Bezeichne $TR_\triangle$ die Transitionstopologie mit $TR_\triangle = [\ 2/3^{(1)}, 1/2^{(1)}, 2/3^{(2)}, 1/2^{(2)},$ $2/3^{(3)}, 1/2^{(3)}]$. Seien die möglichen Positionen $POS_\triangle$ gegeben mit $POS_\triangle = \{pos_\triangle^1, pos_\triangle^2,$ $pos_\triangle^3, pos_\triangle^4, pos_\triangle^5, pos_\triangle^6\}$ und begrenzt durch die in $TR_\triangle$ spezifizierten Transitionsachsen $t_\triangle \in TR_\triangle$, dann gilt, es gibt eine bijektive Lokalisierungs-Funktion $LOC_\triangle^P : \mathscr{A}_\triangle^*, t_\triangle \rightarrow POS_\triangle$.

Beweis 4.5.3
Sei die Menge der Ansichten $\mathscr{A}_\triangle^*$ auf $LG_\triangle$ gegeben mit $\mathscr{A}_\triangle^* = \{\ prq, pqr, qpr, qrp, rqp,$ $rpq\}$ mit der Referenzansicht $\mathscr{A}^{Ref} = \langle p, r, q \rangle$. Ferner sei die Transitionstopologie Korollar 4.5.1 folgend beschrieben mit $TR_\triangle = [\ 2/3^{(1)}, 1/2^{(1)}, 2/3^{(2)}, 1/2^{(2)}, 2/3^{(3)}, 1/2^{(3)}]$. Nehmen wir an, die Positionen $POS_\triangle$ seien begrenzt durch die in $TR_\triangle$ spezifizierten Transitionsachsen mit folgender Zuordnung,

$$pos_\triangle^1 = 2/3^{(1)} - 1/2^{(1)}$$
$$pos_\triangle^2 = 1/2^{(1)} - 2/3^{(2)}$$
$$pos_\triangle^3 = 2/3^{(2)} - 1/2^{(2)}$$
$$pos_\triangle^4 = 1/2^{(2)} - 2/3^{(3)}$$
$$pos_\triangle^5 = 2/3^{(3)} - 1/2^{(3)}$$
$$pos_\triangle^6 = 1/2^{(3)} - 2/3^{(1)}$$

Durch die Konstruktion eines endlichen Automaten (kurz, FSM) $FSM_{prq}^\triangle$ wird gezeigt, dass jede mögliche Ansicht $\mathscr{A}_\triangle^i \in \mathscr{A}_\triangle^*$ ein-eindeutig auf eine Position $pos_\triangle^j$ abgebildet

---

[15]Die Beobachtung einer Transition innerhalb einer Landmarkengruppe eignet sich hingegen, wie im folgenden ausführlich beschrieben sehr gut zur Behandlung einer speziellen Problemklasse: der Positionsverfolgung.

werden kann, d.h. $LOC_\triangle^P : \mathscr{A}_\triangle^*, \Sigma \to POS_\triangle$. Ein *endlicher Automat* ist definiert als 5-Tupel mit $FSM = (Z, \Sigma, LOC_\triangle^P, z_0, z_E)$. Für den Fall einer $LG_\triangle$ ergibt sich $FSM_{prq}^\triangle$ mit

$Z = \{prq, pqr, qpr, qrp, rqp, rpq\}$,   die Menge der Zustände ist gegeben durch die Menge der möglichen Ansichten $\mathscr{A}_\triangle^*$

$\Sigma = \{ 2/3^{(1)}, 1/2^{(1)}, 2/3^{(2)}, 1/2^{(2)}, 2/3^{(3)}, 1/2^{(3)} \}$,   bezeichnet das Eingabe-Alphabet und ist gegeben durch die in $TR_\triangle$ auftretenden Positionstransitionen.

$z_E = prq$,   sei der einzig gültige Endzustand und

$z_0 = prq$,   sei der Startzustand.

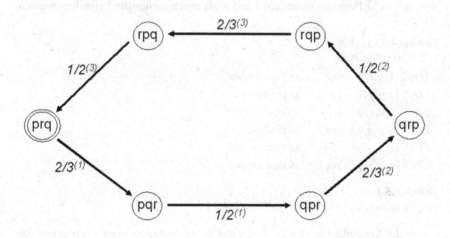

Abbildung 4.9: FSM zur Konstruktion von Positionen einer LG_3 gegen den Uhrzeigersinn

Der Nachweis der Bijektivität von $LOC_\triangle^P$ erfolgt konstruktiv über einen *endlichen Automaten* mittels einer simulierten vollständigen Navigation gegen den Uhrzeigersinn um $LG_\triangle^P$. Die Funktion $LOC_\triangle : Z \times \Sigma \to Z$ lässt sich durch sukzessive Anwendung des Transitions-Axioms berechnen. Der Definition von $TR_\triangle$ folgend werden die Eingabe-Worte

$2/3^{(n)}$ und $1/2^{(n)}$ dreimal auf die jeweils resultierenden Folgezustände angewendet, um einen vollständigen Rundgang zu realisieren. Startpunkt ist die Referenzansicht $\mathscr{A}_{prq}^{Ref}$:

$LOC_{\triangle}^{P}(prq, 2/3^{(1)}) = pqr,$ an Position $pos_{\triangle}^{6}$

$LOC_{\triangle}^{P}(pqr, 1/2^{(1)}) = qpr,$ an Position $pos_{\triangle}^{1}$

$LOC_{\triangle}^{P}(qpr, 2/3^{(2)}) = qrp,$ an Position $pos_{\triangle}^{2}$

$LOC_{\triangle}^{P}(qrp, 1/2^{(2)}) = rqp,$ an Position $pos_{\triangle}^{3}$

$LOC_{\triangle}^{P}(rqp, 2/3^{(3)}) = rpq,$ an Position $pos_{\triangle}^{4}$

$LOC_{\triangle}^{P}(rpq, 1/2^{(3)}) = prq,$ an Position $pos_{\triangle}^{5}$

Damit ist gezeigt, dass es unabhängig von einer spezifischen Landmarkenbenennung eine bijektive Abbildung $LOC_{\triangle} : \mathscr{A}_{\triangle}^{*} \to POS_{\triangle}$ ∎.

Aufgrund der ein-eindeutigen Abbildung zwischen Position $POS_{\triangle}$ und Wahrnehmung $\mathscr{A}_{\triangle}$ werden zur Abstraktion von einer spezifischen Lokalisationsfunktion $LOC_{\triangle}^{P}$ als Konvention direkt die egozentrischen Ansichten zur Beschreibung der Positionen verwendet[16].

Eine alternative, spezialisierte Fassung von $LOC_{\triangle}^{P}$ ergibt sich, wenn als Transitionstyp nicht Positions-, sondern Landmarkenvertauschungen betrachtet werden.

Lemma 4.5.1 $(LOC_{\square}^{L})$
$LOC_{\triangle}^{L}$ ist definiert als,

$LOC_{\triangle}^{P}(prq, r/q = pqr),$ an Position $pos_{\triangle}^{6}$

$LOC_{\triangle}^{P}(pqr, p/q = qpr),$ an Position $pos_{\triangle}^{1}$

$LOC_{\triangle}^{P}(qpr, r/p = qrp),$ an Position $pos_{\triangle}^{2}$

$LOC_{\triangle}^{P}(qrp, q/r = rqp),$ an Position $pos_{\triangle}^{3}$

$LOC_{\triangle}^{P}(rqp, q/p = rpq),$ an Position $pos_{\triangle}^{4}$

$LOC_{\triangle}^{P}(rpq, r/p = prq),$ an Position $pos_{\triangle}^{5}$

Beweis 4.5.4
Folgt unmittelbar aus Satz 4.5.2 und Beweis 4.5.1.

Mit der Spezifikation von Regionen auf der Grundlage von egozentrischen Ansichten $\mathscr{A}_{\triangle}$ ist das Fundament zur Lokalisation gelegt und der Bezugsrahmen (*frame of reference*, kurz FoR) zur Lokalisation auf der Basis von $LG_{\triangle}$ kann exakt spezifiziert werden,

Definition 4.9
Der *Frame of Reference* zur Lokalisation auf der Basis von $LG_{\triangle}$ ist beschrieben durch
$FoR_{\triangle} = <TR_{\triangle}, A_{\triangle}^{Ref}, LOC_{\triangle}>$.

---

[16]D.h. $prq = 2/3^{(1)} - 1/2^{(1)}, pqr = 1/2^{(1)} - 2/3^{(2)}, \dots$

Lokalisation vermittels $FoR_\triangle$ hat die wichtige Eigenschaft, dass sie auf jede Dreieckskonfiguration mit drei nicht-kollinearen Landmarken angewendet werden kann und nicht sensitiv bezüglich spezifischer geometrischer Eigenschaften einer Konfiguration ist (z.B., rechte Winkel, Gleichschenkeligkeit, usw.). Lokalisation kann somit auch auf Landmarkenkonfigurationen angewendet werden, deren geometrische und topologische Eigenschaften vollständig unbekannt sind. Voraussetzung zur Lokalisation ohne topologisches oder geometrisches Vorwissen ist die Beobachtung einer Transition zur Bestimmung der aktuellen Position innerhalb der Transitionstopologie $TR_\triangle$ in der sich ein Beobachter befindet. Ein weitere wichtige Eigenschaft ergibt sich aus der Vorhersagbarkeit der Transitionen. Ohne jedes geometrische Vorwissen können nach der Beobachtung einer einzelnen Transition sowohl die zukünftigen Wahrnehmungen als auch die folgenden Transistionen exakt vorhergesagt werden, womit die Grundlage gelegt ist, im Rahmen der Navigation die Perzeption eines Roboters Γ zu validieren.

4.5.2 Lokalisation mit geometrischem Vorwissen (N-Ecke)

Nicht für jede Anwendungsdomäne ist die auf sechs Positionen beschränkte Präzision hinreichend. Darüber hinaus kann es in verschiedenen Anwendungsdomänen sinnvoll sein, auch auf der Grundlage von Ordnungsinformationen verschiedene Landmarkenkonfigurationen auf der Basis zu ermittelnder geometrischer Ordnungs-Eigenschaften unterscheiden zu können. In diesem Abschnitt sollen repräsentativ am Beispiel von nicht-kollinearen 4-Landmarkenkonfigurationen die Rahmenbedingungen zur erweiterten Anwendung dieses Ansatzes auf N-Eckkonfigurationen mit potentiell beliebiger Präzision spezifiziert werden[17]. Sowohl bei der Beschreibung der Transitionstopologien als auch bei den Positionen werden Erweiterungen vorgenommen. Die Spezifikation von $FoR_\square$ gliedert sich in Entsprechung zur Spezifikation von $FoR_\triangle$ in drei Schritte,

1. Spezifikation der Ansichten
2. Spezifikation der Transitionstopologien und
3. Nachweis der bijektiven Abbildung zwischen *Ansicht* und Position

4.5.2.1 Ansichten $\mathscr{A}_\square$

Die Spezifikation der Ansichten für 4-Landmarkenkonfigurationen (kurz $LG_\square$) folgt der Spezifikation von $LG_\triangle$. Eine Ansicht $\mathscr{A}_\square$ ist definiert als Tripel, wobei

---

[17]In der Praxis ist die Präzision dadurch beschränkt, wie viele Landmarken zumindest bei der Generierung der Referenzansicht $\mathscr{A}_\square$ robust unterschieden werden können.

$NF_\square$ eine Benennungsfunktion bezeichnet und W_{ego} die egozentrische Ordnungs-ansicht eines Roboters Γ. $LG_\square$ unterscheidet sich von $LG_\triangle$ durch die erweiterte Anzahl von Landmarken $p, q, r, s \in LG_\square$.

Definition 4.10 (Ansicht ($\mathscr{A}_\square$))
Eine Ansicht ist definiert als $\mathscr{A}_\square = < NF_\square, W_{ego}, LG_\square >$, wobei W_{ego} die egozentrische Wahrnehmung auf Landmarken $p, q, r, s \in LG_\square$ bezeichnet.

Ferner sei die Menge aller möglichen Ansichten auf $LG_\square$ wie folgt definiert,

Definition 4.11 (Menge aller Ansichten von $LG_\square$ ($\mathscr{A}_\square^*$))
Die Menge aller Ansichten auf $LG_\square$ sei bezeichnet durch $\mathscr{A}_\square^*$.

Ebenso wie bei $LG_\triangle$ wird nicht von jeder Ansicht gefordert, dass sie vollständig ist. Eine Ausnahme stellt die Referenzansicht dar,

Definition 4.12 (Referenz-Ansicht ($\mathscr{A}_\square^{Ref}$))
Bezeichne $\mathscr{A}_\triangle$ eine Ansicht. $\mathscr{A}_\square$ wird genau dann als Referenz-Ansicht $\mathscr{A}_\square^{Ref}$ bezeichnet, wenn gilt, $\forall i \in LG_\square, i \in W_{ego}$.

Als Konvention werden konkrete Landmarken (d.h. Landmarken deren Name durch eine spezifische Benennungsfunktion $NF_\square$ zugewiesen wurden) mit $A, B, C, \dots$ bezeichnet. Kann oder soll von einer spezifischen Bezeichnungsfunktion abstrahiert werden, werden Landmarken abstrakt benannt und mit p, q, r, s bezeichnet.

4.5.2.2 Transitionstopologien $TR_\square$

Die Dreieckstopologie $TR_\triangle$ bietet eine einheitliche Beschreibung für alle $LG_\triangle$, so dass kein spezifisches geometrisches Vorwissen nötig ist, um die Ansichten $\mathscr{A}_\triangle$ validieren und vorhersagen zu können. Dem stehen gegenüber, dass zum einen

1. die Granularität der Lokalisation beschränkt ist und
2. es darüber hinaus nicht möglich ist verschiedene n-Landmarkengruppen ausschließlich anhand geometrischer Eigenschaften zu differenzieren, die aus Ordnungsinformationen gewonnen werden könnten.

Die Verwendung geometrischer auf Ordnungsinformationen basierender Eigen-schaften haben gegenüber einer Feature-basierten Beschreibung den Vorteil, weni-ger abhängig von den äußeren Umweltbedingungen zu sein (im Falle einer Kamera z.B. von der Stabilität und Qualität der Lichtverhältnisse (siehe auch Kapitel 2)). $LG_\square$ verhalten sich in dieser Beziehung diametral zu $LG_\triangle$. Es wird gezeigt, dass

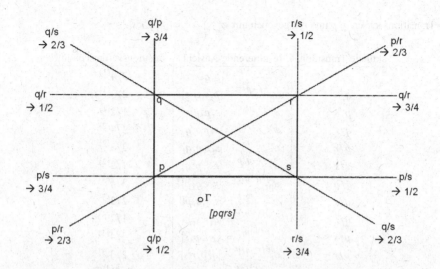

Abbildung 4.10: Landmarken- und Positionsvertauschungen bei einer konkaven Rechteck-konfiguration

eine differenziertere Lokalisation ebenso wie die Unterscheidung von verschiedenen Landmarkengruppen anhand geometrischer Merkmale auf der Basis von Landmarkengruppen mit mehr als drei Landmarken möglich ist.

Betrachten wir zunächst den einfachen Fall einer konvexen Vierecksskonfiguration mit je zwei parallelen Verbindungslinien (siehe Abbildung 4.10). Nehmen wir ferner an ein Roboter Γ befindet sich an der durch den Punkt gekennzeichneten Stelle zwischen den Transitionsachsen $G_{\overline{q/p}}$ und $G_{\overline{r/s}}$ (in der unteren Mitte der Abbildung 4.10 und die Ansicht $\mathscr{A}_\Box^{Ref}$ ist gegeben durch $\mathscr{A}_\Box^{Ref} = \langle p,q,r,s \rangle$ mit $p,q,p,r,s \in LG_\Box$. Durch Anwendung des Transitionsaxioms lassen sich die Knoten TV von $TT_\Box$ unmittelbar ableiten,

Satz 4.5.3 (Transistionstopologie ($TT_\Box^{konk-0}$):)
Die Transitionstopologie $TR_\Box^{konk-0}$ einer konvexen Vierecksskonfiguration $LG_\Box$ lässt sich beschreiben als $TR_\Box^{konk-0} = [3/4^{(1)}, 2/3^{(1)}, 1/2^{(1)}, 3/4^{(2)}, 2/3^{(2)}, 1/2^{(2)}, 3/4^{(3)}, 2/3^{(3)}, 1/2^{(3)}, 3/4^{(4)}, 2/3^{(4)}, 1/2^{(4)}]$.

Beweis 4.5.5
Die Reihenfolge der Transitionsachsen einer konvexen Vierecksskonfiguration ist gegeben durch folgende streng geordnete Transitionssequenz [r/s, q/s, p/s, q/r, p/r, r/s, q/p, q/s, q/r, p/s, p/r, q/p]. Ferner sei eine Referenzansicht an der Position zwischen den

Transitionsachsen q/p und r/s gegeben mit $\mathscr{A}_\square^{q/p-r/s} = [p,q,r,s]$.

aktuelle Transition	resultierende Ansicht	Positionsvertauschung
r/s	$\mathscr{A}_\square^{r/s-q/s} = [p,q,s,r]$	$3/4^{(1)}$
q/s	$\mathscr{A}_\square^{q/s-p/s} = [p,s,q,r]$	$2/3^{(1)}$
p/s	$\mathscr{A}_\square^{p/s-q/r} = [s,p,q,r]$	$1/2^{(1)}$
q/r	$\mathscr{A}_\square^{q/r-p/r} = [s,p,r,q]$	$3/4^{(2)}$
p/r	$\mathscr{A}_\square^{p/r-r/s} = [s,r,p,q]$	$2/3^{(2)}$
r/s	$\mathscr{A}_\square^{r/s-q/p} = [r,s,p,q]$	$1/2^{(2)}$
q/p	$\mathscr{A}_\square^{q/p-q/s} = [r,s,q,p]$	$3/4^{(3)}$
q/s	$\mathscr{A}_\square^{q/s-q/r} = [r,q,s,p]$	$2/3^{(3)}$
q/r	$\mathscr{A}_\square^{q/r-p/s} = [q,r,s,p]$	$1/2^{(3)}$
p/s	$\mathscr{A}_\square^{p/s-p/r} = [q,r,p,s]$	$3/4^{(4)}$
p/r	$\mathscr{A}_\square^{p/r-q/p} = [q,p,r,s]$	$2/3^{(4)}$
q/p	$\mathscr{A}_\square^{q/p-r/s} = [p,q,r,s]$	$1/2^{(4)}$ ∎

Die Menge der Knoten $TV_\square^{konk-0}$ ist damit gegeben durch $TV_\square^{konk-0} = \{$ $3/4^{(1)}$ $2/3^{(1)}$ $1/2^{(1)}$ $3/4^{(2)}$ $2/3^{(2)}$ $1/2^{(2)}$ $3/4^{(3)}$ $2/3^{(3)}$ $1/2^{(3)}$ $3/4^{(4)}$ $2/3^{(4)}$ $1/2^{(4)}$ $\}$ Die Kantenstruktur $TA\square^{konk-0}$ ist implizit bereits durch die obige Abbildung der empirisch ermittelten Sequenz der Landmarkenvertauschungen auf die Sequenz von Positionsvertauschungen bestimmt.

Korollar 4.5.2 (Transitions-orientierte Parallelogramm-Topologie ($TT_\square^{konk-0}$))
Die sich aus der Anwendung des Transitions-Axioms auf die Referenz-Ansicht $\mathscr{A}_\square^{Ref}$ und Transitionsachsenvertauschungssequenz $[\to 3/4^{(1)} \to 2/3^{(1)} \to 1/2^{(1)} \to 3/4^{(2)} \to 2/3^{(2)} \to 1/2^{(2)} \to 3/4^{(3)} \to 2/3^{(3)} \to 1/2^{(3)} \to 3/4^{(4)} \to 2/3^{(4)} \to 1/2^{(4)}$ ergebene transitionsorientierte Topologie lässt sich beschreiben als Graph $TT_\square^{konk-0}$,

$$TT_\square^{konk-0} = \begin{bmatrix} 0 & 1 & 0 & 0 & 0 & 0 & 0 & 0 & 0 & 0 & 0 & 1 \\ 1 & 0 & 1 & 0 & 0 & 0 & 0 & 0 & 0 & 0 & 0 & 0 \\ 0 & 1 & 0 & 1 & 0 & 0 & 0 & 0 & 0 & 0 & 0 & 0 \\ 0 & 0 & 1 & 0 & 1 & 0 & 0 & 0 & 0 & 0 & 0 & 0 \\ 0 & 0 & 0 & 1 & 0 & 1 & 0 & 0 & 0 & 0 & 0 & 0 \\ 0 & 0 & 0 & 0 & 1 & 0 & 1 & 0 & 0 & 0 & 0 & 0 \\ 0 & 0 & 0 & 0 & 0 & 1 & 0 & 1 & 0 & 0 & 0 & 0 \\ 0 & 0 & 0 & 0 & 0 & 0 & 1 & 0 & 1 & 0 & 0 & 0 \\ 0 & 0 & 0 & 0 & 0 & 0 & 0 & 1 & 0 & 1 & 0 & 0 \\ 0 & 0 & 0 & 0 & 0 & 0 & 0 & 0 & 1 & 0 & 1 & 0 \\ 0 & 0 & 0 & 0 & 0 & 0 & 0 & 0 & 0 & 1 & 0 & 1 \\ 1 & 0 & 0 & 0 & 0 & 0 & 0 & 0 & 0 & 0 & 1 & 0 \end{bmatrix}$$

Beweis 4.5.6

Die Sequenz der Positionsvertauschungen folgt unmittelbar aus Beweis 4.5.5.

Anders als bei $TT_\triangle$ ist $TT_\square^{konk-0}$ keine universelle Beschreibung für alle 4-Punkt-Konfigurationen. Zwei Arten von Variationen können auftreten.

Konvexe Variationen Wie in Abschnitt 4.4.3 beschrieben, hängt die Anzahl der Schnittpunkte eines *Arrangements* von der Anzahl der parallel orientierten Verbindungslinien ab (in Abbildung 4.11 wird dieser Zusammenhang verdeutlicht). Gegeben eine $LG_\square$ mit den Landmarken p, q, r und s und den sechs Verbindungsgeraden $G_{\overline{sr}}, G_{\overline{sq}}, G_{\overline{qr}}, G_{\overline{ps}}, G_{\overline{pr}}$ und $G_{\overline{pq}}$. Dabei gelte, dass kein Paar von Geraden parallel orientiert ist (im Gegensatz zu Abbildung 4.10). Durch die nicht-parallele Orientierung entstehen im Vergleich zur Parallelogramm-Konfiguration in Abbildung 4.10 zwei neue Schnittpunkte durch die Geraden $G_{\overline{ps}}$ und $G_{\overline{qr}}$ sowie den Geraden $G_{\overline{pq}}$ und $G_{\overline{rs}}$ die jeweils eine neue, zusätzliche Region erzeugen. Angenommen Γ steht an der durch den Punkt markierten Position in der durch die Ansicht bezeichneten Position $[psqr]$. Dadurch, dass im Gegensatz zur Parallelogramm-Konfiguration die Geraden $G_{\overline{ps}}$ und $G_{\overline{qr}}$ nicht-parallel zueinander orientiert sind, entsteht ein neuer Schnittpunkt, der die in Abbildung 4.10 bezeichnete Region $[spqr]$ in zwei Regionen partitioniert. Bei der Navigation gegen den Uhrzeigersinn hat Γ die Möglichkeit, beim Überqueren einer Transitionsachse zwei verschiedene Regionen zu erreichen: die ursprüngliche Region $[spqr]$ oder die zusätzliche, neu entstandene Region $[psrq]$.

Allgemein bestimmen die Kombinationen parallel orientierter Geraden die Anzahl der möglichen Varianten und Regionen einer n-Landmarkenkonfiguration. Mit der einfachen geometrischen Annahme, dass sich zwei beliebige Geraden G_i und G_j entweder in einem Punkt schneiden oder parallel zueinander verlaufen, lässt sich die Menge der möglichen konvexen Transitionstopologien einer n-Landmarkengruppe bestimmen. Die Bestimmung der konvexen räumlichen Variationen erfolgt in zwei Schritten. Zunächst werden die möglichen zusätzlich entstehenden Regionen bestimmt, und danach wird untersucht, welche Kombinationen zusätzlicher Regionen koinzident auftreten können.

Satz 4.5.4 (Neue Regionen:)

Durch die Aufhebung der parallel orientierten Verbindungslinien in $TT_\square^{konk-0}$ können genau folgende vier neue Transitionspositionen entstehen: $TP^{\square\circlearrowleft}_{3/4^2/1/2^1}$, $TP^{\square\circlearrowleft}_{3/4^4/1/2^3}$, $TP^{\square\circlearrowleft}_{3/4^1/1/2^4}$ und $TP^{\square\square\circlearrowleft}_{3/4^3/1/2^2}$.

Beweis 4.5.7

Neue Regionen entstehen gdw. neue Schnittpunkte eine bestehende Transitionsposition zerlegen. Daher ist zu zeigen, welche Landmarkenverschiebungen einer konvexen Landmar-

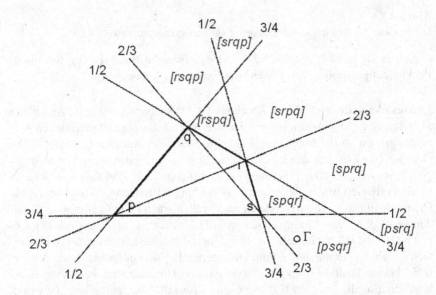

Abbildung 4.11: Landmarken- und Positionsvertauschungen bei einer nicht-parallelen konkaven Viereckskonfiguration

kenkonfiguration an welcher Position einen neuen Schnittpunkt erzeugen und damit welche
Region partitionieren. Gegeben sei eine Landmarkenkonfiguration $\mathbb{L}_4^\square$, mit $p,q,r,s \in \mathbb{L}_4^\square$,
und den (Verbindungs-)Geraden $\mathbb{G}_4^\square$, mit $G_{\overline{qr}}, G_{\overline{qp}}, G_{\overline{ps}}, G_{\overline{rs}}, G_{\overline{qs}}, G_{\overline{pr}} \in \mathbb{G}_4^\square$. Die topologische Transitionsstruktur sei beschrieben durch $TT_\square^{konk-0}$. Jede Gerade G_{nm} der Transitions-
topologie $TT_\square^{konk-0}$ kann beschrieben werden als geordnetes Tripel $G_{\overline{nm}} = \langle S_n, S_{\overline{nm}}, S_m \rangle$,
wobei $S_{\overline{nm}}$ die Strecke zwischen den Landmarken n und m bezeichnet und S_n bzw. S_m
den Strahl mit dem Ursprung in m bzw. n. Da aufgrund der Konvexitätseigenschaft gilt:
jede Strecke $S_{\overline{n_i m_j}}$ ist Teil der konvexen Hülle von $\mathbb{L}_4^\square$ oder begrenzt sie, gilt daher
$S_n, S_m \in TT_\square^{konk-0}$. Die Geraden $G_{\overline{qr}}, \ldots, G_{\overline{pr}}$ lassen sich verknüpft mit $TT_\square^{konk-0}$ beschreiben als,

$$G_{\overline{qr}} = \langle 1/2^3, S_{\overline{qr}}, 3/4^2 \rangle \qquad G_{\overline{rs}} = \langle 1/2^2, S_{\overline{rs}}, 3/4^1 \rangle$$
$$G_{\overline{qp}} = \langle 3/4^3, S_{\overline{qp}}, 1/2^4 \rangle \qquad G_{\overline{qs}} = \langle 2/3^3, S_{\overline{qs}}, 2/3^1 \rangle$$
$$G_{\overline{ps}} = \langle 3/4^4, S_{\overline{ps}}, 1/2^1 \rangle \qquad G_{\overline{pr}} = \langle 2/3^4, S_{\overline{pr}}, 2/3^2 \rangle$$

Ferner folgt aus $TT_\square^{konk-0}$, dass die beiden parallel orientierten Geradenpaare $G_{\overline{qr}}$, $G_{\overline{ps}}$
und $G_{\overline{qp}}$, $G_{\overline{rs}}$ jeweils genau zwei Transitionspositionen vermittels Strahlenpaare begrenzen
(folgt unmittelbar aus $TT_\square^{konk-0}$).

$$TP^{\square\circlearrowright}_{1/2^1-3/4^2}, \text{ aus } G_{\overline{qr}}, G_{\overline{ps}} \qquad TP^{\square\circlearrowright}_{1/2^3-3/4^4}, \text{ aus } G_{\overline{qr}}, G_{\overline{ps}}$$

$$TP^{\square\circlearrowright}_{1/2^2-3/4^3}, \text{ aus } G_{\overline{rs}}, G_{\overline{qp}} \qquad TP^{\square\circlearrowright}_{1/2^4-3/4^1}, \text{ aus } G_{\overline{rs}}, G_{\overline{qp}}$$

Neue Schnittpunkte und neue Regionen entstehen genau dann, wenn Landmarken so verschoben werden, dass die Parallelitätseigenschaft von einem Geradenpaar aufgegegeben wird. Jeweils zwei Verschiebungsrichtungen können auftreten,

Landmarke	Verschiebung	neuer Schnittpunkt	neue Transitionsposition
$r \vee s$	$><$	$3/4^2/1/2^1$	$TP^{\square\circlearrowright}_{3/4^2/1/2^1}$
$q \vee p$	$><$	$3/4^4/1/2^3$	$TP^{\square\circlearrowright}_{3/4^4/1/2^3}$
$r \vee s$	$<>$	$3/4^4/1/2^3$	$TP^{\square\circlearrowright}_{3/4^4/1/2^3}$
$q \vee p$	$<>$	$3/4^2/1/2^1$	$TP^{\square\circlearrowright}_{3/4^2/1/2^1}$.

Landmarke	Verschiebung	neuer Schnittpunkt	neue Transitionsposition
$q \vee r$	$><$	$3/4^3/1/2^2$	$TP^{\square\circlearrowright}_{3/4^3/1/2^2}$
$p \vee s$	$><$	$3/4^1/1/2^4$	$TP^{\square\circlearrowright}_{3/4^1/1/2^4}$
$q \vee r$	$<>$	$3/4^1/1/2^4$	$TP^{\square\circlearrowright}_{3/4^1/1/2^4}$
$p \vee s$	$<>$	$3/4^3/1/2^2$	$TP^{\square\circlearrowright}_{3/4^3/1/2^2}$ ∎

Zur einfacheren Referenzierung der möglichen zusätzlichen Transitionspositionen soll folgende Zuordnung gelten,

Definition 4.13
Die Transitionspositionen $TP^{\square\circlearrowright}_{3/4^2/1/2^1}$, $TP^{\square\circlearrowright}_{3/4^4/1/2^3}$, $TP^{\square\circlearrowright}_{3/4^1/1/2^4}$ und $TP^{\square\circlearrowright}_{3/4^3/1/2^2}$ werden wie folgt bezeichnet,

$$TP^{\square}_{UP} = TP^{\square\circlearrowright}_{3/4^3/1/2^2} \qquad TP^{\square}_{DOWN} = TP^{\square\circlearrowright}_{3/4^1/1/2^4}$$

$$TP^{\square}_{LEFT} = TP^{\square\circlearrowright}_{3/4^4/1/2^3} \qquad TP^{\square}_{RIGHT} = TP^{\square\circlearrowright}_{3/4^2/1/2^1}.$$

Zur Bestimmung der konvexen geometrischen Varianten muss zunächst untersucht werden, welche der in Satz 4.5.4 beschriebenen Regionen gleichzeitig innerhalb einer zulässigen Anordnungssequenz auftreten können. Die resultierenden Topologien lassen sich in drei Klassen aufteilen,

1. Anordnungen mit zwei parallel ausgerichteten Linienpaaren,
2. Anordnungen mit einem parallel ausgerichteten Linienpaar und
3. Anordnungen ohne parallel ausgerichtete Linienpaare.

Der erste Fall ist bereits durch die Parallelogramm-Konfiguration vollständig beschrieben. Die zweite Klasse der Anordnungen mit *einem* parallel ausgerichteten Linienpaar lässt sich wie folgt beschreiben,

Korollar 4.5.3 (Semi-parallele, konvexe $TT^{\square}$:)
Eine semi-parallele, konvexe $TT^{\square}$ enthält genau eine der folgenden über $TT_{\square}^{kv-0}$ hinausgehende Transitionsposition,

$$TP_{LEFT}^{\square} \vee_{XOR} TP_{RIGHT}^{\square} \vee_{XOR} TP_{UP}^{\square} \vee_{XOR} TP_{DOWN}^{\square}.$$

Beweis 4.5.8
Da sich bei der Konstruktion einer einzelnen neuen Region keine Restriktionen ergeben, folgt das Korollar unmittelbar aus Beweis 4.5.7.

Eine nicht-parallele $LG_{\square}$ besteht gegenüber der semi-parallelen, konvexen $TT^{\square}$ aus zwei zusätzlichen $TP^{\square}$ mit einer eingeschränkten Kombinatorik.

Korollar 4.5.4 (Nicht-parallele, konvexe $TT^{\square}$)
Eine nicht parallele, konvexe $TT^{\square}$ enthält genau folgende über $TT_{\square}^{kv-0}$ hinausgehende Transitionspositionen,

$$(TP_{LEFT}^{\square} \vee_{XOR} TP_{DOWN}^{\square}) \wedge (TP_{RIGHT}^{\square} \vee_{XOR} TP_{UP}^{\square}).$$

Beweis 4.5.9
Gegeben eine $LG_{\square}$ mit $q, p, r, s \in LG_{\square}$ mit den Verbindungsgeraden $G_{\overline{qr}}, G_{\overline{rs}}, G_{\overline{qp}}, G_{\overline{qs}}, G_{\overline{ps}}$ und $G_{\overline{pr}}$. Ferner gilt $LG_{\square}$ ist vom Typ $TT_{\square}^{kv-0}$. Für die Geraden gelten folgende Zerlegungen in Strecken und Strahle,

$$G_{\overline{qr}} = \langle \vec{S}_{(1/2^3)}, S_{\overline{qr}}, \vec{S}_{(3/4^2)} \rangle \qquad G_{\overline{rs}} = \langle \vec{S}_{(1/2^2)}, S_{\overline{rs}}, \vec{S}_{(3/4^1)} \rangle$$
$$G_{\overline{qp}} = \langle \vec{S}_{(3/4^3)}, S_{\overline{qp}}, \vec{S}_{(1/2^4)} \rangle \qquad G_{\overline{qs}} = \langle \vec{S}_{(2/3^3)}, S_{\overline{qs}}, \vec{S}_{(2/3^1)} \rangle$$
$$G_{\overline{ps}} = \langle \vec{S}_{(3/4^4)}, S_{\overline{ps}}, \vec{S}_{(1/2^1)} \rangle \qquad G_{\overline{pr}} = \langle \vec{S}_{(2/3^4)}, S_{\overline{pr}}, \vec{S}_{(2/3^2)} \rangle$$

Um die mögliche Kombinatorik zu bestimmen, muss gezeigt werden, welche der möglichen zusätzlichen Schnittpunkte $TP_{3/4^2/1/2^1}^{\square\circlearrowright}$, $TP_{3/4^4/1/2^3}^{\square\circlearrowright}$, $TP_{3/4^1/1/2^4}^{\square\circlearrowright}$ und $TP_{3/4^3/1/2^2}^{\square\circlearrowright}$ nicht *gleichzeitig* erzeugt werden können.

Fall 1 - Angenommen es gibt einen Schnittpunkt zwischen dem Strahl $\vec{S}_{(3/4^2)}$ und $\vec{S}_{(1/2^1)}$ (mit der resultierenden Region $TP_{RIGHT}^{\square}$). Für jedes nicht-parallel ausgerichtete Paar von Geraden gilt, dass sie sich in genau einem Punkt schneiden. Da sich $\vec{S}_{(3/4^2)}/\vec{S}_{(1/2^1)}$ per Annahme schneiden, können sich die korrespondierenden Geraden $G_{\overline{qr}}$ und $G_{\overline{ps}}$ in keinem anderen Punkt schneiden, folglich kann kein Schnittpunkt zwischen den alternativen zu $G_{\overline{qr}}$ und $G_{\overline{ps}}$ gehörenden Strahlen $\vec{S}_{(1/2^3)}$ und $\vec{S}_{(3/4^4)}$ konstruiert werden und damit nicht gleichzeitig die Transitionsposition $(TP_{LEFT}^{\square})$.

Fall 2 - Angenommen es gibt einen Schnittpunkt zwischen dem Strahl $\vec{S}_{(3/4^4)}$ und $\vec{S}_{(1/2^3)}$ (mit der resultierenden Region $TP_{LEFT}^{\square}$). Da sich $\vec{S}_{(3/4^4)}/\vec{S}_{(1/2^3)}$ per Annahme schneiden, können sich die korrespondierenden Geraden $G_{\overline{qr}}$ und $G_{\overline{ps}}$ in keinem anderen Punkt schneiden, folglich kann kein Schnittpunkt zwischen den alternativen zu $G_{\overline{qr}}$ und $G_{\overline{ps}}$ gehörenden Strahlen $\vec{S}_{(1/2^1)}$ und $\vec{S}_{(3/4^2)}$ konstruiert werden und damit nicht gleichzeitig die Transitionsposition ($TP_{RIGHT}^{\square}$).

Fall 3 - Angenommen es gibt einen Schnittpunkt zwischen dem Strahl $\vec{S}_{(3/4^1)}$ und $\vec{S}_{(1/2^4)}$ (mit der resultierenden Region $TP_{DOWN}^{\square}$). Da sich $\vec{S}_{(3/4^1)}/\vec{S}_{(1/2^4)}$ per Annahme schneiden, können sich die korrespondierenden Geraden $G_{\overline{qp}}$ und $G_{\overline{rs}}$ in keinem anderen Punkt schneiden, folglich kann kein Schnittpunkt zwischen den alternativen zu $G_{\overline{qp}}$ und $G_{\overline{rs}}$ gehörenden Strahlen $\vec{S}_{(1/2^2)}$ und $\vec{S}_{(3/4^3)}$ konstruiert werden und damit nicht gleichzeitig die Transitionsposition ($TP_{UP}^{\square}$).

Fall 4 - Angenommen es gibt einen Schnittpunkt zwischen dem Strahl $\vec{S}_{(3/4^3)}$ und $\vec{S}_{(1/2^2)}$ (mit der resultierenden Region $TP_{UP}^{\square}$). Da sich $\vec{S}_{(3/4^1)}/\vec{S}_{(1/2^4)}$ per Annahme schneiden, können sich die korrespondierenden Geraden $G_{\overline{qp}}$ und $G_{\overline{rs}}$ in keinem anderen Punkt schneiden, folglich kann kein Schnittpunkt zwischen den alternativen zu $G_{\overline{qp}}$ und $G_{\overline{rs}}$ gehörenden Strahlen $\vec{S}_{(1/2^4)}$ und $\vec{S}_{(3/4^1)}$ konstruiert werden und damit nicht gleichzeitig die Transitionsposition ($TP_{DOWN}^{\square}$).∎

Mit der Kenntnis der möglichen zusätzlich zu $TT_{\square}^{kv-0}$ entstehenden Regionen $TP_{LEFT}^{\square}$, $TP_{RIGHT}^{\square}$, $TP_{UP}^{\square}$, $TP_{DOWN}^{\square}$ und deren mögliche Kombinatorik (s. Korollar 4.5.3 und 4.5.4) können die entsprechenden Transitionstopologien spezifiziert werden. Da die möglichen neuen Regionen als Transitionspositionen, d.h. über die Begrenzung der Transitionsachsen spezifiziert sind, können sie direkt mit der Transitionstopologie von $TT^k v - 0_{\square}$ *verrechnet* werden. Zur Verdeutlichung: Die Transitionsposition $TP_{RIGHT}^{\square}$ ist begrenzt durch die Transitionsachsen $1/2^1$ und $3/4^2$. Durch den resultierenden Schnittpunkt zwischen beiden Transitionsachsen entstehen neue Nachbarschaften. $2/3^1$ ist nach dem Schnitt nicht nur benachbart zu $3/4^1$ und $1/2^1$, sondern zusätzlich zu $3/4^2$. Formal lassen sich die möglichen konvexen Transitionstopologien durch eine *AND*-Verknüpfung (bzw. durch eine Matrizenaddition) zwischen der konvexen Basistopologie $TT_{\square}^{kv-0}$ und den neuen Nachbarschaften beschreiben,

Definition 4.14 (Konvexe Transitionstopologien:)
Die Transitionstopologien $TT_{\square}^{kv-1}$ - $TT_{\square}^{kv-8}$ werden beschrieben durch die logische *AND*-Verknüpfung von $TT_{\square}^{kv-0}$ und den aus den Zusatzregionen resultierenden zusätzlichen (neuen) Nachbarschaften,

$$TT_\square^{kv-1} = TT_\square^{kv-0} + TP_{DOWN}^\square + TP_{LEFT}^\square$$
$$= TT_\square^{kv-0} AND(2/3^4)/(3/4^1) AND(2/3^1)/(1/2^4)$$
$$AND(2/3^4)/(1/2^3) AND(2/3^3)/(1/2^4)$$

$$TT_\square^{kv-2} = TT_\square^{kv-0} + TP_{DOWN}^\square$$
$$= TT_\square^{kv-0} AND(2/3^4)/(3/4^1) AND(2/3^1)/(1/2^4)$$

$$TT_\square^{kv-3} = TT_\square^{kv-0} + TP_{DOWN}^\square + TP_{RIGHT}^\square$$
$$= TT_\square^{kv-0} AND(2/3^4)/(3/4^1) AND(2/3^1)/(1/2^4)$$
$$AND(3/4^2)/(2/3^1) AND(1/2^1)/(2/3^2)$$

$$TT_\square^{kv-4} = TT_\square^{kv-0} + TP_{RIGHT}^\square$$
$$= TT_\square^{kv-0} AND(3/4^2)/(2/3^1) AND(1/2^1)/(2/3^2)$$

$$TT_\square^{kv-5} = TT_\square^{kv-0} + TP_{LEFT}^\square + TP_{UP}^\square$$
$$= TT_\square^{kv-0} AND(2/3^4)/(3/4^1) AND(2/3^1)/(1/2^4)$$
$$AND(2/3^3)/(1/2^2) AND(2/3^2)/(3/4^3)$$

$$TT_\square^{kv-6} = TT_\square^{kv-0} + TP_{UP}^\square$$
$$= TT_\square^{kv-0} AND(2/3^3)/(1/2^2) AND(2/3^2)/(3/4^3)$$

$$TT_\square^{kv-7} = TT_\square^{kv-0} + TP_{RIGHT}^\square + TP_{UP}^\square$$
$$= TT_\square^{kv-0} AND(3/4^2)/(2/3^1) AND(1/2^1)/(2/3^2)$$
$$AND(2/3^3)/(1/2^2) AND(2/3^2)/(3/4^3)$$

$$TT_\square^{kv-8} = TT_\square^{kv-0} + TP_{RIGHT}^\square$$
$$= TT_\square^{kv-0} AND(2/3^4)/(1/2^3) AND(2/3^3)/(1/2^4)$$

In Abbildung 4.12 werden die möglichen konvexen Variationen systematisch veranschaulicht.

Da wir im Rahmen der Navigation davon ausgehen, dass die Transitionstopologien der Landmarkenkonfigurationen, bezüglich deren ein Roboter Γ sich orientieren soll, bekannt sind (z.B. empirisch), ist die Analyse der möglichen Transitionstopologien nicht zwingend erforderlich. Die Kenntnis der möglichen räumlichen Anordnungen einer n-Landmarkenkonfiguration ist jedoch sehr hilfreich bei der globalen Lokalisierung mit nur partiellem Wissen, da sich die verschiedenen räumlichen Strukturen anhand der Reihenfolge der Transitionsachsen schnell und einfach unterscheiden, auch wenn sich die Landmarken selbst nicht eindeutig unterscheiden lassen. Dieser Punkt wird ausführlich im Rahmen der Navigation in Abschnitt 5.2 ff. behandelt.

Konkave Variante Die möglichen konkaven Variationen einer n-Landmarkenkonfiguration lassen sich ebenso systematisch ermitteln wie die konvexen. Die konkaven Variationen hängen jedoch nicht von der Anzahl der parallelen Geraden ab, sondern von der Anzahl und Art der Landmarken, die innerhalb der (maximalen) konvexen Hülle der n-Landmarkenkonfiguration liegen. Da die mi-

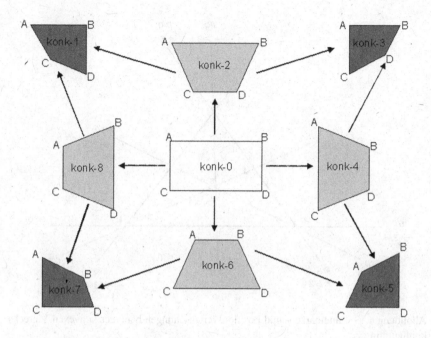

Abbildung 4.12: Durch Transitionstopologien differenzierbare konvexe Viereckskonfigurationen

nimale zweidimensionale euklidische Struktur aus drei (nicht-kollinearen) Landmarken/Punkten besteht, kann im Fall einer 4-Landmarkenkonfiguration nur exakt eine Landmarke innerhalb der konvexen Hülle einer 3-Landmarkenkonfiguration liegen.

Zur Verdeutlichung (siehe Abbildung 4.13): Die 4-Landmarkenkonfiguration besteht aus den vier Landmarken p, q, r und s[18]. Die konvexe Hülle ist gegeben durch das Dreieck p, q, r. Jede mögliche Variation besteht ausschließlich darin, dass eine andere Landmarke innerhalb der konvexen Hülle gesetzt wird. Jedoch ergibt sich dadurch keine neue Ordnungsvariante[19]. Spezifikation und Nachweis der konkaven Transitionstopologie folgt dem gleichen Schema wie bei $TT_\square^{konk-0}$.

---

[18]Unabhängig von einer spezifischen Benennungsfunktion.
[19]D.h. sie unterscheiden sich nur bezüglich der jeweilig spezifischen Benennungsfunktion.

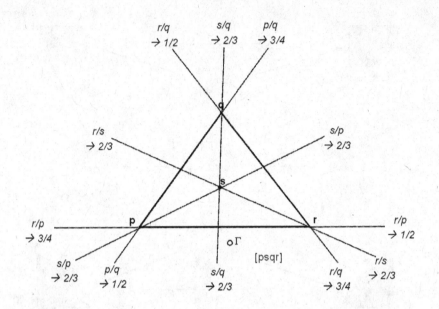

Abbildung 4.13: Landmarken- und Positionsvertauschungen bei einer konvexen Viereckskonfiguration

Satz 4.5.5 (Transistionstopologie ($TT_\square^{kk}$))

Die Transitionstopologie $TR_\square^{kk}$ einer konkaven Viereckskonfiguration $LG_\square$ lässt sich beschreiben als $TR_\square^{kk} = [3/4^{(1)}, 2/3^{(1)}, 1/2^{(1)}, 2/3^{(2)}, 3/4^{(2)}, 2/3^{(3)}, 1/2^{(2)}, 2/3^{(4)}, 3/4^{(3)}, 2/3^{(5)}, 1/2^{(3)}, 2/3^{(6)}]$.

Beweis 4.5.10

Die Reihenfolge der Transitionsachsen einer konkaven Viereckskonfiguration ist gegeben durch folgende streng geordnete Transitionssequenz [r/q, r/s, r/p, s/p, p/q, s/q, r/q, r/s, r/p, s/p, p/q, s/q]. Ferner sei eine Referenzansicht an der Position zwischen den Transitionsachsen q/p und r/s gegeben mit $\mathscr{A}_\square^{s/q-r/q} = [p, s, q, r]$.

aktuelle Transition	resultierende Ansicht	Positionsvertauschung
s/q	$\mathscr{A}_{\square}^{s/q-r/q} = [p,s,q,r]$	$2/3^{(1)}$
r/q	$\mathscr{A}_{\square}^{q/s-r/s} = [p,s,r,q]$	$3/4^{(1)}$
r/s	$\mathscr{A}_{\square}^{r/s-r/p} = [p,r,s,q]$	$2/3^{(2)}$
r/p	$\mathscr{A}_{\square}^{r/p-s/p} = [r,p,s,q]$	$1/2^{(1)}$
s/p	$\mathscr{A}_{\square}^{s/p-p/q} = [r,s,p,q]$	$2/3^{(3)}$
p/q	$\mathscr{A}_{\square}^{p/q-s/q} = [r,s,q,p]$	$3/4^{(2)}$
s/q	$\mathscr{A}_{\square}^{s/q-r/q} = [r,q,s,p]$	$2/3^{(4)}$
r/q	$\mathscr{A}_{\square}^{r/q-r/s} = [q,r,s,p]$	$1/2^{(2)}$
r/s	$\mathscr{A}_{\square}^{r/s-r/p} = [q,s,r,p]$	$2/3^{(5)}$
r/p	$\mathscr{A}_{\square}^{r/p-s/p} = [q,s,p,r]$	$3/4^{(3)}$
s/p	$\mathscr{A}_{\square}^{s/p-p/q} = [q,p,s,r]$	$2/3^{(6)}$
p/q	$\mathscr{A}_{\square}^{p/q-s/q} = [q,p,s,r]$	$1/2^{(3)}$ ∎

Die Menge der Knoten $TV_{\square}^{kk}$ ist damit gegeben durch $TV_{\square}^{kk} = \{\ 2/3^{(1)}\ 3/4^{(1)}$ $2/3^{(2)}\ 1/2^{(1)}\ 2/3^{(3)}\ 3/4^{(2)}\ 2/3^{(4)}\ 1/2^{(2)}\ 2/3^{(5)}\ 3/4^{(3)}\ 2/3^{(6)}\ 1/2^{(3)}\ \}$ Die Kantenstruktur $TA_{\square}^{kk}$ ist implizit bereits durch die obige Abbildung der empirisch ermittelten Sequenz der Landmarkenvertauschungen auf die Sequenz von Positionsvertauschungen bestimmt.

Korollar 4.5.5 (Transitions-orientierte Parallelogramm-Topologie ($TT_{\square}^{kk}$))
Die sich aus der Anwendung des Transitions-Axioms auf die Referenz-Ansicht $\mathscr{A}_{\square}^{Ref}$ und Transitionsachsenvertauschungssequenz $[\rightarrow 2/3^{(1)} \rightarrow 3/4^{(1)} \rightarrow 2/3^{(2)} \rightarrow 1/2^{(1)} \rightarrow 2/3^{(3)}$ $\rightarrow 3/4^{(2)} \rightarrow 2/3^{(4)} \rightarrow 1/2^{(2)} \rightarrow 2/3^{(5)} \rightarrow 3/4^{(3)} \rightarrow 2/3^{(6)} \rightarrow 1/2^{(3)}$ ergebene transitionsorientierte Topologie lässt sich beschreiben als Graph $TT_{\square}^{kk}$,

$$TT_{\square}^{kk} = \begin{bmatrix} 0 & 1 & 0 & 0 & 0 & 0 & 0 & 0 & 0 & 0 & 0 & 1 \\ 1 & 0 & 1 & 0 & 0 & 0 & 0 & 0 & 0 & 0 & 0 & 0 \\ 0 & 1 & 0 & 1 & 0 & 0 & 0 & 0 & 0 & 0 & 0 & 0 \\ 0 & 0 & 1 & 0 & 1 & 0 & 0 & 0 & 0 & 0 & 0 & 0 \\ 0 & 0 & 0 & 1 & 0 & 1 & 0 & 0 & 0 & 0 & 0 & 0 \\ 0 & 0 & 0 & 0 & 1 & 0 & 1 & 0 & 0 & 0 & 0 & 0 \\ 0 & 0 & 0 & 0 & 0 & 1 & 0 & 1 & 0 & 0 & 0 & 0 \\ 0 & 0 & 0 & 0 & 0 & 0 & 1 & 0 & 1 & 0 & 0 & 0 \\ 0 & 0 & 0 & 0 & 0 & 0 & 0 & 1 & 0 & 1 & 0 & 0 \\ 0 & 0 & 0 & 0 & 0 & 0 & 0 & 0 & 1 & 0 & 1 & 0 \\ 0 & 0 & 0 & 0 & 0 & 0 & 0 & 0 & 0 & 1 & 0 & 1 \\ 1 & 0 & 0 & 0 & 0 & 0 & 0 & 0 & 0 & 0 & 1 & 0 \end{bmatrix}$$

Beweis 4.5.11

Die Sequenz der Positionsvertauschungen folgt unmittelbar aus Beweis 4.5.10.

4.5.2.3 Positionen $POS_\square$

Durch die Spezifikation der Transitionstopologien für konkave und konvexe 4-Landmarkenkonfigurationen ist die Möglichkeit der Lokalisierung auf der Basis von *Transitionspositionen* implizit bereits beschrieben. Transitionspositionen haben bei 3- wie auch bei 4-Landmarkenkonfigurationen die Beschränkung, eine Position nur dann eindeutig bestimmen zu können, wenn wenigstens zwei aufeinander folgende Transitionen beobachtet werden konnten. Eine *any-time* Lokalisierung ist hingegen nur auf der Basis von *Ordnungspositionen* möglich. Die Ordnungsposition kann genau dann zur eindeutigen Lokalisation verwendet werden, wenn nachgewiesen werden kann, dass jeder Transitionsposition ein-eindeutig eine Ordnungsposition (d.h. Ordnungswahrnehmung) nachgewiesen werden kann. Der Nachweis erfolgt wie bei $LOC_\triangle$ über die Konstruktion eines endlichen Automaten.

Satz 4.5.6 ($LOC_\square^{kv}$:)

Für alle durch Transitionsachsen begrenzten Positionen der Transitionstopologien $TT_\square^{kv-0}$ - $TT_\square^{kv-8}$ gilt, es gibt eine bijektive Lokalisierungs-Funktion

$LOC_\square^{P-kv} : \mathscr{A}_\square^* \to POS_\square^{kv}$.

Beweis 4.5.12

Um für alle möglichen Positionen der Transitionstopologien $TT_\square^{kv-0}$ bis $TT_\square^{kv-8}$ zu zeigen, dass es eine ein-eindeutige Zuordnung zwischen Transitionsposition und Ansicht gibt, konstruieren wir einen Graphen $TT_\square^{kv}$, der neben den Transitionspositionen von $TT_\square^{kv-0}$ alle möglichen zusätzlichen Positionen aus $TT_\square^{kv-1}$ bis $TT_\square^{kv-8}$ enthält, diese sind gegeben durch (Lemma, pos1, pos2, pos3, pos4). Durch Matrizenmultiplikation erhalten wir: $TT_\square^{kv} = TT_\square^{kv-0} + TT_\square^{kv-pos1} + TT_\square^{kv-pos2} + TT_\square^{kv-pos3} + TT_\square^{kv-pos4}$. Die Menge der Ansichten $\mathscr{A}_\square^*$ auf $LG_\square^{kv}$ ist gegeben durch die Menge der geordneten Permutationen der Landmarken p, q, s, r, $\mathscr{A}_\square^* = \{$ *pqsr, psqr, spqr, sprq, srpq, rspq, rsqp, rqsp, qrsp, qrps, qprs, pqrs, psrq, srqp, rqps, qpsr* $\}$. Die Transitionspositionen $POS_\square = \{pos_\square^1, ..., pos_\square^{16}\}$ sind begrenzt durch die in $TT_\square^{kv}$ spezifizierten Transitionsachsen mit folgender Zuordnung von Transitionsposition und den sie begrenzenden Transitionsachsen,

$$pos_\square^1 = 3/4^{(1)} - 2/3^{(1)} \quad \text{Position in } TT_\square^{kv-0}$$
$$pos_\square^2 = 2/3^{(1)} - 1/2^{(1)} \quad \text{Position in } TT_\square^{kv-0}$$
$$pos_\square^3 = 1/2^{(1)} - 3/4^{(2)} \quad \text{Position in } TT_\square^{kv-0}$$
$$pos_\square^4 = 3/4^{(2)} - 2/3^{(2)} \quad \text{Position in } TT_\square^{kv-0}$$
$$pos_\square^5 = 2/3^{(2)} - 1/2^{(2)} \quad \text{Position in } TT_\square^{kv-0}$$
$$pos_\square^6 = 1/2^{(2)} - 3/4^{(3)} \quad \text{Position in } TT_\square^{kv-0}$$
$$pos_\square^7 = 3/4^{(3)} - 2/3^{(3)} \quad \text{Position in } TT_\square^{kv-0}$$
$$pos_\square^8 = 2/3^{(3)} - 1/2^{(3)} \quad \text{Position in } TT_\square^{kv-0}$$
$$pos_\square^9 = 1/2^{(3)} - 3/4^{(4)} \quad \text{Position in } TT_\square^{kv-0}$$
$$pos_\square^{10} = 3/4^{(4)} - 2/3^{(4)} \quad \text{Position in } TT_\square^{kv-0}$$
$$pos_\square^{11} = 2/3^{(4)} - 1/2^{(4)} \quad \text{Position in } TT_\square^{kv-0}$$
$$pos_\square^{12} = 1/2^{(4)} - 3/4^{(1)} \quad \text{Position in } TT_\square^{kv-0}$$
$$pos_\square^{13} = 3/4^{(2)} - 1/2^{(1)} \quad \text{Zusatzposition } TT_\square^{kv-pos1}$$
$$pos_\square^{14} = 3/4^{(3)} - 1/2^{(2)} \quad \text{Zusatzposition } TT_\square^{kv-pos2}$$
$$pos_\square^{15} = 3/4^{(3)} - 1/2^{(3)} \quad \text{Zusatzposition } TT_\square^{kv-pos3}$$
$$pos_\square^{16} = 3/4^{(4)} - 1/2^{(4)} \quad \text{Zusatzposition } TT_\square^{kv-pos4}$$

Schließlich sei die Referenzansicht an der Transitionsposition $pos_\square^1$ empirisch gegeben durch $\mathscr{A}^{Ref} = [pqsr]$.

Durch die Konstruktion eines endlichen Automaten $FSM_{pqsr}^\square$ wird gezeigt, dass jede mögliche Ansicht $\mathscr{A}_\square^i \in \mathscr{A}_\square^*$ ein-eindeutig auf eine Transitionsposition $pos_\triangle^j$ abgebildet werden kann, d.h. $LOC_\square^{P-kv} : \mathscr{A}_\triangle^* \to POS_\triangle$. Der *endliche Automat* $FSM_{pqsr}^\square$ ist definiert als 5-Tupel mit $FSM_{pqsr}^\square = (Z, \Sigma, LOC_\square^{P-kv}, z_0, z_E)$. Die Zustände und Zustandstransitionen sind wie folgt spezifiziert

$Z = \{$ $pqsr, psqr, spqr, sprq, srpq, rspq,$
$rsqp, rqsp, qrsp, qrps, qprs, pqrs, psrq,$
$srqp, rqps, qpsr\}$

die Menge der Zustände ist gegeben durch die Menge der möglichen Ansichten $\mathscr{A}_\triangle^*$

$\Sigma = \{$ $3/4^{(1)}, 2/3^{(1)}, 1/2^{(1)}, 3/4^{(2)}, 2/3^{(2)}, 1/2^{(2)},$
$3/4^{(3)}, 2/3^{(3)}, 1/2^{(3)}, 3/4^{(4)}, 2/3^{(4)}, 1/2^{(4)}, \},$

bezeichnet das Eingabe-Alphabet und ist gegeben durch die in $TR_\square$ auftretenden Positionstransitionen.

$z_E = pqsr,$

sei der einzig gültige Endzustand und

$z_0 = pqsr,$

sei der Startzustand.

Der Nachweis der bijektiven Funktion $LOC_\square^{P-kv}$ erfolgt konstruktiv über einen *endlichen Automaten*, der eine vollständige Navigation gegen den Uhrzeigersinn um $LG_\square$ simuliert.

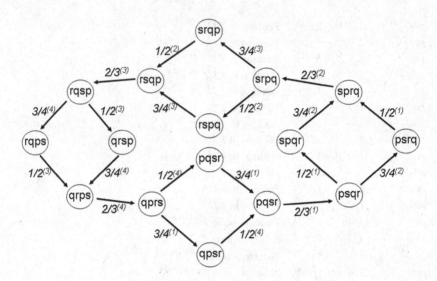

Abbildung 4.14: FSM zur Konstruktion von Positionen einer LG_4 gegen den Uhrzeigersinn

Die Funktion $LOC_\square^{P-kv} : Z \times \Sigma \to Z$ lässt sich durch sukzessive Anwendung des Transitions-Axioms berechnen. Startpunkt ist die Referenzansicht $\mathscr{A}^{Ref} = [pqsr]$:

$LOC_\square^{P-kv}(pqsr, 2/3^{(1)}) = psqr$,   an Position $pos_\square^2$

$LOC_\square^{P-kv}(psqr, 1/2^{(1)}) = spqr$,   an Position $pos_\square^3$

$LOC_\square^{P-kv}(spqr, 3/4^{(2)}) = sprq$,   an Position $pos_\square^4$

$LOC_\square^{P-kv}(sprq, 2/3^{(2)}) = srpq$,   an Position $pos_\square^5$

$LOC_\square^{P-kv}(srpq, 1/2^{(2)}) = rspq$,   an Position $pos_\square^6$

$LOC_\square^{P-kv}(rspq, 3/4^{(3)}) = rsqp$,   an Position $pos_\square^7$

$LOC_\square^{P-kv}(rsqp, 2/3^{(3)}) = rqsp$,   an Position $pos_\square^8$

$LOC_\square^{P-kv}(rqsp, 1/2^{(3)}) = qrsp$,   an Position $pos_\square^9$

$LOC_\square^{P-kv}(qrsp, 3/4^{(4)}) = qrps$,   an Position $pos_\square^{10}$

$LOC_\square^{P-kv}(qrps, 2/3^{(4)}) = qprs$,   an Position $pos_\square^{11}$

$LOC_\square^{P-kv}(qprs, 1/2^{(4)}) = pqrs$,   an Position $pos_\square^{12}$

$LOC_\square^{P-kv}(pqrs, 3/4^{(1)}) = pqsr$,   an Position $pos_\square^1$

$LOC_\square^{P-kv}(psqr, 3/4^{(2)}) = psrq$,   an Position $pos_\square^{13}$

$LOC_\square^{P-kv}(srpq, 3/4^{(3)}) = srqp$,   an Position $pos_\square^{14}$

$LOC_\square^{P-kv}(rqsp, 3/4^{(4)}) = rqps$,   an Position $pos_\square^{15}$

$LOC_\square^{P-kv}(qprs, 3/4^{(1)}) = qpsr$,   an Position $pos_\square^{16}$

Damit ist gezeigt, dass es unabhängig von einer spezifischen Landmarkenbenennung eine bijektive Abbildung $LOC_\square^{P-kv} : \mathscr{A}_\triangle^* \to POS_\triangle$.

Die alternative, spezialisierte Fassung von $LOC_\Box^{P-kv}$ ergibt sich, wenn als Transitionstyp nicht Positions-, sondern Landmarkenvertauschungen betrachtet werden.

Lemma 4.5.2 $(LOC_\square^{L-kv})$

$LOC_\square^{L-kv}$ ist definiert als,

$LOC_\square^{P-kv}(pqsr, q/s) = psqr,$ an Position $pos_\square^2$

$LOC_\square^{P-kv}(psqr, p/s) = spqr,$ an Position $pos_\square^3$

$LOC_\square^{P-kv}(spqr, q/r) = sprq,$ an Position $pos_\square^4$

$LOC_\square^{P-kv}(sprq, r/p) = srpq,$ an Position $pos_\square^5$

$LOC_\square^{P-kv}(srpq, s/r) = rspq,$ an Position $pos_\square^6$

$LOC_\square^{P-kv}(rspq, q/p) = rsqp,$ an Position $pos_\square^7$

$LOC_\square^{P-kv}(rsqp, s/q) = rqsp,$ an Position $pos_\square^8$

$LOC_\square^{P-kv}(rqsp, r/q) = qrsp,$ an Position $pos_\square^9$

$LOC_\square^{P-kv}(qrsp, s/p) = qrps,$ an Position $pos_\square^{10}$

$LOC_\square^{P-kv}(qrps, r/p) = qprs,$ an Position $pos_\square^{11}$

$LOC_\square^{P-kv}(qprs, q/p) = pqrs,$ an Position $pos_\square^{12}$

$LOC_\square^{P-kv}(pqrs, r/s) = pqsr,$ an Position $pos_\square^1$

$LOC_\square^{P-kv}(psqr, q/r) = psrq,$ an Position $pos_\square^{13}$

$LOC_\square^{P-kv}(srpq, p/q) = srqp,$ an Position $pos_\square^{14}$

$LOC_\square^{P-kv}(rqsp, s/p) = rqps,$ an Position $pos_\square^{15}$

$LOC_\square^{P-kv}(qprs, r/s) = qpsr,$ an Position $pos_\square^{16}$

Beweis 4.5.13

Folgt unmittelbar aus Satz 4.5.2 und Beweis 4.5.1.

Durch die Einbeziehung der Transitionspositionen $pos_\square^{13}$ - $pos_\square^{16}$ ist für alle konvexen Variationen nachgewiesen, dass jede mögliche auftretende Transitionsposition innerhalb einer konvexen 4-Landmarkenkonfiguration eindeutig einer Ordnungsposition zugewiesen werden kann. Die Abbildung von Transitionspositionen auf Ordnungspositionen ist sogar für die im Rahmen der euklidischen Geometrie unmöglichen Variationen möglich, da maximal zwei Transitionspositionen von $pos_\square^{13}$ - $pos_\square^{16}$ gleichzeitig auftreten können, aber nachgewiesen wurde, dass die Abbildung selbst dann möglich ist, wenn alle vier Zusatzpositionen gleichzeitig auftreten. Da die konvexen Transitionstopologien über Transitionspositionen spezifiziert wurden und diese eindeutig einer Ordnungsposition zugeordnet werden können, kann bereits durch die Beobachtung weniger Ordnungspositionen die Art der konvexen Transitionstopologie eindeutig bestimmt werden. Die explizite Formulierung dieser Beobachtung wird in dem folgenden Korollar gegeben:

Korollar 4.5.6

Die Transitionspositionen $pos_\square^{13}$ - $pos_\square^{16}$ können eindeutig einer Ordnungsposition zugeordnet werden.

Beweis 4.5.14

Folgt unmittelbar aus dem vorhergehenden Beweis.

Der Nachweis einer ein-eindeutigen Abbildung zwischen Position und Wahrnehmung (d.h. einer Ordnungsansicht) kann für konkave Variation nach dem gleichen Beweisschema erbracht werden wie für die konvexen Variationen.

Satz 4.5.7 ($LOC_\square^{kk}$:)
Für alle durch Transitionsachsen begrenzten Positionen der Transitionstopologien $TT_\square^{kk}$ gilt: es gibt eine bijektive Lokalisierungs-Funktion $LOC_\square^{P-kk} : \mathscr{A}_\square^* \to POS_\square^{kk}$.

Beweis 4.5.15
Um für alle möglichen Positionen der Transitionstopologie $TT_\square^{kk}$ zu zeigen, dass es eine ein-eindeutige Zuordnung zwischen Transitionsposition und Ansicht gibt, konstruieren wir eine *endlichen Automaten$_{kk}$*. Die Menge der Ansichten $\mathscr{A}_\square^*$ auf $LG_\square^{kk}$ ist gegeben durch die Menge der geordneten Permutationen der Landmarken p, s, q, r, $\mathscr{A}_\square^* = \{$ *psqr, psrq, prsq, rpsq, rspq, rsqp, rqsp, qrsp, qsrp, qspr, qpsr, pqsr*. Die Transitionspositionen $POS_\square = \{pos_\square^1, ..., pos_\square^{12}\}$ sind begrenzt durch die in $TT_\square^{kk}$ spezifizierten Transitionsachsen mit folgender Zuordnung von Transitionsposition und den sie begrenzenden Transitionsachsen:

$$
\begin{aligned}
pos_\square^1 &= 3/4^{(1)} - 2/3^{(1)} \\
pos_\square^2 &= 2/3^{(1)} - 1/2^{(1)} \\
pos_\square^3 &= 1/2^{(1)} - 3/4^{(2)} \\
pos_\square^4 &= 3/4^{(2)} - 2/3^{(2)} \\
pos_\square^5 &= 2/3^{(2)} - 1/2^{(2)} \\
pos_\square^6 &= 1/2^{(2)} - 3/4^{(3)} \\
pos_\square^7 &= 3/4^{(3)} - 2/3^{(3)} \\
pos_\square^8 &= 2/3^{(3)} - 1/2^{(3)} \\
pos_\square^9 &= 1/2^{(3)} - 3/4^{(4)} \\
pos_\square^{10} &= 3/4^{(4)} - 2/3^{(4)} \\
pos_\square^{11} &= 2/3^{(4)} - 1/2^{(4)} \\
pos_\square^{12} &= 1/2^{(4)} - 3/4^{(1)}
\end{aligned}
$$

Schließlich sei die Referenzansicht an der Transitionsposition $pos_\square^1$ empirisch gegeben durch $\mathscr{A}^{Ref} = [psqr]$.

Durch die Konstruktion eines endlichen Automaten $FSM_{psqr}^\square$ wird gezeigt, dass jede mögliche Ansicht $\mathscr{A}_\square^i \in \mathscr{A}_\square^*$ ein-eindeutig auf eine Transitionsposition $pos_\square^j$ abgebildet werden kann, d.h. $LOC_\square^{P-kk} : \mathscr{A}_\square^* \to POS_\square$. Der *endliche Automat* $FSM_{psqr}^\square$ ist definiert als 5-Tupel mit $FSM_{psqr}^\square = (Z, \Sigma, LOC_\square^{P-kk}, z_0, z_E)$. Die Zustände und Zustandstransitionen sind wie folgt spezifiziert:

$Z = \{\ psqr,\ psrq,\ prsq,\ rpsq,\ rspq,\ rsqp,$

$rqsp,\ qrsp,\ qsrp,\ qspr,\ qpsr,\ pqsr,$

die Menge der Zustände ist gegeben durch die Menge der möglichen Ansichten $\mathscr{A}_\triangle^*$

$\Sigma = \{\ 2/3^{(1)},\ 3/4^{(1)},\ 2/3^{(2)},\ 1/2^{(1)},\ 2/3^{(3)},\ 3/4^{(2)},$

$2/3^{(4)},\ 1/2^{(2)},\ 2/3^{(5)},\ 3/4^{(3)},\ 2/3^{(6)},\ 1/2^{(3)},\},$

bezeichnet das Eingabe-Alphabet und ist gegeben durch die in $TR_\square$ auftretenden Positionstransitionen.

$z_E = psqr,$

sei der einzig gültige Endzustand und

$z_0 = psqr,$

sei der Startzustand.

Der Nachweis der bijektiven Funktion $LOC_\square^{P-kk}$ erfolgt konstruktiv über einen *endlichen Automaten*, der mittels der zu konstruierenden Zustandsübergangsfunktion $LOC_\square^{P-kk}$ eine vollständige Navigation gegen den Uhrzeigersinn um $LG_\square$ simuliert. Die Funktion $LOC_\square^{P-kk} : Z \times \Sigma \to Z$ lässt sich durch sukzessive Anwendung des Transitions-Axioms berechnen. Startpunkt ist die Referenzansicht $\mathscr{A}^{Ref} = [psqr]$:

$LOC_\square^{P-kk}(pqsr, 2/3^{(1)}) = psqr,$ an Position $pos_\square^2$

$LOC_\square^{P-kk}(psqr, 3/4^{(1)}) = psrq,$ an Position $pos_\square^3$

$LOC_\square^{P-kk}(spqr, 2/3^{(2)}) = prsq,$ an Position $pos_\square^4$

$LOC_\square^{P-kk}(sprq, 1/2^{(1)}) = rpsq,$ an Position $pos_\square^5$

$LOC_\square^{P-kk}(srpq, 2/3^{(3)}) = rspq,$ an Position $pos_\square^6$

$LOC_\square^{P-kk}(rspq, 3/4^{(2)}) = rsqp,$ an Position $pos_\square^7$

$LOC_\square^{P-kk}(rsqp, 2/3^{(4)}) = rqsp,$ an Position $pos_\square^8$

$LOC_\square^{P-kk}(rqsp, 1/2^{(2)}) = qrsp,$ an Position $pos_\square^9$

$LOC_\square^{P-kk}(qrsp, 2/3^{(5)}) = qsrp,$ an Position $pos_\square^{10}$

$LOC_\square^{P-kk}(qrps, 3/4^{(3)}) = qspr,$ an Position $pos_\square^{11}$

$LOC_\square^{P-kk}(qprs, 2/3^{(6)}) = qpsr,$ an Position $pos_\square^{12}$

$LOC_\square^{P-kk}(pqrs, 1/2^{(3)}) = pqsr,$ an Position $pos_\square^1$

Damit ist gezeigt, dass es unabhängig von einer spezifischen Landmarkenbenennung eine bijektive Abbildung $LOC_\square^{P-kk} : \mathscr{A}_\square^* \to POS_\square$ gibt.

Die alternative, spezialisierte Fassung von $LOC_\square^{P-kk}$ ergibt sich, wenn als Transitionstyp nicht Positions-, sondern die Landmarkenvertauschungen betrachtet werden.

Lemma 4.5.3 $(LOC_\square^{L-kk})$

$LOC_\square^{L-kk}$ ist definiert als,

$LOC_\square^{P-kk}(pqsr, q/s = psqr,$ an Position $pos_\square^2$

$LOC_\square^{P-kk}(psqr, q/r = psrq,$ an Position $pos_\square^3$

$LOC_\square^{P-kk}(spqr, p/q = prsq,$ an Position $pos_\square^4$

$LOC_\square^{P-kk}(sprq, s/p = rpsq,$ an Position $pos_\square^5$

$LOC_\square^{P-kk}(srpq, r/p = rspq,$ an Position $pos_\square^6$

$LOC_\square^{P-kk}(rspq, p/q = rsqp,$ an Position $pos_\square^7$

$LOC_\square^{P-kk}(rsqp, s/q = rqsp,$ an Position $pos_\square^8$

$LOC_\square^{P-kk}(rqsp, r/q = qrsp,$ an Position $pos_\square^9$

$LOC_\square^{P-kk}(qrsp, r/s = qsrp,$ an Position $pos_\square^{10}$

$LOC_\square^{P-kk}(qrps, p/s = qspr,$ an Position $pos_\square^{11}$

$LOC_\square^{P-kk}(qprs, p/r = qpsr,$ an Position $pos_\square^{12}$

$LOC_\square^{P-kk}(pqrs, p/q = pqsr,$ an Position $pos_\square^1$

Beweis 4.5.16

Folgt unmittelbar aus Satz 4.5.2 und Beweis 4.5.1.

4.6 Diskussion und Zusammenfassung

Die zentrale Fragestellung, die im Rahmen dieses Kapitels positiv beantwortet wurde ist:

Ist es möglich, basierend ausschließlich auf qualitativen, egozentrischen Ordnungswahrnehmungen im Rahmen eines qualitativen Referenzsystems eine präzise Lokalisation ohne Einbeziehung der Gegenseiten zu spezifizieren?

Zum Nachweis wurde ein qualitatives, sichtbasiertes Referenzsystem bestimmt, welches basierend auf Ansichten bzw. Ansichtssequenzen Regionen spezifiziert, die entweder dynamisch durch Beobachtung von Transitionen oder statisch durch Wahrnehmung von Ansichten eine eindeutige Zuordnung von Wahrnehmung und Position erlaubt. Für qualitative egozentrische Ansichten konnte der Nachweis erbracht werden, dass jede Ansicht einer 3- oder 4- Landmarkenkonfiguration eineindeutig einer Region zugeordnet werden kann. In diesem Rahmen wurde gezeigt, dass die egozentrische Wahrnehmung einer Sequenz von Ordnungsinformationen ausreicht, verschiedene Varianten von 4-Landmarkenkonfigurationen unterscheiden zu können (konk-0 – konk-8).

Die Erkennung einer spezifischen Variante setzt voraus, dass sich der Betrachter in einem hinreichenden Abstand zu der zu klassifizierenden Landmarkenkonfiguration befindet. In der praktischen Anwendung ist diese Beschränkung durch die

Verwendung eines fixen Distanz-Referenzsystems zu umgehen, indem eine Variante mit Bezug zu einer fixen Distanz klassifiziert wird[20].

Es wurde nachgewiesen, dass bereits die dynamische Lokalisation mittels einer Sequenz von Transitionswahrnehmung eindeutig eine Position bestimmt, wenn im Zuge einer Transitionswahrnehmung die Bewegungsrichtung der an einer Transition beteiligten Landmarken erkannt und berücksichtigt wird. Wird die Bewegungsrichtung der einzelnen Landmarken ignoriert oder nicht erkannt, ist die dynamische Lokalisation hingegen nicht eindeutig, zeigt dann jedoch eine Form der Invarianz, die weitgehend mit den Beobachtungen aus den kognitions-psychologischen Studien von Spelke/Wang citeWangSpelke-00, [Wan00], [WS02] und McNamara (und Kollegen) [McN03], [MRW03], [MD97], [MS03], [MM02] übereinstimmt.

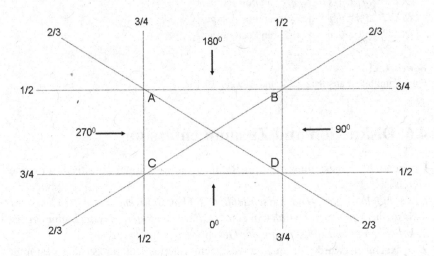

Abbildung 4.15: Präferierte Sichten einer Parallelogramm-Konfiguration (besteht in den Experimenten von McNamara aus zwei zusätzlichen Landmarken (siehe Kapitel 2)

In den kognitiven Studien wurde für Parallelogramm-Konfigurationen nachgewiesen, dass jene Sichten präferiert werden, die bei einer Navigation auf der Basis von Transitionsachsen die identischen Vertauschungssequenzen nach sich ziehen[21]: bei den in den Experimenten präferierten Sichten von 0^0, 90^0, 180^0 und

---

[20]Dies ist unabhängig von der oben besprochenen Einschränkung sinnvoll, da in der Praxis äußerst selten eine *echte* Parallelogramm-Konfiguration anzutreffen sein dürfte. In einer sehr großen Distanz werden praktisch keine zwei Transitionsachsen im vollständig im mathematischen Sinne parallel zueinander verlaufen.

[21]Es muss einschränkend hinzugefügt werden, dass in den Experimenten von *McNamara* Konfigura-

270^0 ist die Vertauschungssequenz unterschieden nach der Navigationsrichtung immer identisch: gegen den Uhrzeigersinn 3/4 - 3/2 - 2/1 und entsprechend im Uhrzeigersinn 2/1 - 3/2 - 3/4 (siehe Abbildung 4.15). Diese Beobachtung korreliert mit der Vermutung von Spelke [WS02], dass es aus evolutionärer Sicht sinnvoll ist, Navigation nicht ausschließlich auf veränderliche (z.B. durch Jahreszeiten) Attribute zu fokussieren (z.B. Form, Farbe und Textur). Die Verwendung von Transitionen auf der Grundlage einer spezifischen geometrischen Konfiguration vermittels Positionsvertauschungen hat demgegenüber den Vorteil, selbst dann korrekte Hypothesen liefern zu können, wenn die zur Verfügung stehenden Landmarken nicht mehr unterschieden werden können. Dadurch werden zum Einen die Anforderungen an die Wahrnehmung reduziert und der neuronale Repräsentationsaufwand wird signifikant minimiert (da die Navigation ausgehend von den präferierten Sichten stets identisch ist).

Auch wenn die Navigation auf der Basis von Positionsvertauschungen weniger Anforderungen an die Sensorik stellt, ist es in vielen praktischen Anwendungen erforderlich, sich *Ad-hoc* eindeutig zu lokalisieren zu können. Vermittels der Sätze 4.5.2, 4.5.6 und 4.5.7 wurde nachgewiesen, dass eine beliebige Ansicht ausreicht, einen Betrachter ein-eindeutig bezüglich einer Landmarkenkonfiguration lokalisieren zu können. Wenn vor einer *Ad-hoc*-Lokalisation auf der Basis einer Ansicht die vorherige Position zumindest eingeschränkt genau bekannt ist, reicht sogar eine partielle Ansicht für eine eindeutige Lokalisation aus.

Eine wichtige Eigenschaft des hier entwickelten Ansatzes ist, dass die Verwendung qualitativer, ordinaler Informationen zur Lokalisation und Navigation als Seiteneffekt die Wahrnehmung validiert. Es wurde gezeigt, vorausgesetzt eine Anordnungsvariante (z.B. konk-1) ist bekannt und es gibt zumindest eine vage Positionshypothese, dass dann die möglichen Folgewahrnehmungen hochgradig restriktiert sind. Durch die Vorhersagbarkeit ist es mindestens in eingeschränktem Rahmen möglich, ohne externen Betrachter Wahrnehmung und Wirklichkeit auf der Basis formaler Eigenschaften abzugleichen, ohne die Merkmale der Landmarken erkennen bzw. identifizieren zu können!

Im folgenden Kapitel 5 wird das hier entwickelte Verfahren operationalisiert und detailliert spezifiziert, welche Präzision bei der Lokalisierung und Navigation erreicht werden kann, wenn die Ordnungswahrnehmung zum wesentlichen Teil nicht korrekt und/oder unvollständig ist.

---

tionen mit sechs Landmarken verwendet wurden (nicht vier), die jedoch von der räumlichen Anordnung exakt der hier beschriebenen Parallelogrammkonfiguration entsprechen.

5 Navigation durch statische und dynamische Lokalisation mittels CSP

Das Navigationsproblem lässt sich konzeptionell in drei Klassen aufteilen (Details siehe Kapitel 3 und auch [TFBD00]):

1. Positionsverfolgung,
2. globale Lokalisierung und
3. das „Kidnapped-Robot"-Problem

Zur Lösung eines realistischen Navigationsproblems müssen (wenn auch nicht wie im Falle z.B. der Monte-Carlo-Lokalisation unbedingt unabhängig voneinander) mindestens die ersten beiden Problemklassen gelöst werden (in speziellen Fällen mit möglichen radikalen Positionswechseln oder -verschiebungen auch das „Kidnapped-Robot"-Problem). Das zentralste und zugleich rechenaufwendigste Verfahren zur Lösung des Navigationsproblems ist die *globale Lokalisierung*. Die globale Lokalisierung erlaubt eine Positionsbestimmung ohne auf Wissen bezüglich der vorherigen Position zurückgreifen zu müssen/können. Die *Positionsverfolgung* (engl., *position tracking*) bestimmt demgegenüber die aktuelle Position durch Rückgriff auf eine Positionshypothese zum Zeitpunkt $t-1$, bzw. bestimmt die relative Veränderung gegenüber dem Zeitpunkt $t-1$. Letzteres Verfahren setzt zwar eine tragfähige Positionshypothese voraus, um aus der relativen Veränderung eine absolute Position ableiten zu können, benötigt dafür jedoch potentiell weniger sensorische Informationen als die *globale Lokalisierung* und ist dadurch in der Praxis weniger rechenaufwendig[1]. Im Idealfall lässt sich ein Navigationsproblem bei gegebener räumlicher Beschreibung der Umgebung durch Anwenden der globalen Lokalisierung - gefolgt von einem kontinuierlichen Anwenden der Positionsverfolgung lösen. In der Praxis lässt sich diese strikte Aufteilung jedoch nicht aufrecht erhalten. Ungenauigkeiten, Fehler und unvollständige sensorische Informationen führen in vielen Fällen dazu, dass die Positionsverfolgung zu einer sich kontinuierlich aufrechnenden ungenauen und schließlich falschen Hypothese führt. Die Entscheidung, auf welches Verfahren in einer speziellen Situation zurückgegriffen muss, erfordert eine Bewertung der aktuellen Positionshypothese. Bei den ak-

---

[1]Es wird nicht einmal in jedem Fall eine explizite Repräsentation der Umgebung benötigt.

tuellen Ansätzen der *Monte-Carlo*-Lokalisation und den *Kalman*-Filter-basierten Verfahren wird ein probabilistisches Gütemaß auf der Grundlage des Sensor- und des Transistionsmodells verwendet (s. Kap. 3). Das *„Kidnapped-Robot"*-Problem beschreibt eine zweite Fehlerquelle: Wie können radikale unerwartete Positionsänderungen erkannt werden, die z.B. durch starkes Gefälle, eine unzuverlässige Odometrie oder durch das manuelle Verschieben eines Roboters entstehen (z.B. im RoboCup)?[2]. Das *Kidnapped-Robot*-Problem wird (bislang) ausschließlich von der *Monte-Carlo-Lokalisation* gelöst, indem partiell zufallsgesteuert parallel eine Vielzahl, darunter viele zum aktuellen Zeitpunkt unwahrscheinliche Positionshypothesen erzeugt, aktualisiert und bewertet werden, um zu einem späteren Zeitpunkt - nach einem *Kidnapped-Robot*-Szenario - die beste *Erklärung* für die aktuellen Sensorwahrnehmungen eines Roboters liefern zu können.

Die Grundlagen zur Lösung des globalen Lokalisierungsproblems und der Positionsverfolgung wurden in den vorherigen Abschnitten dieses Kapitels gelegt. Es wurde gezeigt, dass die Ordnungswahrnehmung an jedem beliebigen Ort einer 3- oder 4-Landmarkenkonfiguration zu jedem Zeitpunkt eindeutig einer Position zugeordnet werden kann und erfüllt damit die Anforderung der globalen Lokalisation. Die relative, durch die Positionsverfolgung bewertete Änderung der aktuellen Position erfolgt über die Beobachtung vom Transitionsachsen-Überquerungen in Relation zur jeweils spezifischen Transitionstopologie. Dadurch ist es zu jedem Zeitpunkt möglich, die globale Position auf der Basis einer beliebigen Sequenz von Transitionsachsen-Überquerungen zu aktualisieren. Zur Verwendung dieses Ansatzes in einem realistischen Szenario müssen darüber hinaus zwei zentrale Fragen beantwortet werden,

1. Wie erfolgt die Navigation in einem komplexeren Szenario mit einer Vielzahl von Landmarken?

2. Wie kann die Funktionalität dieses Ansatzes bei fehlenden oder falschen Informationen sichergestellt werden?

Die Antworten auf diese Fragen werden in den nächsten Abschnitten unabhängig von einer spezifischen Landmarkenkonfiguration spezifiziert und lassen sich damit auf beliebige n-Landmarkenkonfigurationen anwenden. Zur differenzierteren Beantwortung der zweiten Fragestellung wird das globale Lokalisierungsproblem in zwei Problemklassen differenziert. Die Positionsverfolgung und die globale Lokalisierung unterscheiden sich dadurch, dass letztere eine neue Hypothe-

---

[2]Es sollte festgehalten werden, dass dieser Problemklasse nicht in jedem Szenario die gleiche Bedeutung zukommt. Das *„Kidnapped-Robot"*-Problem lässt sich im Rahmen des in dieser Arbeit entwickelten Ansatzes beschreiben als das Entscheidungsproblem, wann die globale Lokalisierung vs. das Positionstracking angewendet werden muss.

se *ohne* Vorwissen erstellt. Diese *Ganz-oder-gar-nicht*-Klassifikation schließt den Fall aus, dass zumindest unterspezifizierte Positionshypothesen bezüglich der aktuellen Position zum Zeitpunkt $t-1$ vorliegen. Daher wird im Rahmen dieses Kapitels die bestehende Einteilung der Problemklassen um die *inkrementelle, globale Lokalisation* erweitert, die eine unvollständige Positionshypothese im gegebenen Sinne der globalen Lokalisation vervollständigt bzw. präzisiert.

Bei der Lösung des globalen Lokalisierungs-Problems werden somit zwei Fälle unterschieden,

1. Lokalisation auf der Basis vollständiger und
2. unvollständiger Informationen.

Auf der Grundlage dieser Differenzierung wird untersucht, welches Vorwissen vom Zeitpunkt $t-1$ benötigt wird, um zum Einen auch bei unvollständigem sensorischen Informationen (zum aktuellen Zeitpunkt t) eine präzise globale Lokalisierungshypothese generieren zu können. Zum Anderen wird analysiert, inwieweit es möglich ist, ohne Vorwissen und mit nur partiellen sensorischen Informationen den Raum der möglichen Positionen einzuschränken.

5.1 Regionen-Graph

Konzeptionell ist die Anzahl der zu einer Konfiguration gehörenden Landmarken durch keine Obergrenze restriktiert. Dennoch ist die Obergrenze der Landmarken in der Praxis beschränkt, da es ab einem sensorspezifischen Schwellenwert unmöglich wird, zuverlässig eine vollständige, korrekte Referenzansicht R^{Ref} zu erzeugen. Die Ursachen liegen zum einen in der beschränkten Differenzierbarkeit der Landmarken und zum anderen in der beschränkten Reichweite der Sensoren. Es bieten sich prinzipiell zwei Lösungsansätze an:

1. Beschränkung bzw. Fokussierung und/oder
2. Dekomposition

Die einfachste Lösung besteht darin, aus einer Menge von wahrnehmbaren Landmarken diejenigen auszuwählen, die besonders robust erkannt und differenziert werden können. Die Anwendbarkeit der Reduktion hängt dabei von der benötigen Präzision der Lokalisation in der jeweiligen Anwendungsdomäne ab, da durch das Weglassen von potentiellen Landmarken die Anzahl der erzeugten Regionen reduziert wird. Die konkrete Entscheidung, welche Landmarken als Teil einer Landmarkenkonfiguration betrachtet werden, muss stets domänen- und insbesondere sensorabhängig getroffen werden.

Ein alternativer Ansatz ist die Dekomposition einer großen Landmarkengruppe in eine Menge kleinerer, verknüpfter Landmarkengruppen. Dekomposition ist nicht nur ein zentrales Konzept in der Informatik zur besseren Handhabbarkeit eines komplexen Problems, sondern ist in diesem Fall eine natürliche Konsequenz, die sich aus der Reichweiten-Beschränkung der Sensoren ergibt. Landmarken, die nicht innerhalb der Sensorreichweite eines gegebenen Standpunkts S_k liegen, können prinzipiell nicht zu einer Landmarkengruppe konglomeriert werden.

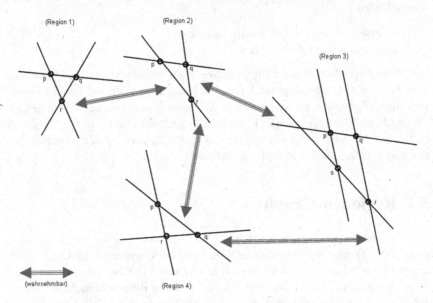

Abbildung 5.1: Beispiel: Schematische Darstellung eines Regionen-Graphs

Im weiteren Verlauf dieses Kapitels wird davon ausgegangen, dass es ein domänenspezifisches Verfahren gibt, welches eine potentiell beliebige Anzahl von Landmarken in Abhängigkeit von der verwendeten Sensorik (und den Umweltbedingungen) in eine Landmarkengruppe $LG_i \in \mathbb{LG}$ zerlegt. Die maximale Größe von LG sei dabei bezeichnet durch LG_{MAX}. Weiterhin wird davon ausgegangen, dass jede Landmarkengruppe mit einer anderen Landmarkengruppe verknüpft ist, d.h., dass der Regionengraph als eine zusammenhängende Struktur definiert ist.

Definition 5.1 (Regionengraph (RG):)

Ein Regionengraph RG ist definiert als eine ungerichtete, zusammenhängende Graphstruktur, $RG = <R,V>$., wobei R die Menge der Regionen beschreibt und V die Verbindungen zwischen den Knoten R. V sei definiert als eine Teilmenge der zwei-elementigen Teilmengen von R, $V = \{\{x,y\} \mid x,y \in R, x \neq y\}$, mit $\mid R \mid \geq \mid V \mid -1$.

Für jede Region bzw. Transitionstopologie wurde bereits gefordert, dass jede Landmarke aufgrund physikalischer, sensorischer Merkmale unterschieden werden können muss (zum Referenz- bzw. Benennungsproblem siehe 4.5.1.1). Gleiches muss zur Unterscheidung von Regionen gefordert werden, da ordnungsäquivalente Regionen sonst nicht unterschieden und in der Konsequenz die Position innerhalb des Regionengraphs RG nicht bestimmt werden kann. Dazu reicht es aus, wenn sich in jeder Region mindestens eine Landmarke eindeutig von anderen Landmarken anderer Regionen unterscheiden lässt. Welche Attribute zur eindeutigen Bestimmung geeignet sind, ist sensorspezifisch und unterliegt keinen spezifischen Restriktionen.

5.2 Navigation

5.2.1 Globale Lokalisation

Das globale Lokalisierungs-Problem mit vollständigen Informationen wird unmittelbar durch die Theoreme 4.5.2, 4.5.6, 4.5.7, beantwortet: jede vollständige Wahrnehmung kann eindeutig einer Position eines Referenzsystems OSS^{Ref} zugewiesen werden.

Ordnungspositionen kodieren nicht nur die Informationen zur globalen Lokalisation, sondern stellen implizit auch die Strukturen zur globalen Lokalisation mit *unvollständigen* Informationen bereit. Um Ordnungsinformationen zur Lokalisation mit unvollständigen Informationen nutzen zu können, muss spezifiziert werden, welche Informationen durch die Transitionstopologien (zur Positionsverfolgung) und der Wahrnehmung einer Ordnungsposition kodiert werden oder - fokussiert auf das Navigationsproblem - welche Informationen in einer spezifischen Situation hinreichend, und welche notwendig sind für eine erfolgreiche Lokalisation.

Auf einer feineren Granularitätsebene lässt sich die Ordnungsinformation einer Ordnungsposition als *Direkt-Links*-Relation (kurz '$<_{dl}$') repräsentieren. Transformiert man z.B. die Ordnungspositionen von $TT_\triangle$, ergibt sich folgende Beschreibung (kodiert als eine Relation '$<_{dl}$' pro Ordnungsposition) mit den in Abschnitt 4.4.1 beschriebenen formalen Eigenschaften,

Vor der weiteren Dekomposition der in einer Ordnungsposition kodierten Informationen soll zunächst untersucht werden, welche Informationsklassen(-typen)

$<_{dl(prq)}$	p	r	q
p	0	1	0
r	0	0	1
q	0	0	0

$<_{dl(pqr)}$	p	r	q
p	0	0	1
r	0	0	0
q	0	1	0

$<_{dl(qpr)}$	p	r	q
p	0	1	0
r	0	0	0
q	1	0	0

$<_{dl(qrp)}$	p	r	q
p	0	0	0
r	0	0	1
q	0	1	0

$<_{dl(rqp)}$	p	r	q
p	0	0	0
r	0	0	1
q	0	1	0

$<_{dl(rpq)}$	p	r	q
p	0	0	1
r	1	0	0
q	0	0	0

Tabelle 5.1: Spezifikation '$<_{dl_\triangle}$'

kodiert werden und welche Informationen infolgedessen potentiell unvollständig wahrgenommen werden können. Eine Ordnungswahrnehmung kodiert prinzipiell zwei Klassen von Informationen:

1. Identifikation und
2. Ordnung.

Beide Klassen sind mindestens partiell voneinander abhängig. Identifikation im Kontext von Ordnungsinformationen bezeichnet die Fähigkeit, Landmarken (allgemein: Objekte) unterscheiden zu können. Um Ordnungsinformation prinzipiell beschreiben zu können, ist eine Mindestmenge an identifizierten Objekten erforderlich, d.h. eine Beschränkung der Menge der erkannten Objekte beschränkt in jedem Fall auch die ableitbare Ordnungsinformation. Umgekehrt impliziert eine Menge von erkannten Ordnungsinformationen (-relationen) eine Mindestanzahl von erkannten Landmarken. Folglich können zwei Situationen auftreten:

1. es wird nur eine begrenzte Anzahl von Landmarken erkannt bzw. unterschieden, wodurch die Menge der potentiell verwendbaren Ordnungsinformationen eingeschränkt wird;
2. es wird ein Teil der Ordnungsinformation erkannt, wobei zumindest ein Teil der Landmarken erkannt worden sein muss.

Beide Informationsklassen beschränken sowohl einzeln als auch in Kombination den Raum der möglichen Positionen. Zur klareren Spezifikation der Abhängigkeiten zerlegen wir die '$<_{dl}$'-Relation getrennt nach den oben spezifizierten Informationsklassen in partielle Informationseinheiten, die den Raum der möglichen Positionen mindestens minimal beschränken. Die elementarste Information, die zu einer Einschränkung der möglichen Position bei nur einer erkannten Landmarke führt, erfordert, dass zusätzlich zumindest erkannt wird, ob sich entweder links oder rechts von der erkannten Landmarke eine weitere, wenn auch nicht notwendigerweise identifizierte Landmarke befindet.

V_{Lx}	V_{Pos}
px	prq
	pqr
	qpr
	rpq
rx	prq
	qrp
	rqp
	rpq
qx	pqr
	qpr
	qrp
	rqp

V_{xL}	V_{Pos}
xp	qpr
	qrp
	rqp
	rpq
xr	prq
	pqr
	qpr
	qrp
xq	prq
	pqr
	rqp
	prq

$V_{<D}$	V_{Pos}
$p < r$	prq
	qpr
$p < q$	rpq
	pqr
$r < q$	prq
	rqp
$r < p$	qrp
	rpq
$q < p$	rqp
	qpr
$q < r$	pqr
	qrp

Tabelle 5.2: Positionseinschränkung bei Erkennung einer Landmarke und einer Nachbarschaftsbeziehung. links: $(R\triangle_{Lx}^{P})$; Mitte: $(R\triangle_{xL}^{P})$; rechts: $R\triangle_{L<L}^{P}$.

Im Fall einer erkannten, in Kombination mit einer benachbarten aber nichterkannten Landmarke kann, wie in Tabelle 5.2 am Beispiel von $TT_\triangle$ beschrieben, der Raum der möglichen Positionen bereits um ein Drittel reduziert werden in Abhängigkeit davon, ob die nicht erkannte Landmarke auf der rechten oder der linken Seite der erkannten liegt. Auf der anderen Seite ist die minimalste zu einer Einschränkung der Position führende Beobachtung von Ordnungsinformation, dass eine einzelne '$<_{dl}$'-Relation erkannt wird. Es lassen sich damit für alle Transitionstopologien grundsätzlich drei Relationstypen unterscheiden:

Definition 5.2 (R_{LL}^{G}:)
Bezeichne L_1, L_2 zwei identifizierte Landmarken $L_1, L_2 \in \mathscr{L}$ der Menge der Landmarken und $\mathscr{A}_n^*$ die Menge der möglichen Ansichten der gegebenen n-Landmarkenkonfiguration. Ferner sei eine Beobachtung gegeben durch die partielle Ansicht $A_n^{part} = \langle L_1 L_2 \rangle$. Die Relation R_{LL} ist dann definiert als:

$$\forall L_1, L_2 \in \mathscr{A}_n^*, \langle A_n^{part}, A_j \rangle \in R_{LL} \text{ gdw. } \exists A_j \in \mathscr{A}_n^*, A_n^{part} \subset A_j.$$

$\square$

Am Beispiel einer 3-Landmarkenkonfiguration mit der durch $\mathscr{A}_\triangle^*$ gegebenen Menge aller Ansichten ergibt sich die in Tabelle 5.2 (rechts) dargestellte Relation $R_{\triangle L < L}$. Zur vollständigen Bestimmung einer Ordnungsposition werden im Falle von $TT_\triangle$ für drei Landmarken zwei Relationen $R_{L<L}$ benötigt (im folgenden als $R_{L<L}^{\triangle_1}$ und $R_{L<L}^{\triangle_2}$ bezeichnet). D.h., erst wenn $R_{L<L}^{\triangle_1}$ und $R_{L<L}^{\triangle_2}$ zusammen wahrgenommen werden können, ergibt sich eine vollständige Bestimmung der Ordnungsposition. Die Relation $R_{L<L}$ selbst beschreibt noch nicht die minimale Wahrnehmung bei der globalen Lokalisierung über Ordnungspositionen. Noch elementarer ist die Wahrnehmung, wenn nur eine einzelne Landmarke und deren Nachbarschaft zu einer anderen, aber *nicht* identifizierten Landmarke erkannt wird. Dabei müssen zwei Fälle unterschieden werden in Abhängigkeit davon, ob sich die nicht erkannte Landmarke rechts oder links von der Erkannten befindet. Formal ergeben sich damit folgende zusätzliche Relationen:

Definition 5.3 (R_{Lx}^G:)
Bezeichne L eine identifizierte und x eine nicht identifizierte Landmarke mit $L, x \in \mathscr{L}$ der Menge der Landmarken und $\mathscr{A}_n^*$ als die Menge der möglichen Ansichten einer gegebenen n-Landmarkenkonfiguration. Ferner sei eine Beobachtung gegeben durch die partielle Ansicht $A_n^{part} = \langle Lx \rangle$. Die Relation R_{Lx} ist dann definiert als:

$$\forall L, x \in \mathscr{A}_n^*, \langle A_n^{part}, A_j \rangle \in R_{Lx} \text{ gdw. } \exists A_j \in \mathscr{A}_n^*, A_n^{part} \subset A_j.$$

$\square$

Für den umgekehrten Fall ergibt sich,

Definition 5.4 (R_{xL}^G:)
Bezeichne L eine identifizierte und x eine nicht identifizierte Landmarke mit $L, x \in \mathscr{L}$ der Menge der Landmarken und $\mathscr{A}_n^*$ als die Menge der möglichen Ansichten einer gegebenen n-Landmarkenkonfiguration. Ferner sei eine Beobachtung gegeben durch die partielle Ansicht $A_n^{part} = \langle xL \rangle$. Die Relation R_{xL} ist dann definiert als,

$$\forall L, x \in \mathscr{A}_n^*, \langle A_n^{part}, A_j \rangle \in R_{xL} \text{ gdw. } \exists A_j \in \mathscr{A}_n^*, A_n^{part} \subset A_j.$$

$\square$

Allgemein wird die Position von Γ durch das mögliche Kreuzprodukt der Relationen bestimmt. Für den Fall von $TT_\triangle$ ergeben sich als Relationen: $R_{L<L}^{\triangle_1}, R_{L<L}^{\triangle_2}, R_{L<x}^{\triangle}$ und $R_{x<L}^{\triangle}$. Die Dekomposition in die drei Relationstypen stellt die Grundlage zur Spezifikation des globalen Lokalisierungsproblems als ein *Constraint Satisfaction Problem*[3] (kurz: *CSP*) dar.

---

[3] *Terminus technicus.*

Ein *CSP* wird als ein Tripel $\langle \mathcal{V}, \mathcal{C}, \mathcal{D} \rangle$ beschrieben, wobei $\mathcal{V}$ die Menge der möglichen Variablen $v_1, \ldots, v_n$ beschreibt. Die Wertausprägungen einer Variablen $v_i \in V$ werden über die Domäne einer Variablen beschrieben, wobei jeder Variablen $v_i \in \mathcal{V}$ eine Domäne $d_i \in D$, mit $\mathcal{D} = \{D_1, D_2, \ldots, D_n\}$, zugeordnet ist. $\mathcal{C}$ beschreibt die Menge der zulässigen Constraints bzw. Constraintrelationen $\mathcal{C} = \{C_1, C_2, \ldots, C_m\}$. Ein Constraint C_j ist ein Tupel $\langle CR_j, V_j \rangle$, wobei jedes $CR_j \in \mathcal{R}$, mit $\mathcal{R}$ als die Menge der Relationen. Gegeben die Variablen $V_{p_i}, \ldots, V_{p_k}$, mit $V_{p_i}, \ldots, V_{p_k}, \in \mathcal{V}$, dann ist eine Constraintrelation C_j definiert als eine Teilmenge des kartesischen Kreuzproduktes $D_{p_i} \times \ldots \times D_{p_k}$. Eine Instanziierung $I = \{v_1, \ldots, v_n\}$ ist genau dann die Lösung eines *CSP*'s, wenn alle Variablen alle Constraints erfüllen.

Das globale Lokalisationsproblem auf der Basis partieller Informationen CSP_{GLpI}, lässt sich unabhängig von der Kardinalität der Landmarken formal wie folgt beschreiben,

Definition 5.5 (CSP_{GLpI})

Bezeichne $\mathcal{C}_{GLpI}$ die Menge der Constraintrelationen, $\mathcal{V}_{GLpI}$ der Menge der Constraint-Variablen und $\mathcal{D}_{GLpI}$ der Menge der Domänen. Das globale Lokalisierungsproblem bei partiellen Informationen (CSP_{GLpI}-Problem) ist definiert als $CSP_{GLpI} = \langle \mathcal{C}_{GLpI}, \mathcal{V}_{GLpI}, \mathcal{D}_{GLpI} \rangle$ mit $\mathcal{C}_{GLpI} = \langle R_{GLpI}, V_{GLpI} \rangle$, $R_{L<L_1}, \ldots, R_{L<L_n}$, $R_{x<L_1}, \ldots, R_{x<L_n}$, $R_{L<x_1}, \ldots, R_{L<x_n} \in \mathcal{R}_{GLpI}, n = k - 1$ wobei k die Anzahl der Landmarken einer Transitionstopologie TT bezeichnet und $V_{GLpI} = \langle V, D_{GLpI} \rangle \in \mathcal{V}_{GLpI}, D_{GLpI} \in \mathcal{D}_{GLpI}$.

Schematisch lassen sich die Abhängigkeiten der Constraints am deutlichsten als Constraint-Graph darstellen (siehe Abbildung 5.2). Alle Wahrnehmungen führen, wie auch in Tabelle 5.2 ersichtlich, zu einer Einschränkung der möglichen Positionen. Gegeben Γ erkennt die Landmarke B und kann zusichern, dass sich rechts von B eine weitere (aber nicht identifizierbare) Landmarke befindet, dann schränkt das Constraint $R\triangle_{Lx}^P$ die möglichen Positionen auf BAC, BCA, ABC und CBA ein. Darauf basierend beschränken die Constraints $R1\triangle_{L<L}^P$ und $R2\triangle_{L<L}^P$ die möglichen Ordnungsinformationen auf '$B < C$', '$B < A$', '$C < A$' und '$C < B$'. Die Auswertung des CSP_{GLpI} ist in der Praxis einfach, da selbst bei einem Minimum an zugrunde liegenden Informationen der Raum der möglichen der möglichen Positionen signifikant eingeschränkt wird (Details zur Umsetzung siehe Kapitel 6).

Die zentrale Eigenschaft von CSP_{GLpI} ist, dass alle Constraints über die mögliche Position V_{POS} miteinander verknüpft sind. Dies erlaubt eine einfache Erweiterung des CSP um mögliches Positions-Vorwissen zum vorherigen Zeitpunkt $t - 1$. Abhängig davon, ob sich Γ im- oder gegen den Uhrzeigersinn bewegt, wird die Menge der möglichen Folgepositionen durch die Relationen '$>_{\triangle}^{\rightarrow}$' und '$>_{\triangle}^{\leftarrow}$' beschrieben.

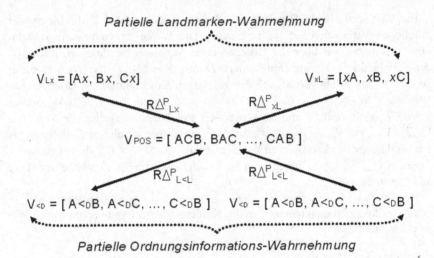

Abbildung 5.2: Constraint-Graph zur globalen Lokalisation ohne Vorwissen

Die erweitere Fassung von CSP_{GLpI} (d.h. zur globalen Lokalisation bei Verwendung partieller Informationen *mit Vorwissen*) lässt sich einfach durch die Erweiterung der Menge der Constraints C_{GLpI} beschreiben, d.h. die erweiterte Menge der Constraints mit $C_{GLpI}' = \{R\triangle_{Lx}^{P}, R\triangle_{xL}^{P}, R1\triangle_{L<L}^{P}, R1\triangle_{L<L}^{P}, >_{POS}^{\circlearrowright}, >_{POS}^{\circlearrowright}\}$.

Die vollständigen Abhängigkeiten sind im Constraintgraphen in Abbildung 5.3 dargestellt. Da '$>_{\triangle}^{\rightarrow}$' bzw. '$>_{\triangle}^{\leftarrow}$' die Beziehung zwischen einer vorherigen und einer aktuellen (bzw. zwischen einer aktuellen und einer zukünftigen) Position beschreibt, muss die Menge der Variablen um die vorherige(n) Position(en) erweitert werden, d.h. $V_{GLpI}' = \{V_{Lx}, V_{xL}, V_{POS}, V_{<D}, V_{POS_{t-1}^{\leftarrow}}, V_{POS_{t-1}^{\rightarrow}}\}$. Insgesamt ist damit das globale Navigationsproblem unter Verwendung von *partiellem Vorwissen* beschrieben durch

Definition 5.6 (CSP_{GLpI}')
Bezeichne $\mathscr{C}_{GLpI}$ die Menge der Constraintrelationen, $\mathscr{V}_{GLpI}$ der Menge der Constraint-Variablen und $\mathscr{D}_{GLpI}$ der Menge der Domänen. Das globale Lokalisierungsproblem bei partiellen Informationen (CSP_{GLpI}-Problem) ist definiert als $CSP_{GLpI} = \langle \mathscr{C}_{GLpI}, \mathscr{V}_{GLpI}, \mathscr{D}_{GLpI} \rangle$ mit $\mathscr{C}_{GLpI} = \langle R_{GLpI}, V_{GLpI} \rangle$, $R_{L<L_1}, ..., R_{L<L_n}$, $R_{x<L_1}, ..., R_{x<L_n}$, $R_{L<x_1}, ..., R_{L<x_n}$, $>_{POS}^{\circlearrowright}$ $, >_{POS}^{\circlearrowright} \in \mathscr{R}_{GLpI}, n = k-1$ wobei k die Anzahl der Landmarken einer Transitionstopologie TT bezeichnet und $V_{GLpI} = \langle V, D_{GLpI} \rangle \in \mathscr{V}_{GLpI}, D_{GLpI} \in \mathscr{D}_{GLpI}$.

Eine wesentliche Eigenschaft des modifizierten CSP_{GLpI} ist, dass das mindestens partielle Vorwissen über die bisherige Position die Menge der möglichen Wahr-

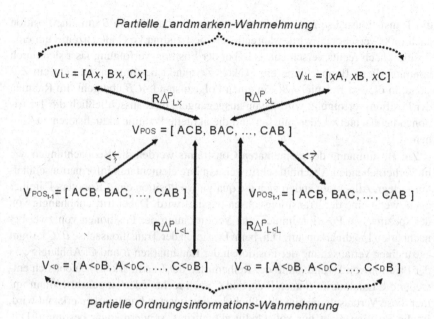

Abbildung 5.3: Constraint-Graph zur globalen Lokalisation mit partiellem Vorwissen

nehmungen stark eingeschränkt. Dadurch ist nicht nur weniger Wissen zur globalen Lokalisierung erforderlich, sondern zukünftige Wahrnehmungen können besser vorhergesagt werden bzw. validiert werden.

5.2.2 Positionsverfolgung

Das zentrale Ziel der Positionsverfolgung besteht in der Aktualisierung der Position P_t zum Zeitpunkt t auf der Basis einer validen Positionshypothese P_{t-1} zum vorhergehenden Zeitpunkt $t-1$. Im Gegensatz zur globalen Lokalisation ist nicht nur mindestens partielles Wissen über die vorherige Position zu einem diskreten Zeitpunkt bekannt, sondern es wird eine kontinuierliche Historie von vorherigen Zuständen/Positionen und deren Übergängen/Transitionen angenommen[4]. Gegeben ein Roboter Γ befindet sich an der Position BCA und bewegt sich entweder mit oder gegen den Uhrzeigersinn um eine 3-Landmarkenkonfiguration ABC. Die Position ändert sich nach ACB gdw. er sich gegen den Uhrzeigersinn bewegt und

---

[4]Im Folgenden wird gezeigt, dass die Positionsverfolgung prinzipiell auch ohne Vorwissen nach einigen Beobachtungen eine präzise Lokalisierungshypothese zu liefern vermag.

die Transistionsachse B/C so überquert, dass die Landmarke B um eine Position nach links verschoben wird, während sich die Landmarke C gleichzeitig um eine Position nach rechts verschiebt. D.h. bei der Positionsverfolgung lässt sich durch kontinuierliche Beobachtung ein exakter Zeitpunkt bestimmen, an dem ein Zustand, in diesem Beispiel ABC, in einen Folgezustand ACB übergeht. Im Rahmen der Positionsverfolgung wird davon ausgegangen, dass ausschließlich die Transitionen beobachtet werden müssen, um die aktuelle Position aktualisieren zu können.

Zur Bestimmung der elementaren Constraints werden die Beobachtungen wie im vorhergehenden Abschnitt schrittweise in ihre elementaren Informationseinheiten zerlegt. Allgemein ändert sich die qualitative Position eines Roboters Γ immer dann, wenn eine der Transitionsachsen passiert wird. Dabei tritt unabhängig von der spezifischen Position immer eine Vertauschung der Positionen von zwei benachbarten Landmarken auf. D.h. beim Passieren der Transitionsachse B/C kommt es zu einer Vertauschung der Positionen der Landmarken B und C. Abhängig von der Position von Γ (und damit der Reihenfolge der Landmarken) schiebt sich entweder die Landmarke B nach links und C nach rechts oder umgekehrt. Wann immer diese Vertauschung einschließlich der involvierten Landmarken erkannt wird, ist die Position nicht nur vollständig aktualisiert, sondern sogar bestimmt. D.h. auch im Fall, dass wie bei der globalen Lokalisation eventl. keine Information bezüglich der vorherigen Position oder Transition vorliegt, ist die Position von Γ relativ zu einer Dreieckskonfiguration vollständig bestimmt[5]. Die für eine Anwendung in einem realistischen Roboikszenario ausschlaggebende Fragestellung ist jedoch, ob und wenn wie präzise und robust ist die Lokalisation, wenn Transitionen nur partiell beobachtet werden können. Folgende partielle Transitionswahrnehmungen sind prinzipiell möglich,

Transitions-Beobachtung 1: Γ erkennt, dass eine Transition b.z.w. Vertauschung aufgetreten ist, kann jedoch weder eine Landmarke noch die Position identifizieren an der es zu einer Vertauschung gekommen ist.

Obwohl der erste Fall keine Informationen über die Natur der Transition offenbart, reicht diese Information zusammen mit dem Wissen des Anordnungstyps (z.B. *konk-3*) einer Landmarkenkonfiguration aus, um die Position exakt zu aktualisieren. Jedoch ist es nicht möglich auf der Grundlage einer solchen Beobachtung

---

[5]Dennoch ist diese Methode im klassischen Sinne nicht zur globalen Lokalisierung geeignet, da Γ sich erst so weit bewegen müsste bis eine Transition beobachtet wird. Bei der globalen Lokalisierung wird jedoch von einem *ad hoc*-Szenario ausgegangen, d.h., dass es prinzipiell ohne jede Bewegung möglich sein muss, die aktuelle Position zu bestimmen.

zu validieren, ob z.B. eine Transition ausgelassen wurde und sich der Roboter Γ bereits in der übernächsten Wahrnehmungsposition befindet.

Im folgenden gelte, dass $\mathscr{A}_n^*$ die Menge aller zulässigen Ansichten einer n-Landmarkenkonfiguration und LOC_n^P die Lokalisierungsfunktion auf der Basis von Landmarkenvertauschungen einer n-Landmarkenkonfiguration bezeichnet. Die Menge der Landmarken einer n-Landmarkenkonfiguration sei gegeben durch $\mathscr{L}_n$. Bei der Definition der Relationen muss wie bei allen Transitionsrelationen beachtet werden, dass abhängig davon, ob Γ eine Transitionsachse im oder gegen den Uhrzeigersinn passiert unterschiedliche Positionen erreicht werden können. Wird z.B. die Transitionsachse A/C gegen den Uhreigersinn passiert, befindet sich Γ in der Region ACB, während sich bei einer Passage der Transistionsachse im Uhrzeigersinn sich Γ in der Region CAB befindet. In den als Beispiel verwendeten Relationstabellen einer 3-Landmarkenkonfiguration bezeichnen $POS \circlearrowright$ bzw. $POS \circlearrowleft$ die Positionen, die sich durch die Navigation im bzw. gegen den Uhrzeigersinn ergeben[6]. Damit kann die erste Positionsverfolgungs-Relation formal wie folgt beschrieben werden,

Definition 5.7 ($R_{x \leftrightarrows}^P$)

Gegeben vier Ansichten $A_i, A_j, A_k, A_l \in \mathscr{A}_n^*$ sowie zwei nicht identifizierte Landmarke x, y mit $x, y \in \mathscr{L}_n$. $R_{x \leftrightarrows}^P$ ist dann definiert als: $(A_l, y/x)$, $(A_j, x/y) \in R_{x \leftrightarrows}^P$ mit (1) $\forall L, x\, A_j = LOC_n^P(A_i, y/x)$ und (2) $\forall L, x\, A_l = LOC_n^P(A_k, x/y)$.

$R_{L \leftrightarrows}^P$ ist die allgemeinste mögliche Form einer Wahrnehmung und $R_{L \leftrightarrows}^P$ enthält alle zulässigen möglichen Tupel-Kombinationen von Wahrnehmungen und Positionstransitionen. Alle nicht enthaltenen Transitions-/Wahrnehmungs-Tupel sind gemäß der Spezifikation von LOC_n^P nicht gültig, d.h. mit der Auswertung dieser Relation kann nur überprüft werden, ob die Beobachtung vom Typ 1 zumindest prinzipiell möglich ist. Die nächstmögliche präzisere Wahrnehmung einer Transition besteht darin, dass eine einzelne Landmarke identifiziert wird, jedoch nicht die Art der Transition, an der sie beteiligt ist.

Transitions-Beobachtung 2: Γ erkennt eine Landmarke, die sich im Zuge einer Transition entweder um eine Position nach rechts oder links verschiebt.

---

[6]Alle hier beschriebenen Transitionsrelationen müssen prinzipiell für die Navigation im und gegen den Uhrzeigersinn spezifiziert werden. Im folgenden werden wir uns auf den Fall der Navigation gegen den Uhrzeigersinn konzentrieren. Im Anhang 8.2 finden sich die *vollständigen* resultierenden Constrainttabellen für 3- wie für 4-Landmarkenkonfigurationen unter Einbeziehung der Navigationsrichtung.

Im nächsten Abschnitt wird eine im Rahmen dieser Arbeit entwickelte Toolbox *EGO-QUALNAV* vorgestellt, die es erlaubt, die Relations-(Contraint-)Tabellen für beliebige n-Landmarkenkonfigurationen zu erzeugen (s. das folgende Kapitel 6).

Definition 5.8 ($R^P_{L \rightleftharpoons}$)

Gegeben vier Ansichten $A_i, A_j, A_k, A_l \in \mathscr{A}^*_n$ und eine identifizierte Landmarke L sowie eine nicht identifizierte Landmarke x mit $L, x \in \mathscr{L}_n$. $R^P_{L \rightleftharpoons}$ ist dann definiert als: $(A_l, L/x)$, $(A_j, x/L) \in R^P_{L \rightleftharpoons}$ mit (1) $\forall L, x \, A_j = LOC^P_n(A_i, L/x)$ und (2) $\forall L, x \, A_l = LOC^P_n(A_k, x/L)$.

Im Rahmen der zweiten Transitionsbeobachtung wird erkannt, dass eine Landmarke an einer Vertauschung im Zuge einer Transition beteiligt ist. Unbestimmt bleibt die Vertauschungsrichtung der erkannten Landmarke, ebenso welche zweite Landmarke an der Vertauschung beteiligt ist. Bereits diese noch immer sehr einfache Beobachtung führt zu einer signifikanten Einschränkung der möglichen Positionen, insbesondere unter Einbeziehung der möglichen vorherigen Position von Γ. Im Fall einer 3-Landmarkenkonfiguration können zwei der theoretisch sechs möglichen Positionen ausgeschlossen werden (Theorem 4.5.2). Aus dieser Beobachtung können in Abhängigkeit von der Navigationsrichtung (im bzw. gegen den Uhrzeigersinn) die in Tabelle 5.3 dargestellten elementaren Relationen abgeleitet werden.

$V_{L \leftrightarrow}$	$V_{POS\circlearrowleft}$	$V_{L \leftrightarrow}$	$V_{POS\circlearrowright}$
A	ACB BAC BCA CAB	A	CAB CBA BAC ABC
B	ABC BAC CBA CAB	B	CBA BCA ABC ACB
C	ACB ABC BCA CBA	C	CBA BCA BAC ACB

Tabelle 5.3: Positionseinschränkung bei Erkennung einer Landmarke ohne Verschiebungsrichtung. links: $R^T_{\triangle^{POS\circlearrowleft}_{L \leftrightarrow}}$; rechts: $R^T_{\triangle^{POS\circlearrowright}_{L \leftrightarrow}}$.

Transitions-Beobachtung 3: erkennt eine Landmarke, die sich im Zuge der Transition nach rechts verschoben hat.

Definition 5.9 ($R_{L\rightarrow}^P$)
Gegeben vier Ansichten $A_i, A_j \in \mathscr{A}_n^*$ und eine identifizierte Landmarke L sowie eine nicht identifizierte Landmarke x mit $L, x \in \mathscr{L}_n$. $R_{L\rightarrow}^P$ ist dann definiert als: $(A_j, L/x) \in R_{L\rightarrow}^P$ mit
(1) $\forall L, x \, A_j = LOC_n^P(A_i, L/x)$.

Transitions-Beobachtung 4: erkennt eine Landmarke, die sich im Zuge der Transition nach links verschoben hat.

Definition 5.10 ($R_{L\leftarrow}^P$)
Gegeben zwei Ansichten $A_i, A_j \in \mathscr{A}_n^*$ und eine identifizierte Landmarke L sowie eine nicht identifizierte Landmarke x mit $L, x \in \mathscr{L}_n$. $R_{L\leftarrow}^P$ ist dann definiert als: $(A_j, x/L) \in R_{L\leftarrow}^P$ mit $\forall L, x \, A_j = LOC_n^P(A_i, x/L)$.

Im Fall des dritten und vierten Beobachtungstyps wird zusätzlich zu einer erkannten Landmarke die Vertauschungsrichtung dieser Landmarke erkannt. Diese Beobachtungen können ebenfalls auf keine anderen elementaren Beobachtungen reduziert werden. Zwar implizieren die Beobachtungen drei und vier eine Beobachtung vom zweiten und ersten Typ, die zusätzliche Information der Vertauschungsrichtung ist jedoch bedeutungslos ohne, dass zumindest eine der Landmarken erkannt wurde, da es bei jeder Transition sowohl zu einer Rechts- als auch einer Links-Verschiebung von jeweils einer Landmarke kommt. D.h es ist nicht möglich, die Links- bzw. Rechtsverschiebung einer Landmarke wahrzunehmen, ohne die Landmarken selbst unterscheiden zu können[7]. Sowohl die dritte als auch die vierte Beobachtung schränken den Raum der möglichen Positionen im Fall einer 3-Landmarkenkonfiguration von sechs auf zwei Positionen ein (Theorem 4.5.2).

Die geraden Pfeile an den Landmarken ($L \leftarrow$ bzw. $L \rightarrow$) bezeichnen die Vertauschungsrichtung der jeweiligen Landmarke beim Passieren einer Transitionsachse. Folglich ergeben sich die vier in Tabelle 5.4 spezifizierten Transitionsrelationen.

Transitions-Beobachtung 5: Γ kann die Landmarken nicht unterscheiden, aber die Position erkennen, an der es zu einer Vertauschung im Zuge einer Transition kommt.

Definition 5.11 ($R_{N/M}^P$)
Gegeben zwei Ansichten $A_i, A_j \in \mathscr{A}_n^*$ und zwei nicht identifizierte Landmarken x und y mit $x, y \in \mathscr{L}_n$. Die möglichen Positionstransitionen der n-Landmarkenkonfiguration sei gegeben durch $\mathscr{PT}_n$ mit $\mathscr{PT}_n = \{1/2, \ldots, n-1/n\}$. $R_{N/M}^P$ ist dann definiert als: $(pt_n, A_j), \in R_{N/M}^P$ gdw. $\forall A_i, pt_n \, A_j = LOC_n^P(A_i, pt_n)$ mit $A_j \in \mathscr{A}_n^*$ und $PT \in \mathscr{PT}_n$.

Die Position von Γ kann auch eingeschränkt werden, wenn Γ keine der Landmarken erkennen aber dennoch eine Transition und ihre Position identifizieren

---

[7]Wahrnehmung ist im Rahmen dieses Ansatzes diskret und nicht kontinuierlich.

$V_{L\leftarrow}$	$V_{POS\circlearrowleft}$
$\leftarrow A$	BAC
	ABC
$\leftarrow B$	CBA
	BCA
$\leftarrow C$	ACB
	CAB

$V_{L\rightarrow}$	$V_{POS\circlearrowleft}$
$A\rightarrow$	CAB
	CBA
$B\rightarrow$	ABC
	AVB
$C\rightarrow$	BCA
	BAC

$V_{L\leftarrow}$	$V_{POS\circlearrowleft}$
$\leftarrow A$	CAB
	ACB
$\leftarrow B$	ABC
	BAC
$\leftarrow C$	BCA
	CBA

$V_{L\rightarrow}$	$V_{POS\circlearrowleft}$
$A\rightarrow$	BAC
	BCA
$B\rightarrow$	CBA
	CAB
$C\rightarrow$	ACB
	ABC

Tabelle 5.4: Positionseinschränkung bei Erkennung einer Landmarke mit Verschiebungsrichtung in Abhängigkeit von der Bewegungsrichtung von Γ. Oben links: $R^T_{\triangle POS\circlearrowleft \atop L\leftarrow}$; oben rechts: $R^T_{\triangle POS\circlearrowleft \atop L\rightarrow}$; unten links: $R^T_{\triangle POS\circlearrowleft \atop L\leftarrow}$; unten rechts: $R^T_{\triangle POS\circlearrowleft \atop L\rightarrow}$.

kann. Angenommen Γ beobachtet eine Vertauschung der Landmarken zwischen den Positionen zwei und drei und bewegt sich gegen den Uhrzeigersinn, dann ist die Position (ohne Vorwissen) im Falle einer 3-Landmarkenkonfiguration bereits beschränkt auf: *ABC*, *BCA* und *CAB*. In Abhängigkeit von der Navigationsrichtung ergeben sich für eine 3-Landmarkenkonfiguration folgende zwei Relationen (siehe Tabelle 5.5).

Transitions-Beobachtung 6: Γ erkennt alle Landmarken, die an einer Vertauschung beteiligt sind einschließlich der Vertauschungsrichtung.

Definition 5.12 ($R^P_{L\rightleftharpoons L}$)
Gegeben vier Ansichten $A_i, A_j, A_k, A_l \in \mathscr{A}_n^*$ und zwei identifizierte Landmarken L_1, L_2 mit $L_1, L_2 \in \mathscr{L}_n$. $R^P_{L\rightleftharpoons L}$ ist dann definiert als: $(A_l, L/x)$, $(A_j, x/L) \in R^P_{L\rightleftharpoons L}$ mit (1) $\forall L, x\, A_j = LOC^P_n(A_i, L_1/L_2)$ und (2) $\forall L, x\, A_l = LOC^P_n(A_k, L_2/L_1)$.

Zuletzt gilt es, den Fall zu betrachten, dass Γ die vollständigen Informationen einer Transition beobachten kann. D.h. es werden sowohl alle Landmarken als auch

$V_{N\leftrightarrow N}$	$V_{POS\circlearrowright}$		$V_{N\leftrightarrow N}$	$V_{POS\circlearrowleft}$
1/2	BCA ABC CAB		1/2	BCA ABC CAB
2/3	CBA BAC ACB		2/3	CBA BAC ACB

Tabelle 5.5: Positionseinschränkung bei Erkennung keiner Landmarke und ohne Verschiebungsrichtung. links: $R^T_{\triangle^{POS\circlearrowright}_{N\leftrightarrow N}}$; rechts: $R^T_{\triangle^{POS\circlearrowleft}_{N\leftrightarrow N}}$.

die Vertauschungsrichtungen der beiden an der Transition beteiligten Landmarken erkannt. Dieser Fall wird für eine 3-Landmarkenkonfiguration exakt durch Theorem 4.5.2 beschrieben. Es ergeben sich wie in Tabelle 5.6 dargestellt, jeweils eine Relation für die Navigation im bzw gegen den Uhrzeigersinn.

$V_{L\leftrightarrow L}$	$V_{POS\circlearrowright}$	$V_{L\leftrightarrow L}$	$V_{POS\circlearrowleft}$
C/A	CAB	B/C	ABC
B/A	CBA	B/A	BAC
B/C	BCA	C/A	BCA
A/C	BAC	C/B	CBA
A/B	ABC	A/B	CAB
C/B	ACB	A/C	ACB

Tabelle 5.6: Positionseinschränkung bei Erkennung der an einer Transition beteiligten Landmarken einschließlich der Verschiebungsrichtung. links: $R^T_{\triangle^{POS\circlearrowright}_{L\leftrightarrow L}}$; rechts: $R^T_{\triangle^{POS\circlearrowleft}_{L\leftrightarrow L}}$.

Das Problem der Positionsverfolgung besteht in der *Aktualisierung* der Position, daher werden zusätzlich zu den spezifizierten Transitionsrelationen noch Verknüpfungen zu den bisherigen Positionen benötigt. Das Wissen über die vorherige Position ist entweder in einem vorher beobachteten Zustand, d.h. einer Wahrnehmungs- oder einer Transitions-Position oder einer vorher beobachteten Transition kodiert. Beide Varianten lassen sich unmittelbar aus den jeweiligen Lokalisierungsfunktionen $LOC_n^T(A, L/L)$ des jeweiligen Landmarken-Anordnungstyps bilden (siehe Satz 4.5.2 Satz 4.5.6 sowie Satz 4.5.7).

Im Gegensatz zur auf Zuständen basierenden globalen Lokalisation ist die Positionsaktualisierung abhängig von der Navigationsrichtung von Γ. D.h. in Abhängigkeit davon, ob Γ eine Transitionsachse im oder gegen den Uhrzeigersinn überquert, befindet er sich auf unterschiedlichen Positionen. Die Spezifikation des Positionsverfolgungsproblems als CSP muss daher in Abhängigkeit von der Navigationsrichtung von Γ erfolgen. Für die beiden zulässigen Richtungen, gegen bzw. im Uhrzeigersinn ergeben sich daher zwei unabhängige CSP's, $CSP_{PV}^{\circlearrowright} = \langle C_{PV}^{\circlearrowright}, V_{PV}^{\circlearrowright}, D_{PV}^{\circlearrowright} \rangle$ und $CSP_{PV}^{\circlearrowleft} = \langle C_{PV}^{\circlearrowleft}, V_{PV}^{\circlearrowleft}, D_{PV}^{\circlearrowleft} \rangle$. Vollständig lässt sich das CSP wie folgt beschreiben,

Definition 5.13 ($CSP_{PV}^{\circlearrowright}$)

Bezeichne $\mathscr{C}_{PV}^{\circlearrowright}$ die Menge der Constraintrelationen, $\mathscr{V}_{PV}^{\circlearrowright}$ der Menge der Constraint-Variablen und $\mathscr{D}_{PV}^{\circlearrowright}$ die Menge der Domänen. Das Positionsverfolgungsproblem (PV) bei partiellen Informationen ($CSP_{PV}^{\circlearrowright}$-Problem) ist definiert als $CSP_{PV}^{\circlearrowright} = \langle \mathscr{C}_{PV}^{\circlearrowright}, \mathscr{V}_{PV}^{\circlearrowright} \mathscr{D}_{PV}^{\circlearrowright} \rangle$ mit $\mathscr{C}_{PV}^{\circlearrowright} = \langle R_{PV}^{\circlearrowright}, V_{PV}^{\circlearrowright} \rangle$. Ferner gelte sei die Menge der Relationen definiert durch $R_{x\rightleftharpoons}^{P}$, $R_{L\rightleftharpoons}^{P}$, $R_{L\rightarrow}^{P}$, $R_{L\leftarrow}^{P}$, $R_{N/M}^{P}$, $R_{L\rightleftharpoons L}^{P}$, $>_{\triangle}^{\circlearrowright}$, $\in \mathscr{R}_{PV}^{\circlearrowright}$, entsprechend gelte für die Variablen und Domänen $V_{PV}^{\circlearrowright} = \langle V, D_{PV}^{\circlearrowright} \rangle \in \mathscr{V}_{PV}^{\circlearrowright}$, $D_{PV}^{\circlearrowright} \in \mathscr{D}_{PV}^{\circlearrowright}$.

Der wesentliche Unterschied zwischen $CSP_{PV}^{\circlearrowright}$ und $CSP_{PV}^{\circlearrowleft}$ besteht in der Menge der zur Positionsbestimmung verwendeten Beobachtungsconstraints. Während $CSP_{PV}^{\circlearrowright}$ ausschließlich Constraints enthält, die die Position bei der Navigation gegen den Uhrzeigersinn einschränken, besteht $CSP_{PV}^{\circlearrowleft}$ aus Constraints zur Navigation im Uhrzeigersinn. Beide Constraintsmengen werden zur Verknüpfung mit vorherigem Positionswissen um '$>_{\triangle}^{\circlearrowright}$' bzw. '$>_{\triangle}^{\circlearrowleft}$' ergänzt. Auf der Basis der aktuellen Navigationsrichtung von Γ schränken '$>_{\triangle}^{\circlearrowleft}$' und '$>_{\triangle}^{\circlearrowright}$' die mögliche Position zum Zeitpunkt t auf der Grundlage des Positionswissen zum Zeitpunkt $t-1$ ein. Dabei spielt es keine Rolle, wie exakt das Vorwissen über die vorherige Position ist. Die Konstruktion von $CSP_{PV}^{\circlearrowright}$ und $CSP_{PV}^{\circlearrowleft}$ erfolgt symmetrisch in Abhängigkeit zur Navigationsrichtung.

Definition 5.14 ($CSP_{PV}^{\circlearrowleft}$)

Bezeichne $\mathscr{C}_{PV}^{\circlearrowleft<}$ die Menge der Constraintrelationen, $\mathscr{V}_{PV}^{\circlearrowleft}$ der Menge der Constraint-Variablen und $\mathscr{D}_{PV}^{\circlearrowleft}$ die Menge der Domänen. Das Positionsverfolgungsproblem (PV) bei partiellen Informationen ($CSP_{PV}^{\circlearrowleft}$-Problem) ist definiert als $CSP_{PV}^{\circlearrowleft} = \langle \mathscr{C}_{PV}^{\circlearrowleft}, \mathscr{V}_{PV}^{\circlearrowleft} \mathscr{D}_{PV}^{\circlearrowleft} \rangle$ mit $\mathscr{C}_{PV}^{\circlearrowleft} = \langle R_{PV}^{\circlearrowleft}, V_{PV}^{\circlearrowleft} \rangle$. Ferner gelte sei die Menge der Relationen definiert durch $R_{x\rightleftharpoons}^{P}$, $R_{L\rightrightarrows}^{P}$, $R_{L\rightarrow}^{P}$, $R_{L\rightarrow}^{P}$, $R_{N/M}^{P}$, $R_{L\rightleftharpoons L}^{P}$, $>_{\triangle}^{\circlearrowleft}$, $\in \mathscr{R}_{PV}^{\circlearrowleft}$, entsprechend gelte für die Variablen und Domänen $V_{PV}^{\circlearrowleft} = \langle V, D_{PV}^{\circlearrowleft} \rangle \in \mathscr{V}_{PV}^{\circlearrowleft}$, $D_{PV}^{\circlearrowleft} \in \mathscr{D}_{PV}^{\circlearrowleft}$.

5.3 Konfidenz von Ordnungswahrnehmungen

Die Modellierung des Navigationsproblems als *CSP* erlaubt es flexibel alle möglichen Positionshypothesen auf der Basis von Ordnungswahrnehmungen zu generieren. Es ist jedoch nicht geeignet, um mit vollständig oder partiell falschen Wahrnehmungen umzugehen. Die Auswertung einer falschen Wahrnehmung innerhalb eines CSP führt im Regelfall zu einer falschen bzw. zu keiner gültigen Lösung, da die aktuelle Wahrnehmung nicht sinnvoll zu den bisherigen (alten) Positionshypothesen in Beziehung gesetzt werden kann. Grundsätzlich lässt sich dieses Problem nur durch einen externen Abgleich mit der *physikalischen Wirklichkeit* lösen (auch als *„ground truth"*-Daten bezeichnet). Im Fall von Ordnungswahrnehmungen bietet sich jedoch ein alternativer und in der Praxis sehr viel einfacherer Weg an. Bei bekannter Ordnungstopologie des aktuell zugrunde liegenden Landmarken-Referenzsystems kann jede zukünftige, folgende Wahrnehmung auf der Basis des spezifischen Transitionsgraphens vorhergesagt werden. Die Grundidee ist ,die Vorhersage der Wahrnehmung mit der (wirklichen) sensorischen Wahrnehmung zu vergleichen und den Grad der Abweichung als Maßstab zu verwenden. Kleine Abweichungen können damit als sensorische Ungenauigkeiten/Fehler interpretiert werden und radikalere Abweichungen geben einen Hinweis darauf, dass entweder eine oder mehrere Regionen ausgelassen wurden, oder dass ein *Kidnapped-Robot*-Szenario aufgetreten ist. Der Grad der Abweichung zwischen sensorischer und zu erwartender Wahrnehmung kann aufgrund der diskreten, qualitativen Wahrnehmungsrepräsentation über elementare Teilmengenoperationen bestimmt werden: Dazu muss in Anlehnung an die Spezifikation einer Ordnungsansicht bestimmt werden, in welche einfachen Wahrnehmungseinheiten eine Ordnungswahrnehmung zerlegt werden kann. Jede Ordnungswahrnehmung besteht per Definition aus einer Menge einfacher Ordnungen; z.B. eine Ordnungswahrnehmung einer 4-Landmarkenkonfiguration lässt sich in drei atomare Ordnungsbeziehungen erlegen (siehe Abbildung 5.4).

Jede Ordnung besteht wiederum aus vier Nachbarschaften[8], d.h. eine Ordnung $r < s$ setzt voraus, dass die Landmarke r links sowohl wie rechts neben einer beliebigen anderen Landmarke liegt und gleichzeitig die Landmarke s rechts neben einer anderen Landmarke liegt und zudem rechts von s keine weitere Landmarke liegt. In der Abbildung kennzeichnet das x eine erkannte, aber nicht identifizierte Landmarke. Ist eine der Nachbarschaften nicht gegeben, kann, rein syntaktisch betrachtet, die entsprechende Ordnung nicht vorliegen. In der Praxis sind jedoch zumindest kleinere Abweichungen sogar zu erwarten. Um kleinere Abweichun-

---

[8]Jede Landmarke kann zwei Nachbarn besitzen.

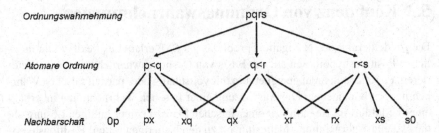

Abbildung 5.4: Beispiel: Dekomposition einer Ordnungswahrnehmung in atomare Ordnungsperzepte

gen exakt bestimmen und bewerten zu können, bedarf es einer klar spezifizierten Metrik, die für die gesamte Wahrnehmung den Grad der Abweichung beschreibt. Aufgrund der qualitativen diskreten Natur von Ordnungsinformationen lassen sich die Abweichungen einfach aufsummieren. Formal lässt sich die Kohärenzmetrik *bottom-up* wie folgt spezifizieren,

$$NB_{x<L} = \begin{cases} 0, & \text{gdw. } (x,L) \notin A_{current}, x \in L \\ \\ v, & \text{gdw. } (x,L) \in A_{current}, x \in L \end{cases} \qquad (5.1)$$

und entsprechend der umgekehrte Fall,

$$NB_{L<x} = \begin{cases} 0, & \text{gdw. } (x,L) \notin A_{current}, x \in L \\ \\ v, & \text{gdw. } (x,L) \in A_{current}, x \in L \end{cases} \qquad (5.2)$$

Eine vollständige atomare Ordnungsinformation lässt sich darauf basierend als die Summe von vier Nachbarschaften unter Berücksichtigung der Landmarkenidentität spezifizieren,

$$Ord_{L_1<L_2} = NB_{0<L_L} + NB_{L_L<x} + NB_{x<L_R} + NB_{L_R<0} \qquad (5.3)$$

wobei gilt $L_L = L_1, L_R = L_2, y = L_R$ und $x = L_L$. Die Gesamtkohärenz ergibt sich wiederum aus der Summe der erkannten vollständigen atomaren Ordnungsinformationen.

$$OB_{Coherence} = Ord_{L_1<L_2}, ..., Ord_{L_{n-1}<L_n} \qquad (5.4)$$

Da die Konfidenz einer Ordnungswahrnehmung ohne jede Übereinstimmung $OB_{Coherence} = 0$ beträgt, und um eine einfachere Interpretation zu erlauben, definieren wir den Wert v einer erkannten Nachbarschaft so, dass die Summe aller einzelnen vollständigen atomaren Ordnungsinformationen $OB_{Coherence} = 1$ ergibt.

Welcher Kohärenzwert als nicht hinreichend beurteilt wird, hängt zum wesentlichen Teil von der spezifischen Sensorik und Anwendungsdomäne ab. Bei einem stark verrauschenden Sensor müssen niedrigere Kohärenzwerte zugrunde gelegt werden als bei einem sehr präzisen Sensor. In Kapitel 7 wird anhand einer differenzierten Simulation empirisch untersucht, welche Konfidenzwerte bei welchen Verrauschungsgraden die besten Ergebnissen liefern.

Die hier spezifizierte Kohärenmetrik ist nur eine mögliche Form der Kohärenzbewertung einer Ordnungsbeobachtung. Sie gibt jedoch auch den grundlegenden Charakter aller alternativen Möglichkeiten vor. Eine interessante Alternative besteht darin, die Kohärenzbewertung als ein Diagnoseproblem zu betrachten. Ziel ist es in diesem Fall, die elementaren falschen Wahrnehmungsperzepte abzuleiten. Grundsätzlich bieten sich damit sowohl rückwärts verkettende Ansätze wie Abduktion oder auch eine Regelpropagation an. Voraussetzung ist die Überführung des Transitionsgraphen in eine logische bzw. eine Regelstruktur. Ebenso können prinzipiell modellbasierte Ansätze zur Diagnose verwendet werden, die jedoch einen höheren Konvertierungsaufwand bei der Umformung der Repräsentation nach sich ziehen. Da Diagnoseprobleme im Regelfall NP-vollständig sind und die hier vorgeschlagene Kohärenzmetrik nur einen linearen Aufwand in Abhängigkeit von der Anzahl der Landmarken erfordert, wurde auf eine detailliertere Analyse dieser funktional äquivalenten Bewertungsmethoden verzichtet. In Kapitel 7 wird die Verwendung der Kohärenzmetrik empirisch ausführlicher untersucht.

5.4 Diskussion und Zusammenfassung

Bei der Anwendung eines Verfahrens zur Roboterlokalisation und -Navigation spielt die Robustheit des Verfahrens eine zentrale Rolle. Ein Verfahren kann nur als robust betrachtet werden, wenn es in der Lage ist, auch dann gute Ergebnisse zu liefern, wenn die sensorischen Wahrnehmungen verrauscht und/oder unvollständig sind. Das grundlegende zu lösende Problem liegt in der Bewertung der Wahrnehmung. Da es (anscheinend) prinzipiell unmöglich ist die aktuelle Wahrnehmung mit der Wirklichkeit zu vergleichen, wird von den aktuellen probabilistischen Verfahren versucht die Fehler zu approximieren. Die aktuell verwendeten Verfahren (Monte-Carlo-Lokalisation, Kalmann-Filter-basierte Verfahren) lösen das Problem auf zwei verschiedene Arten. Im Rahmen der Monte-Carlo-Lokalisation wird statt einer einzelnen Lokalisationhypothese eine Menge von Hypothesen erzeugt, die probabilistisch bewertet werden. Die Kalmann-Filter- basierten Verfahren wenden ein ähnliches, wenn auch im gewissen Rahmen orthogonales Prinzip an: statt mehrere Hypothesen zu verwalten, wird nur eine einzelne Lokalisierungshypothese erzeugt, die abhängig nach dem Grad der Verrauschung präzise oder auch sehr unscharf sein kann. Die Bewertung der sensorischen Wahrnehmung unterscheidet sich grundlegend von den oben genannten Verfahren. Durch die Vorhersagbarkeit zukünftiger Wahrnehmungen (bei bekannter Navigationsrichtung und Anordnungsvariante sowie eingeschränkt bekannter Position) kann der Grad der Abweichung zwischen Wahrnehmung und Wirklichkeit präzise quantifiziert werden und erfordert daher keine probabilistische Bewertung. Grundlage ist die Zerlegbarkeit einer Wahrnehmung (Ansicht) in ihre fundamentalen Komponenten. Ordnungsinformationen bestehen prinzipiell aus zwei Klassen von Informationen: Identifikation von Landmarken und Anordnungsinformation. Jede Wahrnehmung lässt sich nach dem in diesem Kapitel beschriebenen Verfahren als eine Menge relationaler Abhängigkeiten zwischen Wahrnehmung und Position beschrieben. Damit lässt sich jede minimale Informationseinheit präzise individuell bewerten. Die Konfidenz einer Wahrnehmung lässt sich darauf basierend als die Summe der Konfidenzen der einzelnen Wahrnehmungskomponenten beschrieben. Die hier beschriebene Operationalisierung ist unabhängig von einer spezifischen Landmarkenkonfiguration (z.B. 3-, 4-, n-Landmarkenkonfiguration), setzt jedoch voraus, dass z.B. die Ein-Eindeutigkeit zwischen Wahrnehmung und Position der jeweiligen Landmarkenkonfiguration nachgewiesen wurde und der jeweilige Transitionsgraph bekannt ist. Die hier verwendete Operationalisierung als CSP ist nicht in jedem Anwendungsfall auch die geeignetste Form der Implementierung. Die Verwendung eines CSP's hat den Vorteil einer kompakten deklarativen Repräsentation, erfordert jedoch bei jeder Überprüfung einer Wahrnehmung eine Propagation und Suche. Eine deutlich speicherintensivere, dafür aber effizientere Möglichkeit besteht in der Extensionalisierung des CSP's in Tabellen. Dadurch kann das Problem der Validierung auf ein reines strukturiertes Suchproblem reduziert werden. Da bereits in anderen Anwendungsdomänen wie z.B. Schachprogrammen gezeigt wurde, dass große Suchräume mit komplexen Zuständen kompakt repräsentiert werden können, sollten, in einer praktischen zeitkritischen Anwendung die extensionalisierte Variante in Betracht gezogen werden. Eine andere Möglichkeit besteht in der direkten Kohärenzbewertung auf der Basis des entsprechenden Transitionsgraphen (d.h. ohne diesen in ein CSP umzuwandeln). Auf diese Art ließe sich die Effizienz der Kohärenzbewertung dadurch steigern, dass der mögliche Fehlergrad begrenzt wird. Beispielsweise kann auf diese Weise festgelegt werden, dass keine Fehler betrachtet werden, bei denen mehr als zwei Transitionen *übersehen* worden sind (z.B. wenn die Landmarken einer Konfiguration weit auseinander liegen)[9].

Im nächsten Kapitel wird das System (Toolbox) *EGO-QUALNAV* vorgestellt, mit dem die Robustheit des entwickelten Verfahrens in einer flexibel konfigurierbaren Simulation unter kontrollierten Bedingungen in verschiedensten Szenarien getestet werden kann. In Kapitel 7 schließlich wird das Verfahren in verschiedenen Testszenarien gegen seine Grenzen getestet und die Ergebnisse einer detaillierten Analyse unterworfen.

---

[9]Jede auf diese Weise erzielte Reduktion des Suchraums zugunsten der Effizienz birgt das Risiko, bestimmte Fehler nicht mehr adäquat erkennen zu können.

6 Die Toolbox *EGO-QUALNAV*

Bei der Entwicklung und Implementierung der *QSNAPNAV*-Toolbox wurden drei zentrale Zielsetzungen verfolgt,

Anwendungsunterstützung: Das System soll den gesamten Anwendungsprozess unterstützen:

1. die empirische Bestimmung der Anordnungstopologien,
2. die Erzeugung der Constraints bzw. der Constrainttabellen,
3. die Constraintpropagation und Wahrnehmungsvaldierung und
4. die Simulation.

Validierung: Das System soll es erlauben, den in dieser Arbeit entwickelten Ansatz unter präzise kontrollierten Bedingungen in möglichst heterogenen, komplexen wie einfachen Szenarien gegen seine Grenzen testen zu können.

Modularität: Darüber hinaus soll das System so entworfen werden, dass es in verschiedenen praktischen Anwendungen, d.h. auch ohne Simulation einfach angewendet werden kann.

Das in den vorherigen Kapiteln entwickelte Verfahren zur egozentrischen Navigation auf der Basis von Ordnungsinformationen erfordert zwei zentrale Vorbereitungsschritte. Im ersten Schritt muss zunächst empirisch die Anordnungstopologie der bei der Lokalisierung verwendeten Landmarkenkonfigurationen bestimmt werden. Da sich dieser Prozess inbesondere bei Konfigurationen mit vielen Landmarken sehr aufwendig gestalten kann, wurde ein Werkzeug entwickelt, welches den Prozess weitestgehend automatisiert (siehe Abschnitt 6.1). Das Ergebnis dieses Prozesses ist der in Korrolar 4.5.1, 4.5.2 und 4.5.5 spezifizierte Transitionsgraph, der in Form einer Adjazenzliste ausgegeben wird. Im zentralen zweiten Schritt werden auf der Grundlage des Transitionsgraphs die zugehörigen Constrainttabellen erzeugt. Diese lassen sich potentiell in jedem beliebigen Constraintsolver, sowohl in der Simulation wie auch in einer physikalischen Anwendung auf einem Roboter verwenden[1]. Damit können ohne wesentlichen Zusatzaufwand auch ande-

---

[1]Bei der Verwendung eines alternativen Constraintsolvers muss die Syntax der Constraints an die spezifischen syntaktischen Anforderungen des jeweiligen Constraintsolvers angepasst werden.

re *externe* Konsistenzverfahren angewendet werden (z.B. *Pfadkonsistenz*) (Details siehe Abschnitt 6.2).

6.1 Bestimmung der Anordnungstopologien (*OrderingTopologyCreator*)

Voraussetzung zur qualitativen Navigation auf der Basis egozentrischer Ansichten ist die Kenntnis der Anordnungstopologie einer Landmarkenkonfiguration. Die Bestimmung erfolgt wie in Kapitel 4 beschrieben in drei Schritten:

1. Konstruktion der egozentrischen Ansicht (Definition 4.2) und
2. Bestimmung der geordneten Menge von Landmarkenvertauschungen, die sich durch einen vollständigen Rundgang um die konvexe Hülle einer Landmarkenkonfiguration ergeben (für Dreiecke siehe beispielsweise Satz 4.5.1) auf der Grundlage des Vertauschungsaxioms (Axiom 4.5.1) und schließlich
3. Erzeugen des einfachen Transitionsgraphs.

Die Bestimmung ist insbesondere für kleine Landmarkengruppen mit beispielsweise drei oder vier Landmarken relativ einfach manuell durchzuführen. Bei komplexeren Landmarkengruppen gestaltet sich dieser Prozess, auch wenn er nur einmalig durchgeführt werden muss, zunehmend aufwendig. Jeder einzelne bei diesem Prozess auftretende Fehler macht die erfolgreiche Anwendung dieses Verfahrens unmöglich. Zur Unterstützung dieses Prozesses wurde das Werkzeug *OrderingTopologyCreator* entwickelt. Der *OrderingTopologyCreator* erlaubt es mit Hilfe eines graphischen User-Interfaces, die Landmarken einer Landmarkenkonfiguration interaktiv anzuordnen und den resultierenden Transitionsgraphen automatisch berechnen zu lassen.

Der Generierungsprozess folgt dabei exakt den drei oben angegebenen Schritten. Im ersten Schritt wird eine Referenzansicht erzeugt. Die Region, von der aus die Referenzansicht generiert werden soll, kann dabei interaktiv vom Anwender bestimmt werden, muss jedoch den Maßgaben des in dieser Arbeit entwickelten Ansatzes folgend außerhalb der konvexen Hülle der Landmarkenkonfiguration liegen. Auf der Grundlage dieser Eingaben werden alle resultierenden Transitionsachsen respektive der resultierenden Regionen berechnet und angezeigt. Der Anwender kann dabei zu jedem Zeitpunkt die Landmarkenkonfiguration seinen Anforderungen entsprechend modifizieren oder die Darstellung anpassen. Wenn die modellierte Anordnungstopologie den Anforderungen des Anwenders entspricht, wird berechnet, ob eine bijektive Funktion zwischen Wahrnehmung und Positi-

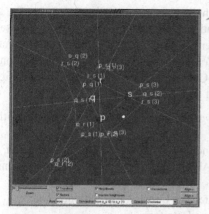 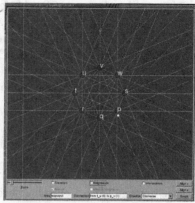

(a) Anordnungstopologie mit vier Landmar-   (b) Anordnungstopologie mit acht Landmarken und vollständiger (optionaler) Annotation   ken und den Transistionsachsen

Abbildung 6.1: Visualisierung von Anordnungstopologien

on berechnet werden kann, der *nicht annotierte Transitionsgraph*[2] erzeugt und in
Form einer Adjazenzliste in eine Datei ausgegeben. Damit ist jeder vom *Ordering-
TopologyCreator* erfolgreich konstruierter Graph zur Verwendung innerhalb des in
dieser Arbeit spezifizierten Ansatzes geeignet.

Der *OrderingTopologyCreator* ist als eigenständige Anwendung realisiert und
kann unabhängig von den anderen Tools der *QSNAPNAV*-Toolbox verwendet werden und stellt bereits vollständig die Verwendbarkeit der entworfenen Anordnungstopologie sicher. Bei den erforderlichen geometrischen Berechnungen wurde auf die im *RoboCup* (-Simulation) bewährte *Geometry-Klasse* von Jelle Kok
[KVG03] zurückgegriffen. Sie ist Teil des *SimpleClient* der *Trilearn*-Mannschaft
und steht zur freien Verfügung.

6.2 Erzeugung der Constrainttabellen (*ConstraintGenerator*)

Der zentrale Schritt zur Anwendung des in dieser Arbeit entwickelten Ansatzes
ist die Generierung der Constrainttabellen auf der Grundlage der in Kapitel 5 defi-

---

[2]D.h. ohne spezifische Landmarken-Transitionen, ohne Positionsvertauschungen und ohne Vertauschungsrichtung.

nierten Constraintrelationen. Obwohl sich die Konstruktion aller definierten Relationen auf elementare Teilmengen-Operationen zurückführen lässt, ist auch dieser Prozess, wenn er manuell ausgeführt werden muss, sowohl zeitintensiv als auch fehleranfällig. Für die Generierung der Contrainttabellen einer 5-Landmarkenkonfiguration sind bereits mehr als tausend (Constraint-) Tabelleneinträge notwendig. Die Constraintgenerierung erfolgt in fünf Schritten:

1. Einlesen des vom *OrderingTopologyCreator* erzeugten einfachen Transitionsgraphen,
2. berechnen des (annotierten/vollständigen) komplexen Transitionsgraphen,
3. Validierung der ein-eindeutigen Abbildung zwischen Wahrnehmung und Wahrnehmungsposition,
4. die Erzeugung der Constrainttabellen der Constraint-Relationen und
5. die Ergebnisausgabe in verschiedene Dateiformate.

Der vom *OrderingTopologyCreator* erzeugte nicht annotierte *einfache Transitionsgraph* enthält alle zur Berechnung des vollständigen Transitionsgraphen erforderlichen Informationen. Bei der Bestimmung des (annotierten) *vollständigen Transitionsgraphen* müssen verschiedene zusätzliche Informationen expliziert werden, die im *einfachen Transitionsgraphen* nur implizit beschrieben sind,

1. Bestimmung der Positionsvertauschungen,
2. Berechnung der Verschiebungsrichtung der an einer Transition beteiligten Landmarken und
3. Ermittlung der Wahrnehmungspositionen.

Die berechneten Wahrnehmungspositionen bilden die Grundlage zur Bestimmung der Ein-Eindeutigkeit zwischen Wahrnehmung und Position. Die eigentliche Validierung folgt der in Kapitel 4 spezifizierten Beweisführung. Wenn die Ein-Eindeutigkeit zwischen Wahrnehmung und Position nachgewiesen werden konnte, erfolgt die Generierung der Constrainttabellen. Für die Ergebnisausgabe sind verschiedene Formate vorgesehen,

1. Ausgabe in das interne Dateiformat und
2. Ausgabe als LaTeX-Tabellen.

Das interne Dateiformat dient als kompakte Repräsentation, die z.B. vom *QSNAPNAV-Simulator* verwendet wird. Zu Dokumetationszwecken kann als (zusätzliche) Ausgabe das LaTeX-Format gewählt werden.

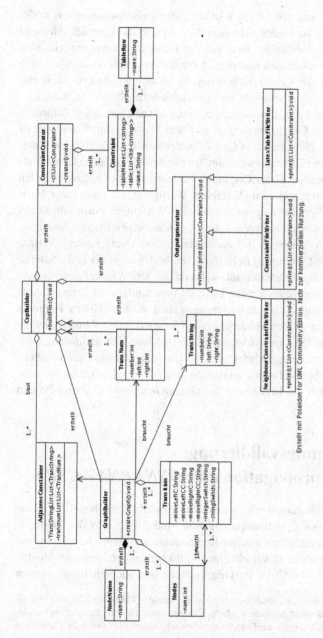

Abbildung 6.2: Partielles Klassendiagramm des *ConstraintGenerator*-Tools

Erstellt mit Poseidon for UML Community Edition. Nicht zur kommerziellen Nutzung.

Die Konzeptionalisierung spiegelt sich unmittelbar im Softwareentwurf wider (siehe Abbildung 6.2[3]). Die beiden zentralen Klassen sind der *GraphBuilder* und der *CspBuilder*. Der *GraphBuilder* baut auf der Grundlage eines eingelesenen *einfachen Transitionsgraphen* den komplexen Transitionsgraphen auf. Um einen einfacheren Zugriff bei der Constraintgenerierung zu ermöglichen, werden verschiedene Transitionsgraphen erzeugt, die in verschiedenen Listen im *Adjazenz-Container* gespeichert werden. Der *AdjazenzContainer* speichert das vollständige Ergebnis der komplexen Graphgenerierung in Form von Adjazenzlisten und ist die einzige Schnittstelle zwischen dem *GraphBuilder* und dem *CspBuilder*. Unter Verwendung des *AdjazenzContainer*s erzeugt der *CspBuilder* für jeden Constraint-typ einen *ConstraintCreator*. Jedes Constraint besteht aus einer konzeptionellen Beschreibung der Constraintrelation (Variablen, Wertigkeit, etc.) und einer Menge von *TableRow*s zur Speicherung der relationalen Wertetupel. Nach vollständiger Generierung aller Constraints erzeugt der *CspBuilder* einen *OutputGenerator*. Abhängig von den Anforderungen des Anwenders können verschiedene Varianten gewählt werden: der *ConstraintFileWriter* schreibt das Ergebnis in das interne für die Simulation benötigte Dateiformat, während der *LaTeXTableFileWriter* eine LaTeX-Datei mit den entsprechenden LaTeX-Constrainttabellen erzeugt. Aufgrund der Modularisierung können Erweiterungen auch ohne detaillierte Kenntnis des Codes vorgenommen werden. Änderungen auf Seiten des *GraphBuilder* haben keine Konsequenzen für den *CspBuilder* soweit die Interface-Klasse *AdjazenzContainer* unberührt bleibt und umgekehrt. Durch das Hinzufügen eines neuen *Output-Generators* ändert sich beispielsweise an dem bestehenden Code nur eine einzelne Zeile (im *CspBuilder* bei der Erzeugung des *OutputGenerators* (*Factory*-Prinzip [GHJV95]).

6.3 Wahrnehmungsvalidierung: Constraintpropagation mit (*QSNAPNAV-CSP*)

Die eigentliche zur Validierung der Wahrnehmung eines Roboters benötigte Funktionalität wird durch das Constraintpropagation-Modul *QSNAPNAV-CSP* realisiert. Der Constraintsolver ist als einzige Komponente als *Libary* konzipiert und kann mit geringem Aufwand an verschiedene Softwarekomponenten angebunden werden. D.h. *QSNAPNAV-CSP* ist im Gegensatz zu den anderen Komponenten

---

[3] Aus Gründen der Übersichtlichkeit enthalten die Klassendiagramme in Abbildung 6.2 und 6.3 nur die jeweils zentralen Methoden und Attribute. Einfache Klassen, denen nur Hilfscharakter zugeschrieben werden kann, wurden ebenfalls aus Gründen der Übersichtlichkeit nicht mit in die Darstellung aufgenommen.

der *QSNAPNAV*-Toolbox domänenunabhängig und ist in der Lage, beliebige binäre CSP-Probleme zu lösen. Der wesentliche Unterschied zu anderen einfachen
CSP-Modulen ist neben der Schnittstelle zur Simulation die Fähigkeit zur Laufzeit parallel verschiedene CSP-Probleme bearbeiten zu können. Da jede Anordnungstopologie als eigenständiges CSP realisiert ist und im Rahmen der Simulation verschiedene Anordnungstopologien parallel verwendet werden dürfen, ist
es erforderlich, abhängig vom spezifischen lokalen *frame of reference* das jeweils
korrespondierende CSP zu verwenden.

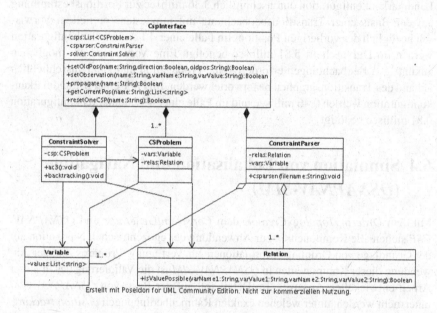

Abbildung 6.3: Partielles Klassendiagramm von *QSNAPNAV-CSP*

Ein CSP ist ein klassisches Suchproblem und unterscheidet sich neben der deklarativen relationalen Problembeschreibung von anderen klassischen Suchproble-
men durch die Verwendung eines Konsistenzverfahrens. Ziel der Anwendung des
Konsistenzverfahrens ist es, den Suchraum durch Anwendung von Ausschlussbe-
dingungen so weit zu reduzieren, dass ein Suchproblem in praktischen Anwendungen effizient gelöst werden kann (Prinzipiell ist das Problem NP-vollständig.
Die *worst-case*-Komplexität ergibt sich aus dem Kreuzprodukt der Constraintva-
riablen respektive der Domänen.). Zwar kann auch die Anwendung eines Konsistenzverfahrens nicht sicherstellen, dass die *worst-case*-Komplexität nicht erreicht

wird, in praktischen Anwendungen hat sich diese Problemlösungsstrategie jedoch vielfach bewährt (z.B., [RSW$^+$02]). Bei der Wahl des geeigneten Konsistenzverfahrens muss eine Abwägung getroffen werden zwischen der Komplexität der Anwendung des Konsistenzverfahrens und der zu erwartenden Suchraumreduktion. Im Rahmen von *QSNAPNAV-CSP* wurde aufgrund seiner Effizienz das Kantenkonsistenzverfahren *AC-3* gewählt. *AC-3* stellt rekursiv die Konsistenz zwischen zwei Constraint-Kanten sicher. Auf einem *AMD Athlon 1000* mit 512MB unter *Suse Linux 9.3* benötigt *QSNAPNAV-CSP* bei vollständiger Suche anhand einer 3-Landmarkenkonfiguration durchschnittlich 3.36 millisec zur Positionsbestimmung auf der Basis einer Transitionsbeobachtung mit mindestens partiellem Vorwissen bezüglich der vorherigen Position. Im Falle einer 4-Landmarkenkonfiguration werden im Durchschnitt 5.81 millisec benötigt. Eine Vorhersage der möglichen zukünftigen Beobachtungen erfordert keine Propagation und kann ausschließlich anhand des Transitionsgraphen beantwortet werden. Im Falle einer 3-Landmarkenkonfiguration werden 0.46 millisec und im Falle einer 4-Landmarkenkonfiguration 0.81 millisec benötigt.

6.4 Simulation von Lokalisation und Navigation (*QSNAPNAV-SIM*)

Mit dem *OrderingTopologyCreator*, dem *ConstraintGenerator* und *QSNAPNAV-CSP* stehen alle Komponenten zur Anwendung der egozentrischen Navigation auf der Grundlage von Ordnungsinformationen zur Verfügung. Primäres Ziel der Anwendung dieser Komponenten in *QSNAPNAV-SIM* ist die Validierung des in dieser Arbeit entwickelten Ansatzes. Im Detail soll auf der Basis von *QSNAPNAV-SIM* untersucht werden, unter welchen exakten Rahmenbedingungen *position tracking*, *global positioning* und das *kidnapped robot*-Problem gelöst werden können und wann das in dieser Arbeit entwickelte Verfahren an seine Grenzen stößt.

Eine Simulation von Navigation und Lokalisation erfordert die Simulation von Wahrnehmung und der systematischen Positionsänderung des navigierenden Agenten im Zuge eines Navigationsprozesses. Um eine systematische Validierung des Navigationansatzes zu ermöglichen, mussten bei der Modellierung von *QSNAPNAV-SIM* verschiedene Anforderungen erfüllt werden.

1. Um die Stärken und Schwächen detailliert austesten zu können, ist eine möglichst vollständige Kontrolle der Navigationsparameter erforderlich. Dabei sollten alle Parameter, soweit logisch möglich, unabhängig voneinander eingestellt werden können.

2. Um eine statistische Signifikanz der Ergebnisse erreichen zu können, muss es möglich sein, prinzipiell beliebig viele Testläufe automatisch unter gleichen Bedingungen durchführen zu können.

3. Es soll zudem die Möglichkeit eröffnet werden, den Navigationsprozess interaktiv steuern und analysieren zu können.

4. Die erzeugte Lösung soll bezüglich verschiedener Kriterien bewertet werden können.

Grundlage der Simulation ist der in Abschnitt 5.1 spezifizierte Erreichbarkeitsgraph. Eine Menge von Landmarkengruppen (im folgenden als *Cluster* bezeichnet) ist über eine Erreichbarkeitsrelation zu einem vollständigen Graphen verknüpft. Die Aufgabe der Navigation besteht darin, von einem Startpunkt, d.h. einer Region innerhalb des Startclusters, den Weg zu einer Zielregion in einem Zielcluster zu finden. Dabei wird vorausgesetzt, dass die Struktur des Graphen als auch die Anordungstopologien der verknüpften Cluster bekannt sind. Die eigentliche Navigationsaufgabe besteht darin, unter der ausschließlichen Verwendung von qualitativen *Ansichten*, den Weg von einem gegebenen Start- zu einem Zielcluster zu finden. Ziel ist nicht das Finden des kürzesten Weges zwischen Start- und Zielcluster, sondern die fortwährende Lokalisierung auf der Basis von Ansichten, so dass dem berechneten kürzesten Pfad gefolgt werden kann. Die eigentliche Pfadsuche erfolgt vor dem Navigationsprozess mit Hilfe des A^*-Algorithmus. Wie in Kapitel 4 spezifiziert ist, wird für jede Landmarkengruppe vorausgesetzt, dass die Landmarken eines Clusters prinzipiell unterschieden werden können. Ferner wird vorausgesetzt (wie in Abschnitt 5.1 beschrieben), dass alle Cluster prinzipiell voneinander unterschieden werden können, d.h. es gibt per Definition keine zwei Cluster mit der gleichen Anzahl an Landmarken und der gleichen Anordnungstopologie und den identischen Landmarken-Features (Farbe, Textur, Form, ...). Es wird hingegen nicht vorausgesetzt, dass diese Unterscheidung in der Praxis beständig erfolgreich angewendet werden kann. Auch wenn das in dieser Arbeit entwickelte Verfahren ausschließlich auf Ordnungsinformationen beruht, müssen einige zusätzliche Annahmen bezüglich der Sensorik des navigierenden Systems gemacht werden. So wird im Rahmen von *QSNAPNAV-SIM* eine einfache Odometrie angenommen, die es erlaubt, die zurückgelegte Distanz zu approximieren. Es wird jedoch nicht angenommen, dass diese Approximation korrekt ist. Eine vorgeschlagene einfache Form der Odometrie ist Grundvoraussetzung um zu überprüfen, wie robust das entwickelte Navigationsverfahren in Bezug auf Odometrie-Fehlern ist. Da das spezifizierte Verfahren auf die Navigation außerhalb der konvexen Hülle einer Landmarkenkonfiguration beschränkt ist, muss zusätzlich eine einfache

Sensorik angenommen werden, die sicherstellt, dass sich der navigierende Agent
außerhalb der Landmarkenkonfiguration befindet. In der Praxis lässt sich dies mit
einem beliebigen Abstandssensor realisieren (z.B. Infrarot).

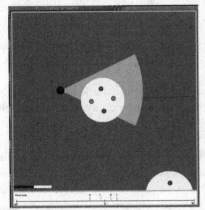 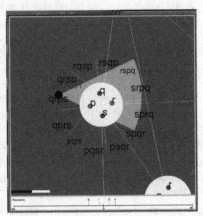

(a) Nahansicht eines Clusters ohne optionale   (b) Nahansicht eines Clusters mit vollständi-
Annotationen   ger (optionaler) Annotation

Abbildung 6.4: Cluster-Visualisierung

Um keine spezifischen Annahmen bezüglich einer Sensorik machen zu müssen,
wird im Rahmen von *QSNAPNAV-SIM* davon ausgegangen, dass es einen Sensor
gibt, der stets einen konstanten Abstand zum Mittelpunkt der Landmarkenkonfiguration sicherstellt (Für die Anwendung dieses Verfahrens reicht es bereits aus,
wenn sichergestellt wird, dass sich der navigierende Agent außerhalb der Landmarkenkonfiguration befindet.).

Da es sich bei dem in dieser Arbeit entwickelten Ansatz um ein rein qualitativ-
ordinales Verfahren handelt, sind darüber hinaus gehende metrische Distanzinformationen per Definition nicht erforderlich. In Abbildung 6.4(a) und 6.4(b) ist
jeweils ein einzelner Cluster ohne bzw. mit vollständiger Annotation dargestellt.
Welche Form der Annotation sinnvoll bzw. gewünscht ist, kann jederzeit interaktiv vom Anwender festgelegt bzw. verändert werden. Die vier kleinen Punkte
innerhalb des hellen Kreises kennzeichnen die Landmarken. Der helle Kreis hat
die Funktion die Identifikation der Landmarken zu unterstützen. Er ist für den
wahrnehmenden Agenten nicht erkennbar. Der wahrnehmende Agent ist in der
graphischen Darstellung durch einen schwarzen Kreis gekennzeichnet. Der Wahrnehmungswinkel und die Wahrnehmungsdistanz werden durch den hellen, mit

dem Agenten verknüpften Kegel dargestellt. In dem dargestellten Beispiel kann der Agent beispielsweise genau drei Landmarken erkennen; die schwarze Landmarke innerhalb des hellen Kreises kann hingegen nicht erkannt werden. Sowohl der Wahrnehmungswinkel als auch die Wahrnehmungsdistanz können interaktiv vom Anwender festgelegt und jederzeit verändert werden (siehe auch Abbildung 6.6 (*cone distance, cone angle*)). Die schwarze aus der Abbildung hinausführende Linie symbolisiert eine Kante, die verschiedene Cluster über die Erreichbarkeitsrelation miteinander verknüpft. Ein Cluster ist jeweils nur von einer spezifizierten Region innerhalb des Clusters erreichbar. Zudem ist es erlaubt, dass ein Cluster verschiedene Verbindungen zu anderen Clustern hat. Die Anzahl der Verbindungen zwischen den einzelnen Clustern bestimmt dadurch wesentlich die Komplexität des Test-Szenarios.

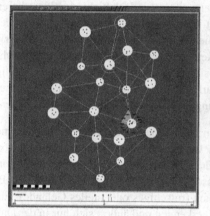
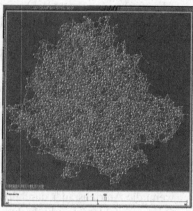

(a) Einfache Navigationsaufgabe mit 20 ver- (b) Komplexe Navigationsaufgabe mit 1500
schiedenen Clustern   verschiedenen Clustern

Abbildung 6.5: Cluster-Graphvisualisierung

Neben der Anzahl der Kanten innerhalb des Graphen kann die Komplexität der Navigationsaufgabe über die Anzahl der Cluster gesteuert werden. In Abbildung 6.5(a) ist ein einfaches Navigationsszenario mit 20 Clustern dargestellt und in Abbildung 6.5(b) ein sehr viel komplexeres Szenario mit 1500 Clustern. Insbesondere in Abbildung 6.5(a) ist gut erkennbar, dass ein Cluster durchschnittlich mit drei bis vier verschiedenen Clustern verbunden ist.

Durch den hohen Grad der Verknüpfung wird sichergestellt, dass ein navigierender Agent nicht zufällig einen korrekten Weg zwischen dem Start- und dem

Zielpunkt findet.

Da in Kapitel 4 und 5 bewiesen wurde, dass die hier spezifizierte Navigationsaufgabe bei Einhaltung der Rahmenbedingungen in jedem Fall gelöst wird, ist das hier spezifizierte Szenario ohne Wahrnehmungsfehler zum Test des vorgeschlagenen Verfahrens noch nicht. Um ein realistischeres Szenario zu erzeugen, wurden drei selektiv spezifizierbare Fehlerklassen eingeführt,

Dunkelheit (*darkness*): Mit dem *darkness*-Parameter kann bestimmt werden, welche der wahrgenommenen Landmarken unterschieden werden können. Wenn ein Roboter drei Landmarken in der Reihenfolge $\langle A, C, B \rangle$ wahrnähme, so würde eine *darkness*-Fehlerrate von 0.6 die Ordnungs-Wahrnehmung z.B. zu $\langle x, C, x \rangle$ verfälschen. In diesem Beispiel würde nur noch eine einzelne Landmarke erkannt sowie die anonymen Nachbarschaften, dass die erkannte Landmarke zwischen zwei weiteren, jedoch nicht identifizierbaren anderen Landmarken liegt. Damit kann über den *darkness*-Parameter der Grad der Vollständigkeit der Wahrnehmung gesteuert werden. Der *darkness*-Parameter anonymisiert Landmarken ohne sie vollständig aus der Wahrnehmung zu eliminieren. Der hiermit simulierte Fehler tritt in der Praxis häufig auf, z.B. im Rahmen der Bildverarbeitung bei einer falschen Farbkalibrierung oder wenn sich die Lichtbedingungen unvorhersehbar geändert haben.

Odometrie-Fehler (*noise move*): Ein ebenso häufig auftretender Fehler sind verrauschte Odometriedaten. Ein Odometriefehler liegt genau dann vor, wenn das Antriebssystem eine andere zurückgelegte Distanz meldet als tatsächlich zurückgelegt wurde. Dieser Fehler tritt sehr ausgeprägt auf, z.B. wenn die Antriebsräder durchdrehen (rutschiges oder steiles Gelände). Ein Odometriefehler ist nicht direkt zu erkennen und äußert sich nur in der Diskrepanz zwischen Wahrnehmung und angenommener zurückgelegter Wegstrecke. Im Rahmen der qualitativen egozentrischen Navigation kann ein Odometriefehler zur Folge haben, dass z.B. eine Transition nicht erkannt wird (noch nicht erreicht bzw. übersprungen).

Erdbeben (*quake*): *quake* beschreibt den für diesen Ansatz schwerstwiegendsten Fehler. Die zugrunde liegende intuitive Idee ist, dass der Untergrund so instabil ist, dass es in der Wahrnehmung zu einer Vertauschung von Landmarken kommt. Die Ursache kann entweder darin begründet liegen, dass der Roboter sich auf instabilem Untergrund bewegt, z.B. Kies oder Rasen. Die Häufigkeit des Auftretens dieser Fehlerklasse hängt entscheidend vom spezifischen Szenario ab. Da der in dieser Arbeit entwickelte Ansatz ausschließlich auf Reihenfolgeinformationen basiert, ist die *quake*-Fehlerklasse für jeden auf Ordnungsinformationen basierenden Ansatz besonders kritisch. Der einstellbare Wert beschreibt die *Häufigkeit*, mit der es zu einer fehlerhaften Vertauschung von Landmarken kommt.

Um die Fehlerrate präzise steuern zu können, bestimmt die Siumlationsumgebung zuerst die korrekte Wahrnehmung (*ground-truth*-Daten) und verfälscht diese in einem zweiten Schritt unter Berücksichtigung der jeweiligen angebenen Fehlerraten. Erst die systematisch verfälschte Perzeption wird an den navigierenden (Simulations-)Agenten weitergegeben. Die Beurteilung der verfälschten Wahrnehmung des Agenten kann auf diese Weise einfach mit den zugrunde liegenden korrekten Daten verglichen werden. Dieser Prozess wird bei jeder Wahrnehmung des Agenten angewendet. Im Gegensatz zu einem *echten* (d.h. nicht simulierten) Sensor sind die Sensorverrauschungen unsystematisch, d.h. die Kenntnis eines Wahrnehmungsfehlers zu einem Zeitpunkt $t-1$ lässt keine Schlüsse auf zukünftige Fehler zu. Dadurch, dass kein systematisches Fehlermodell verwendet wird, geht das hier spezifizierte Szenario in dieser Hinsicht über den Schwierigkeitsgrad physikalischer Szenarien hinaus[4]. Da das Verfahren Domänen- und Sensor-unabhängig getestet werden soll, werden keinerlei Optimierungen vorgenommen. Die möglichen Optimierungen, insbesondere Optimierungen bzw. Verbesserungen die bei anderen Verfahren zum Einsatz kommen und ihre Auswirkungen auf das in dieser Arbeit entwickelte Verfahren werden im letzten Abschnitt dieses Kapitels ausführlich diskutiert[5].

Die in Abbildung 6.6 dargestellten Parameter beschreiben nur eine Teilmenge der tatsächlich konfigurierbaren Parameter. Um zu statistisch relevanten Aussagen zu kommen, ist es erforderlich, auch bei komplexen Navigationsszenarien eine Vielzahl von Durchläufen durchführen zu können. Daher gibt es für die Simulation neben der graphischen interaktiven Steuerung auch die Möglichkeit, Testszenarien

---

[4]Sensorfehlermodelle haben einen wesentlichen Einfluss auf die Qualität eines verwendeten Navigationsverfahrens (z.B. im Rahmen der MCL, siehe z.B. [TFBD01]).

[5]D.h. es werden auch einfache Optimierungen, die sich zum großen Teil mit minimalen Aufwand realisieren lassen, nicht angewendet. Da z.B. die Wahrnehmungen zufallsgesteuert generiert werden, lassen sich die Ergebnisse (auf einfache Weise) optimieren, indem von jeder Position die vollständigen Wahrnehmungen gemittelt werden. Noch weitreichendere Verbesserungen lassen sich ereichen, wenn das kontinuierliche Bewegungsmuster der Landmarken verwendet würde: Bevor sich zwei Landmarken vertauschen, bewegen sie sich monoton aufeinander zu (noch genauer: mit monoton steigender Geschwindigkeit bei der Annäherung und mit monoton sinkender Geschwindigkeit bei der Distanziierung nach einer Vertauschung. Da es sich hierbei ebenfalls um domänenunabhängige Constraints handelt, die jedoch ergänzend die Übergangsphase *zwischen* verschiedenen qualitativen Zuständen beschreiben, sind sie bei der Plausibilitätsprüfung einer verrauschten Wahrnehmung in hohem Maße hilfreich (indem sie die Plausibilität der Historie detaliierter zu beschreiben erlauben).

in einem Batch-Modus ohne Verwendung einer graphischen Benutzeroberfläche
beliebig häufig in einem gegebenen Rahmen automatisch generieren und simulieren zu lassen. Dieser Modus bildet auch die Grundlage der im nächsten Kapitel
beschriebenen Validierung.

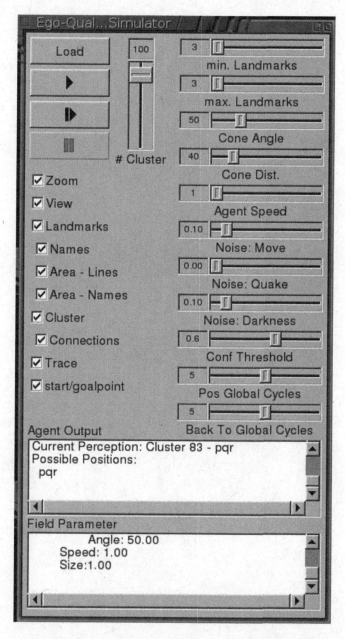

Abbildung 6.6: Konfigurierbare Optionen von *QSNAPNAV-CSP*

7 Validierung mit *QSNAPNAV-SIM*

7.1 Zielsetzung

In Kapiteln 4 und 5 wird formal nachgewiesen, dass die egozentrische Wahrnehmung von Ordnungsinformationen hinreichend für eine eindeutige *qualitative* Lokalisierung ist. Darauf basierend wird in Kapitel 5 ein formales Framework spezifiziert, welches beschreibt *wie* mit unvollständigen und/oder falschen Wahrnehmungen robust navigiert werden kann. In diesem Kapitel soll im Rahmen der Simulation mit *QSNAPNAV-SIM* empirisch bestimmt werden, bis zu welchem Grad mit unvollständigen und verrauschten Informationen navigiert werden kann. Ziel der Simulation mit *QSNAPNAV-SIM* ist nicht die Modellierung einer möglichst optimalen Navigation, sondern eine möglichst domänen- und sensor-unabhängige Simulation. Daher werden keine Optimierungen vorgenommen, die eine spezielle Domäne oder eine spezielle Sensorik voraussetzen.

Als Bewertungskriterien gelten:

Zielerreichung: Häufigkeit des Erreichens des Navigationsziels

Optimalität: Länge des zurückgelegten Pfades in Relation zum kürzesten Pfad

Robustheit: Robustheit:

1. Häufigkeit des Erreichens des Navigationsziels in Relation zum prozentualen Grad an falscher und unvollständiger Wahrnehmung

2. Häufigkeit des Erreichens des Navigationsziels nach einer vollständigen Desorientierung des navigierenden Roboters (*kidnapped robot*-Problem)

7.2 Rahmenbedingungen

7.2.1 Qualitative vs. Quantitative Simulation

Die Simulation eines Navigationsverfahrens gliedert sich in zwei zentrale Aspekte,

1. Simulation der Bewegung und Bewegungsänderung und

2. Simulation der Wahrnehmung eines navigierenden Agenten

Beim Entwurf eines Simulators zur *qualitativen* Navigation stellt sich die Frage, welche der beiden zentralen Simulationsaspekte qualitativ und welche quantitativ simuliert werden sollten/müssen. Prinzipiell birgt jede *qualitative* Abstraktion innerhalb einer Simulation immanent die Gefahr einer signifikanten Simplifizierung einer ihrer Natur nach komplexen Aufgabe. Die Frage, welche Aspekte qualitativ und welche quantitativ simuliert werden sollten, erfordert daher eine differenzierte Festlegung. Da der in dieser Arbeit entwickelte Ansatz unmittelbar auf qualitativen Repräsentationen beruht, ist zumindest die Generierung einer qualitativen Ordnungsrepräsentation unumgänglich. Prinzipiell bieten sich zwei Möglichkeiten an:

1. *a priori*: Die direkte Generierung einer qualitativen Repräsentation ohne Rekurrenz auf eine quantitative sensorische Repräsentation, oder

2. *a posteriori*: die indirekte Generierung einer qualitativen Repräsentation auf der Basis einer quantitativen sensorischen Repräsentation

Um durch die qualitative Abstraktion der Wahrnehmung auf qualitative Sichten und damit implizit der Ausklammerung einer sekundären Generierung qualitativer Informationen aus quantitativen sensorischen Informationen keine relevante Vereinfachung der Navigationsaufgabe einzuführen, wird im Rahmen der Simulation *nicht* davon ausgegangen, dass dieser Prozess fehlerfrei oder vollständig durchgeführt werden kann. Auf diese Weise führt die qualitative Simulation der Wahrnehmung zwar zu einer vereinfachten Simulation, nicht aber zu einer vereinfachten Simulations*aufgabe*.

Mit einer ähnlichen Fragestellung gilt es, sich beim Entwurf der Simulation von Bewegung auseinander zu setzen. Die Abstraktion von einer kontinuierlichen quantitativ annotierten Bewegungsbeschreibung kann im Rahmen eines qualitativen Navigationsverfahrens nur in einem Sinne interpretiert werden: statt Bewegung als eine kontinuierliche Sequenz zweidimensionaler euklidischer Koordinaten zu beschreiben, werden qualitative Transitions- und/oder Wahrnehmungspositionen verwendet. Dieser Abstraktionsprozess würde im Gegensatz zur Simulation der Wahrnehmung nicht nur zu einer Vereinfachung der Simulation, sondern auch der Navigationsaufgabe führen, da es unter diesen Bedingungen nicht mehr nötig wäre zu erkennen, wann eine Transition stattfindet (im Rahmen einer qualitativen Beschreibung von Bewegung würde sich ein Roboter automatisch nach jedem (qualitativen) Navigationsschritt in der nächsten (qualitativen) Region wiederfinden.). Der Erkennung einer Transition kommt jedoch im Rahmen eines qualitativen Ansatzes eine besondere Rolle zu. Insbesondere falsche Wahrnehmungen können in der Praxis dazu führen, dass entweder eine Transition nicht erkannt wird oder aber zu einem Zeitpunkt eine Transition angenommen wird, die nicht mit der physikalischen Wirklichkeit korrespondiert. D.h. die Entscheidung, ob eine (qualitative) Transition stattgefunden hat, ist kontinuierlich zu treffen. Um diese Problemstellung nicht auszuklammern, erfolgt die Bewegung innerhalb der Simulation von *QSNAPNAV-SIM* quantitativ.

7.2.2 Optimalität vs. Domänen- und Sensorunabhängigkeit

Um die Fehlerrate präzise steuern zu können, generiert die Siumlationsumgebung zuerst die korrekte Wahrnehmung (die *ground-truth*-Daten) und verfälscht diese in einem zweiten Schritt unter Berücksichtigung der jeweiligen angebenen Fehlerraten und Fehlertypen. Erst die systematisch verfälschte Perzeption wird an den navigierenden (Simulations-)Agenten weitergegeben. Die Beurteilung der verfälschten Wahrnehmung des Agenten kann auf diese Weise einfach mit den zugrunde liegenden korrekten Daten (engl. *ground truth data*) verglichen werden. Dieser Prozess wird bei jeder Wahrnehmung des Agenten angewendet. Im Gegensatz zu einem *echten* (d.h. nicht simulierten) Sensor sind die Sensorverrauschungen zufallsgesteuert, d.h. die Kenntnis eines Wahrnehmungsfehlers zu einem Zeitpunkt $t-1$ lässt keine Schlüsse auf zukünftige oder vergangene Fehler zu. Dadurch, dass kein systematisches Fehlermodell verwendet wird, geht das hier spezifizierte Szenario in dieser Hinsicht über den Schwierigkeitsgrad physikalischer Szenarien hinaus[1]. Da das Verfahren domänen- und sensor-unabhängig getestet werden soll, werden keine Optimierungen angewendet. Die möglichen Optimierungen, insbesondere jene Optimierungen bzw. Verbesserungen, die bei anderen Verfahren zum Einsatz kommen sowie die zu erwartenden Auswirkungen auf das in dieser Arbeit entwickelte Verfahren werden im letzten Abschnitt dieses Kapitels ausführlich diskutiert[2]. Als einzige Zusatzinformation wird ein Richtungssensor (d.h. Kompass-

---

[1]Sensorfehlermodelle haben einen wesentlichen Einfluss auf die Qualität eines verwendeten Navigationsverfahrens (z.B. im Rahmen der MCL, siehe z.B. [TFBD01]).

[2]D.h. es werden auch keine Optimierungen, die sich mit minimalem Aufwand realisieren lassen, angewendet. Z.B., da die Wahrnehmungen vollständig zufallsgesteuert generiert werden, ließen sich die Ergebnisse auf einfache Weise optimieren, indem von jeder Position die Wahrnehmungen gemittelt werden. Noch weiter reichende Verbesserungen lassen sich erreichen, wenn das kontinuierliche Bewegungsmuster der Landmarken verwendet würde: Bevor sich zwei Landmarken vertauschen, bewegen sie sich monoton aufeinander zu (noch genauer: mit monoton steigender Geschwindigkeit bei der Annäherung und mit monoton sinkender Geschwindigkeit bei der Distanzierung nach einer Vertauschung. Die Verwendung dieser Informationen sind bei der Plausibilitätsprüfung einer verrauschten Wahrnehmung in hohem Maße hilfreich. Jedoch soll nicht allgemein angenommen werden, dass jeder Sensor in der Lage ist, neben Ordnungsinformationen dynamische Bewegungsinformationen zu erkennen).

Sensor) angenommen, da er unabhängig von der Ordnungssensorik robust und kosteneffizient eingesetzt werden kann. Die Informationen des Richtungssensors werden nur zur Vermeidung von Wiederholungsfehlern eingesetzt: Wenn ein navigierender Agent aufgrund einer falschen Ordnungswahrnehmung von einem Cluster zu einem anderen wechselt, wird die Richtungsinformation dazu verwendet, dass der fehlerhafte Clusterwechsel nicht ein zweites Mal fehlerhaft vollzogen wird.

7.3 Test-Konfigurationen und Testspezifikationen

Das Simulationstool *QSNAPNAV-SIM* erlaubt eine weitreichende Konfiguration des Testszenarios. Alle Parameter lassen sich über eine Konfigurationsdatei separat konfigurieren. Im folgenden wird ein Überblick über die zentralen Parameter gegeben.

Anzahl der Cluster: Gibt die Anzahl der Cluster im Testszenario an. Die Testszenarien werden dynamisch zur Laufzeit konfiguriert. Dieser Parameter erlaubt die Kontrolle über die Komplexität des Szenarios. Da es, um Endlosnavigationen zu vermeiden, eine Abbruchbedingung gibt, die bestimmt wann ein Navigationsversuch als erfolglos abgebrochen wird, hat die Wahl dieses Parameters signifikanten Einfluss auf das Ergebnis. Als Defaultwert für die folgenden Testreihen werden jeweils *100 Cluster* gesetzt.

Minimale Distanz zwischen Clustern: Beschreibt die minimale quantitative Distanz zwischen verschiedenen Clustern. Dieser Parameter ist besonders relevant in Zusammenhang mit der Sichtweite (s.u.). Der Parameter ist so gesetzt, dass ein navigierender Agent prinzipiell alle Landmarken eines Clusters sehen kann, aber nicht notwendigerweise die benachbarten Cluster. Dies kann auch bei unverrauschten Sensordaten zu Navigationsfehlern führen, da über die Navigationsrichtung, die zum nächsten Cluster führt, keine Annahmen gemacht werden.

Maximale Distanz zwischen Clustern: Beschreibt entsprechend die maximale Distanz zwischen den Clustern.

Maximaler Radius des Clusters: Gibt die maximale Distanz zwischen den Landmarken eines Clusters an. Der Wert ist so konfiguriert, dass prinzipiell jede Landmarke innerhalb eines Clusters von dem navigierenden Agenten erkannt werden kann. Dieser Wert ist in Abhängigkeit von der Sichtweite des Agenten zu konfigurieren.

Minimaler Radius des Clusters: Gibt komplementär den minimalen Radius der Landmarken eines Clusters an.

Maximale Anzahl der Landmarken innerhalb eines Clusters: Da das in dieser Arbeit entwickelte Verfahren keinen prinzipiellen Beschränkungen der Anzahl der Landmarken unterworfen ist, kann über diesen Parameter die maximale Anzahl angegeben werden. Die benötigten Constrainttabellen für die jeweilige Landmarkenkonfiguration müssen jeweils vorliegen (Die Generierung der Constrainttabellen geschieht automatisch nach visueller Angabe der Konfiguration durch den Anwender (s. Kapitel 6)). Für die folgenden Testreihen gilt ein Wert von 4 Landmarken pro Cluster.

Minimale Anzahl der Landmarken innerhalb eines Clusters: Der komplementäre Wert. Zur einheitlichen Bewertung des Ergebnisses ist dieser Wert ebenfalls auf vier gesetzt. Dadurch ist sichergestellt, dass jede Verrauschung der Wahrnehmungen auf die gleiche Anzahl von Landmarken angewendet wird. Prinzipiell können auch komplexere Landmarkenkonfigurationen gewählt werden. Die Erstellung der entsprechenden Constrainttabellen erfolgt nach den Maßgaben des Anwenders automatisch.

Sichtwinkel: Beschreibt den frei konfigurierbaren Sichtwinkel des Agenten. Der Sichtwinkel ist für die folgenden Testserien auf 90^0 beschränkt.

Sichtweite: Gibt die Sichtweite des navigierenden Agenten in quantitativen Parametern des Bezugssystems an. Die Beschränkung der Sichtweite erlaubt dem Agenten nicht, von einem aktuellen Cluster aus ein anderes Cluster (vollständig) zu erkennen, ermöglicht es ihm aber prinzipiell (d.h. im Falle einer unverrauschten Wahrnehmung), alle Landmarken des aktuellen Clusters zu erkennen.

Bewegungsgeschwindigkeit: Beschreibt die Bewegungsgeschwindigkeit des Agenten.

Größe des Agenten: Beschreibt die Größe des Agenten im quantitativen Referenzsystem.

Grad der Verrauschung der Bewegungsinformationen: Mittels dieses Parameters lassen sich die Odometrieinformationen des Agenten gezielt *verrauschen* (im folgenden *walk noise*). Der zulässige Parameterintervall reicht dabei von 0.0 - 0.9. Ein Parameterwert von 0.4 hat z.B. zur Folge, dass die Odometrie-Informationen in 40% der Fälle die Informationen verfälscht werden.

Grad der Verrauschung der Wahrnehmungsinformationen (*quake*):
Ordnungsinformationen lassen sich in zwei Weisen verrauschen: (1) Verrauschung der Reihenfolgeinformation und (2) Verrauschung der Identität von Landmarken. Erstere Fehlerklasse wird mit *quake* beschrieben. Hierbei werden Landmarken miteinander vertauscht. Der Grad der Verrauschung lässt sich über ein Intervall von 0.0 - 0.9 steuern. Der gewählte Wert bezeichnet die *Häufigkeit*, mit der die Landmarken vertauscht werden. Bei jedem Verfälschen der Wahrnehmungen werden zwei beliebige Landmarken miteinander vertauscht.

Grad der Verrauschung der Wahrnehmungsinformationen (*darkness*):
Dieser Parameter steuert komplementär die Verrauschung der Identifikation von Landmarken. Dies hat zur Folge, dass vom navigierenden Agenten die auf diese Weise verrauschten Landmarken zwar erkannt, nicht aber identifiziert werden können. Die Steuerung der Verrauschung erfolgt wie bei den beiden zuvor beschriebenen Fehlertypen.

Globale Konfidenz: Durch die Verrauschungen stimmen die Wahrnehmung des navigierenden Agenten nur partiell überein mit der modellbasierten Vorhersage, die sich aus den Ordnungstopologien ergibt überein. Mittels dieses Parameters lässt sich der erforderliche Grad der Übereinstimmung festlegen, um eine Wahrnehmung als korrekt klassifizieren zu können (Details zur Konfidenzheuristik siehe Kapitel 5). Dieser Parameter legt die erforderliche Konfidenz im Rahmen der *globalen Lokalisierung* fest.

Transformationskonfidenz: Über diesen Parameter lässt sich entsprechend die erforderliche Konfidenz bei der Wahrnehmung von Vertauschungsinformationen im Rahmen des *Positionstracking* festlegen.

Schwellwert Positionstracking: Anzahl der akzeptierten Wahrnehmungen, die unter dem Transformationskonfidenzwert liegen, bevor zur globalen Lokalisierung gewechselt wird.

Schwellwert Globale Lokalisierung: Anzahl der akzeptierten Wahrnehmungen die unter dem globalen Konfidenzwert liegen, bevor die aktuelle Postionshypothese verworfen wird.

Richtungsinformationen: Bool'scher Parameter, der angibt, ob Richtungsinformationen aus bereits falsch verfolgten Navigationspfaden gespeichert und wiederverwendet werden dürfen. Dieser Parameter ist im Fortlauf der Experimente auf *true* gesetzt, d.h. wenn ein Agent bereits einmal einen falschen

Clusterwechsel vorgenommen hat, könnte er den Fehler potentiell wiederholen, wenn er glaubt, an der gleichen Position zu sein. Durch das Setzen dieses Parameters wird insbesondere ein Oszillieren zwischen verschiedenen Clustern unterbunden. In der Praxis lässt sich diese Information unmittelbar aus einem Richtungssensor (z.B. Kompass) ableiten. Es wird ein einfacher Kompass mit 16 ordinalen Werten verwendet.

Anzahl *Kidnapped robot*: Gibt die Anzahl der *Entführungen* (im folgenden der englische Begriff *kidnapping*) des navigierenden Agenten an. Ein Kidnapping besteht darin, dass der navigierende Agent während der Lösung seiner aktuellen Navigationsaufgabe an eine andere Stelle verschoben wird. Ziel ist es, innerhalb des gesetzten Rahmens zu erkennen, dass sich der Agent nicht mehr an dem angenommenen Ort befindet. Ist dies erkannt worden, wird eine neue *globale Lokalisierung* gestartet und von dort ein neuer Navigationspfad berechnet. Dieser Parameter ist ein Sollwert, der in Einzelfällen, insbesondere bei größeren Zahlen, nicht immer erreicht wird, da der Agent zu nicht-deterministischen Zeitpunkten *entführt* wird und potentiell das Ziel bereits vorher erreicht oder der Versuch erfolglos abgebrochen wurde.

7.3.1 Ground Settings

Das konkrete Testszenario wird dabei im Rahmen der Testspezifikation für jeden Test zufällig generiert. Jedes Testszenario besteht dabei aus einem Szenario mit 100 verschiedenen Clustern. Jeder Cluster kann von mindestens einem Cluster aus erreicht werden, und von jedem Cluster aus kann jeder andere Cluster mindestens auf einem Weg erreicht werden. Die Distanz der Cluster variiert dabei zwischen 50-80 bei einer Sichtweite des Agenten von 40. D.h. es ist dem navigierenden Agenten nicht möglich von einem aktuellen Cluster aus einen anderen Cluster zu identifizieren, ohne selbst zu diesen zu navigieren. Der Abstand der Landmarken innerhalb eines Clusters liegt zwischen 10-15 und erlaubt es dem navigierenden Agenten prinzipiell (d.h. ohne Verrauschung) alle Landmarken einer Konfiguration von einer beliebigen Position aus zu erkennen. Die Navigation des Agenten erfolgt stets auf einer Kreisbahn mit festem Radius um die Landmarkenkonfiguration. Ebenso wie die Sichtweite wurde der Sichtwinkel des Agenten auf 45^0 beschränkt. D.h. auch wenn jede Landmarke eines Clusters innerhalb der Sichtweite des Agenten liegt, können aufgrund der Sichtwinkelbeschränkung nicht zu jedem Zeitpunkt alle Landmarken von einer gegebenen Blickrichtung aus erkannt werden. Als einzige Vereinfachung für den navigierenden Agenten wurde eine einfache Kompassfunktion eingeführt, die es dem Agenten erlaubt, einen bereits erkannten fehlerhaften Clusterwechsel nicht oszilierend zu wiederholen[3]. Während der Navigation werden dem Agenten grundsätzlich nur die reinen Ordnungsinformationen zur Verfügung gestellt ohne die ordinalen Distanzen zwischen den Landmarken, so dass es nicht möglich ist, die *reale* kontinuierliche Bewegung der Landmarken aufeinander zu bzw. voneinander weg zu beobachten[4]. Start- und Zielpunkt der Navigation werden so gewählt, dass eine vergleichbare maximale Distanz (gemessen an der Anzahl der Cluster) besteht. Da das Ziel des Agenten nicht darin besteht, einen optimalen Pfad zwischen Start und Ziel zu finden (sondern darin diesem zu folgen) und um die Optimalität des Navigationspfades des Agenten empirisch bewerten zu können, wird der optimale Pfad zwischen Start- und Zielpunkt mittels des A^*-Algorithmus berechnet. Erkennt der Agent während der Navigation, dass er sich nicht mehr auf dem berechneten Lösungspfad befindet, wird zur Laufzeit ein neuer optimaler Pfad berechnet. Zur Bewertung des Navigationspfades des Agenten wird jedoch grundsätzlich die initial berechnete Pfadlänge verwendet (da der Agent ansonsten immer ein optimales Ergebnis erreichen würde.). Die hier beschriebenen allgemeinen Parameterkonfigurationen sind gültig für alle folgenden Testreihen. Als Übersicht und als vollständige Darstellung siehe Tabelle 7.3.1.2 und 7.1.

7.3.1.1 Testreihe 1: *Verrauschung*

In der Testgruppe 1 werden die Auswirkungen der oben spezifizierten Fehlerklassen auf das Navigationsverfahren untersucht: *Quake*-Fehler, *Darkness*-Fehler und Bewegungsverrauschung (im folgenden *Walknoise*). Zu jeder dieser Fehlerklassen wurde ein Test-Set spezifiziert (Test-Set 1.1 - 1.4, siehe Tabelle 7.1), bestehend aus jeweils zehn Tests, die jeweils 500 mal durchlaufen werden. Im ersten Test-Set 1.1 dieser Gruppe wurde systematisch eine *Verrauschung* der Odometrieinformationen durchgeführt; dabei wurde die Fehlerrate systematisch von 0.0 - 0.9 variiert. In der Testgruppe 1.2 wurde nach dem gleichen Prinzip eine Verrauschung der Reihenfolgeinformationen (*Quake*) durchgeführt, wobei wiederum für jeden

---

[3]Wenn der navigierende Agent aufgrund einer fehlerhaften Positionseinschätzung einen fehlerhaften Clusterwechsel durchführt, *merkt* er sich die Richtung, von der aus er den Clusterwechsel durchgeführt hat, so dass er in der gleichen Situation nicht wieder den gleichen fehlerhaften Clusterwechsel durchführen wird.

[4]Hierbei handelt es sich um eine sehr restriktive Beschränkung, da bei der Verwendung einer realen Sensorik davon ausgegangen werden kann, dass unvermeidlich nicht nur qualitative Zustandsänderungen erkannt werden. Diese Information würde, wie in der abschließenden Diskussion dieses Kapitels ausführlicher besprochen, zu einer erheblichen Verbesserung der Simulationsergebnisse führen.

möglichen Verrauschungsgrad von 0.0 - 0.9 500 Testreihen (in 0.1'er Schritten) durchgeführt wurden. In Testgruppe 1.3 wurden entsprechend systematisch die *Darkness*-Fehlerrate von 0.0 - 0.9 wiederum mit jeweils 500 Testreihen getestet, und in Testreihe 1.4 wurde schließlich eine systematische Verrauschung aller drei Fehlerklassen parallel durchgeführt. D.h., eine Fehlerrate von z.B. 0.3 verrauscht in 30% der Fälle sowohl die Odometrieinformationen als auch die Reihenfolgeinformationen und auch die Vollständigkeit der Wahrnehmungen.

7.3.1.2 Testreihe 2 und Testreihe 3: *Kidnapped Robot*-Szenarien bei Odometrie- oder *Quake*-Fehlern

In der Testreihe 2 wird untersucht, inwieweit das *Kidnapped Robot*-Problem unter Verrauschung der Odometrieinformationen gelöst werden kann. In der Testreihe 3 wird entsprechend untersucht, inwieweit das *Kidnapped Robot*-Problem unter *Quake*-Fehlern gelöst wird. Beide Testreihen bestehen aus jeweils drei Testgruppen. Bei der ersten Testgruppe des jeweiligen Sets (2.1 bzw. 3.1) tritt nur ein einzelnes *Kidnapped Robot*-Problem auf, in der zweiten Testgruppe (2.2 bzw. 3.2) wird der Roboter dreimal von seiner Position entfernt, und in den dritten Testgruppen (2.3 bzw. 3.3) werden fünf *Kidnappings* des navigierenden Roboters durchgeführt. Jede dieser Testgruppen besteht wie die Testreihe 1 aus zehn einzelnen Tests in denen die jeweilige Fehlerrate inkrementell von 0.0 bis 0.9 erhöht wird. Jeder dieser einzelnen Tests wird wiederum 500 mal durchgeführt.

Testlauf	Cluster-Anzahl	Distanz zw. Cluster	Radius der Cluster	Anzahl der LM	Sichtwinkel (in Grad)	Sicht-weite	Geschwin-digkeit	Kompass	Agentdistanz zum Cluster	Cluster-Startposition verwenden
Test-Set 1.1	100	50-80	10-15	4	50	40	1	ja	∞	1
Test-Set 1.2	100	50-80	10-15	4	50	40	1	ja	∞	1
Test-Set 1.3	100	50-80	10-15	4	50	40	1	ja	∞	1
Test-Set 1.4	100	50-80	10-15	4	50	40	1	ja	∞	1
Test-Set 2.1	100	50-80	10-15	4	50	40	1	ja	∞	1
Test-Set 2.2	100	50-80	10-15	4	50	40	1	ja	∞	1
Test-Set 2.3	100	50-80	10-15	4	50	40	1	ja	∞	1
Test-Set 3.1	100	50-80	10-15	4	50	40	1	ja	∞	1
Test-Set 3.2	100	50-80	10-15	4	50	40	1	ja	∞	1
Test-Set 3.3	100	50-80	10-15	4	50	40	1	ja	∞	1

Tabelle 7.1: Parameterkonfiguration der Testszenarien 1.1 -3.3: Szenariengenerierung

	WaitGlobal	BackToGlobal	GlobalConf	TransConf	Walk Noise	Quake Noise	Dark Noise	Kidnapped
Test-Set 1.1	2	1	0,6	0,6	0,0 - 0,9	0	0	0
Test-Set 1.2	2	1	0,6	0,6	0	0,0 - 0,9	0	0
Test-Set 1.3	2	1	0,6	0,6	0	0	0 - 0,9	0
Test-Set 1.4	2	1	0,6	0,6	0,0 - 0,9	0,0 - 0,9	0,0 - 0,9	0
Test-Set 2.1	2	1	0,6	0,6	0,0 - 0,9	0	0	1
Test-Set 2.2	2	1	0,6	0,6	0,0 - 0,9	0	0	3
Test-Set 2.3	2	1	0,6	0,6	0,0 - 0,9	0	0	5
Test-Set 3.1	2	1	0,6	0,6	0	0,0 - 0,9	0	1
Test-Set 3.2	2	1	0,6	0,6	0	0,0 - 0,9	0	3
Test-Set 3.3	2	1	0,6	0,6	0	0,0 - 0,9	0	5

Tabelle 7.2: Parameterkonfiguration der Testszenarien 1.1 -3.3: Navigationsparameter

7.4 Simulationsergebnisse

Die zentrale Anforderung an ein Verfahren zur Navigation und Lokalisierung ist die Robustheit gegenüber verrauschten und/oder fehlenden Sensordaten. In der Testreihe 1 (Test-Sets 1.1 - 1.4) wurde die Robustheit des in dieser Arbeit entwickelten Verfahrens anhand von drei unterschiedlichen, kontrollierten Fehlerbedingungen simuliert (siehe Abb. 7.1)[5]. Unter allen drei simulierten Fehlerbedingungen zeigt sich ein sehr robustes, aber in Abhängigkeit vom Fehlertyp variierendes Verhalten. So ist zu beobachten, dass falsche Odometrieinformationen praktisch keinen Einfluss auf das Navigationsverfahren haben. Selbst bei einer Fehlerrate von 100% wird in praktisch jedem Fall das Ziel erreicht. Da Odometrieinformationen, abgesehen von der Navigationsrichtung (im bzw. gegen den Uhrzeigersinn) keine Rolle spielen, werden mögliche quantitative Wahrnehmungsfehler durch die qualitative Ordnungsabstraktion unmittelbar ausgeglichen[6].

Dem gegenüber haben die Fehlerklassen *Quake* und *Darkness* einen deutlich stärkeren und deutlich differenzierbaren Einfluss auf die Erreichung des Ziels. Da das hier entwickelte Verfahren ausschließlich auf Ordnungsinformationen basiert, ist der durch *Quake* beschriebene Fehler, der Landmarken in der egozentrischen Wahrnehmung vertauscht, als am schwerstwiegenden einzuschätzen. Auch hier zeigt sich das Verfahren als ausgesprochen robust. In den Fehlerbereichen von $10\% - 50\%$ wird in $92,8\% - 87,6\%$ der Fälle leicht monoton fallend das Ziel innerhalb der gesetzten Grenzen (d.h. zulässige Abweichung vom optimalen Pfad) erreicht. Ab einer Fehlerrate von 60% beginnt die Erfolgsrate deutlicher abzufallen, wobei selbst bei einer Fehlerrate von 80% das Ziel immer noch in $5,4\%$ der Fälle erreicht wird.

Der zweite Fehlertyp *Darkness* simuliert das Phänomen fehlender Informationen. Durch diesen Fehlertyp wird die Landmarkenerkennung unterdrückt. D.h. es wird zwar erkannt, dass sich an einer bestimmten Stelle eine Landmarke befindet, es kann jedoch nicht unmittelbar aus der Wahrnehmung bestimmt werden, um welche Landmarke es sich handelt. Auch gegenüber *Darkness*-Fehlern zeigt sich das Verfahren robust; die Kurve der Erfolge in Korrelation zur *Darkness*-Fehlerrate

---

[5]Die X-Achse bezeichnet in allen Diagrammen die entsprechende Fehlerrate.

[6]Ein *Nicht-Erreichen* des Ziels bedeutet nicht notwendigerweise, dass der navigierende Agent mit der jeweiligen Fehlerrate generell nicht das Ziel erreichen wird bzw. kann. Um zufällige Erfolge zu minimieren, wird die Navigation des Agenten ab einem fixen Wert abgebrochen, der abhängig vom aktuellen Umweg ist. Höhere Toleranzwerte führen unmittelbar zu besseren Ergebnissen bei gleichzeitig längeren Umwegen. Die Abbruchschwelle wurde so gesetzt, dass in der Folge Umwege über ca. 250% des optimalen Weges nicht akzeptiert werden. Explizit gesteuert wird dieser Wert über die maximale Anzahl der Umrundungen um einen Cluster. Dabei ist nur die zurückgelegte Wegstrecke relevant und nicht, ob es sich wirklich um fünf vollständige Umrundungen handelt.

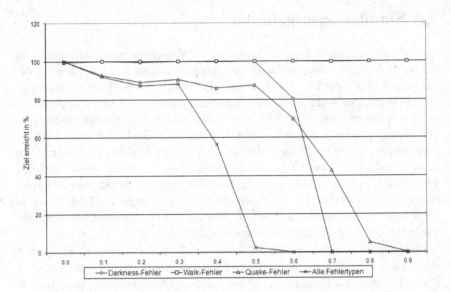

Abbildung 7.1: Testreihe 1.1 - 1.4: Zielerreichung unter variablen Fehlerbedingungen und variierenden Fehlerraten

unterscheidet sich signifikant von der *Quake*-Fehlerkurve. Bis zu einer Fehlerrate von 50% ist das Verfahren vollständig immun gegenüber *Darkness*-Fehlern. Bei einer Fehlerrate von 60% fällt die Erfolgsrate auf 80, 4% ab und ab einer Fehlerrate von 70% liegt die Erfolgsrate dann nur noch bei 0, 2% und ab einer Fehlerrate von 80% wird das Ziel nicht mehr erreicht.

Während die Erfolgsrate nur eine Bool'sche Aussage über die Qualität des Verfahrens erlaubt, geben die in Abhängigkeit zu Fehlerrate und Fehlertyp redundanten, d.h. zusätzlich zum optimalen (d.h. kürzesten) Pfad zurückgelegte Distanzen präziser Auskunft über die Auswirkungen von falschen Informationen (siehe Abbildung 7.2). Ähnlich wie bei den Erfolgsraten in Korrelation zu den Fehlertypen und -ausprägungen ergeben sich bei der (prozentualen) Abweichung vom optimalen Pfad unterschiedliche Kurvenverläufe. Eine Verrauschung der Odometrieinformationen hat keinen erkennbaren Einfluss auf die Qualität (Optimalität) des Navigationsverfahrens. Im Gegensatz dazu zeigen sich bei *Darkness*- und *Quake*-Fehlern signifikante Abhängigkeiten. Während die Erfolgsrate bei *Quake*-Fehlern im Bereich zwischen 10% − 50% nahezu konstant ist, steigt die zurückgelegte Wegstrecke fast linear an. Fehler scheinen im Fall von *Quake*-Verrauschung durch längere Wege bei maximal mittleren Verrauschungen kompensiert werden zu kön-

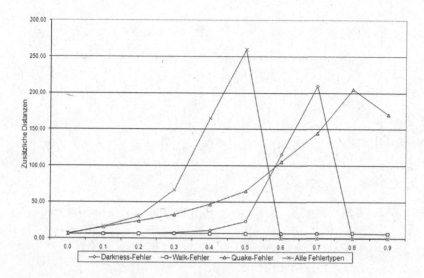

Abbildung 7.2: Testreihe 1.1 - 1.4: Optimalität - Zusätzliche Wegstrecke unter variablen Fehlerbedingungen und variierenden Fehlerraten

nen. Ab einer Fehlerrate von 60% nehmen die zurückgelegten Distanzen deutlich schneller, aber immer noch linear zu. Bei *Darkness*-Fehlern treten bis zu einer Fehlerrate von 40% praktisch keine zusätzlichen Distanzen auf; steigen jedoch im Bereich von 50% − 70% um fast 200% an.

Die Interpretation der zusätzlich zurückgelegten Distanzen ist jedoch in Korrelation zu der steigenden Fehlerrate nur partiell möglich. Da die zusätzlich zurückgelegten Distanzen nur bei erfolgreichen Versuchen in die Bewertung einfließen, verringert sich die zugrunde liegende Datenbasis bei steigender Fehlerrate signifikant. So erreicht ein navigierender Agent bei einer *Darkness*-Fehlerrate von 70% nur noch in 0.2% der Fälle das Ziel, d.h. bei 500 Testläufen ca. zweimal. In den wenigen Fällen in denen es dem Agenten gelingt, das Ziel zu erreichen, ist der Umfang der zusätzlich zurückgelegten Distanzen relativ gering. Eine sinnvolle Interpretation des Anstiegs an Optimalität (d.h. des geringeren Umfangs an zusätzlich zurückgelegter Distanz) besteht eher in der Annahme, dass ein navigierender Agent bei hohen Fehlerraten das Ziel nur dann erreicht, wenn die Fehlinterpretationen der Wahrnehmung nicht zu einer signifikanten Abweichung vom optimalen Pfad führen.

Interessante Ergebnisse liefert auch eine Analyse der vermittels der Bewertungs-

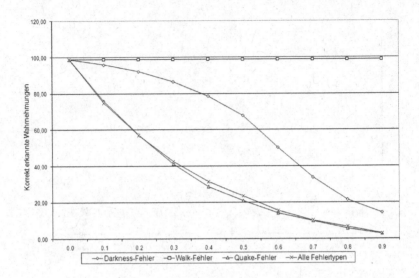

Abbildung 7.3: Testreihe 1.1 - 1.4: Korrekte Interpretation der Wahrnehmungen unter variablen Fehlerbedingungen und variierenden Fehlerraten

heuristik korrekt erkannten Wahrnehmungen (siehe Diagramm 7.4) in Korrelation zu den resultierenden Fehlerraten aus Diagramm 7.1. Bei den Verrauschungen der Odometrieinformationen (*Walknoise*) ergibt sich eine direkte Abbildung zwischen Korrektheit der Wahrnehmung und dem Erreichen des Ziels. Überraschender erscheinen die Kurvenverläufe bei *Darkness*- und *Quake*-Verrauschung. Während bei *Darkness*-Verrauschung die Korrektheit der Wahrnehmungen zunächst nur gering abnimmt in Relation zum Erreichen des Ziels, insbesondere bei geringer Verrauschung der Wahrnehmungen, kommt es bei der *Quake*-Verrauschung bereits bei geringen Fehlerraten zu einem deutlichen Anfall der korrekt erkannten Wahrnehmungen. Insbesondere für die *Quake*-Verrauschung zeigt sich, dass selbst bei einer Rate von nur 20,82% von korrekt erkannten Wahrnehmungen und bei einer Verrauschung von 50% das Ziel immer noch in über 80% der Fälle erreicht wird.

Insgesamt ergibt sich, dass bei jedem Grad der Verrauschung die Anzahl der korrekt erkannten Wahrnehmungen bei der *Quake*-Verrauschung deutlich unterhalb der *Darkness*-Verrauschung liegt. Damit stehen die korrekt erkannten Wahrnehmungen anscheinend in einem orthogonalen Verhältnis zum Erreichen des Ziels, da sich bei *Darkness*-Verrauschungen die Erfolgsrate signifikant schlechter darstellt als bei der *Darkness*-Verrauschung. Eine Erklärung liefert das Verhältnis zwischen Positionstracking und globaler Lokalisierung in Relation zur Fehlerrate in Diagramm 7.4.

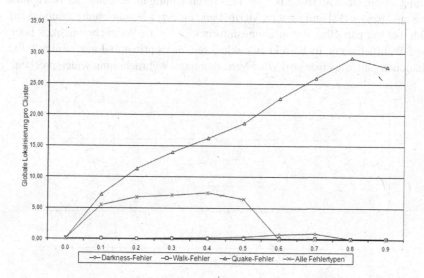

Abbildung 7.4: Testreihe 1.1 - 1.4: Positionstracking vs. globale Lokalisierung unter variablen Fehlerbedingungen und variierenden Fehlerraten

Ein navigierender Agent wechselt immer dann vom Positionstracking zur globalen Lokalisierung, wenn der *backtoglobal*-Wert überschritten wird. Bei *Quake*-Fehlern steigt die Verwendung der globalen Lokalisierung annähernd proportional zur Fehlerrate an. D.h. es wird im Rahmen des Positionstracking erkannt, dass die aktuelle Wahrnehmung nicht in Korrelation zur aktuellen Positionshypothese gebracht werden kann, woraufhin zur *globalen Lokalisierung* gewechselt wird. Obwohl ein ähnliches Verhalten auch bei *Darkness*-Fehlern vermutet werden könnte, zeigt sich eine fast vollständig flache Kurve mit einem Maximum von $0,94$ globalen Lokalisierungen pro Cluster. Daraus folgt, dass Fehlwahrnehmungen vom Agenten im Rahmen des Positionstracking offensichtlich nicht erkannt werden. Die Erklärung liegt in der Natur des *Darkness*-Fehlers. Der *Darkness*-Fehler impliziert, dass weniger Informationen (d.h. Landmarken) erkannt werden, was zur Folge hat, dass falsche Wahrnehmungen weniger leicht erkannt werden können, insbesondere da beim Positionstracking nur einfache Vertauschungsinformationen wie eine $2/3$- oder eine r/q-Vertauschung betrachtet werden. In der Folge kommt es zur falschen Anerkennung falscher Wahrnehmungen (englisch, *false positive*). Dieser Fehler tritt insbesondere deshalb relativ häufig auf, weil die Positionsvertauschungsinformationen selbst im Fall einer vollständigen Wahrnehmung ambig sind: So tritt z.B. eine 1/2-Vertauschung im Rahmen der Navigation um eine Rechteckskonfiguration viermal und eine q/s-Vertauschung zweimal auf. D.h. bei nur partieller Vertauschungsinformation ist die Wahrscheinlichkeit hoch, eine Wahrnehmung als korrekt zu deklarieren, da es prinzipiell nur wenige Informationen gibt, die einer *partiellen* Vertauschungs-Wahrnehmung widersprechen.

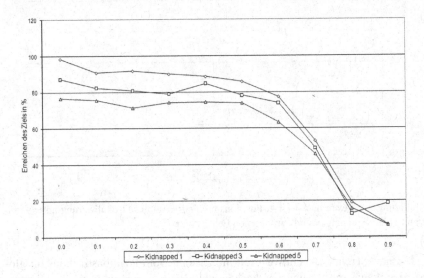

Abbildung 7.5: Testreihe 2.1 - 2.3: Zielerreichung bei 1-, 3- und 5- *Kidnapped Robot* Szenarien bei variierendem *Quake*-Fehler

Ein weiteres, in vielen Domänen wichtiges Kriterium zur Validierung eines Lokalisierungsverfahrens ist die Fähigkeit, das *Kidnapped-Robot*-Problem zu lösen. Im Rahmen der Simulation soll zum Einen gezeigt werden, dass das *Kidnapped Robot*-Problem gelöst werden kann und zum Anderen, welchen Einfluss es auf die Qualität des Lokalisierungs- und Navigationprozesses hat. In den Testreihen 2 und drei, mit den Test-Sets 2.1 − 2.3 und 3.1 − 3.3 wurde die Robustheit des Verfahrens unter variierenden Fehlerraten validiert. Dabei orientieren sich die Test-Sets 2.1 − 2.3 zur Vergleichbarkeit der Ergebnisse an Test-Set 1.2 und die Test-Sets 3.1 − 3.3 an Test-Set 1.1. Im Unterschied zu den den Test-Sets 1.1 und 1.2 wird der navigierende Agent zufallsgesteuert 1-, 3- oder 5-mal an eine andere Position versetzt.

In Diagramm 7.5 wird die Erfolgsrate bei 1-, 3- und 5-*Kidnappings* dargestellt. Bei der Navigation bei einem einzelnen *Kidnapping* zeigt sich nahezu keine Veränderung zum Kurvenverlauf ohne *Kidnapping* in Diagramm 7.1. Ab einer Anzahl von drei *Kidnappings* kommt es gegenüber einem einzelnen Kidnapping zu einer Abnahme der Erfolgsrate von ca. 10% bei Fehlerraten bis 0.4 Ab einer Fehlerrate von 0.5% bis hin zur kritischen Fehlerrate bei 0.7% nähern sich die Erfolgsraten mit einem Unterschied von weniger als 0.5% aneinander an. Wird die Anzahl der *Kidnappings* auf 5 erhöht, sinkt die Erfolgsrate deutlich geringer um ca. 5% gegenüber 3 *Kidnappings* im Gegensatz zur Differenz zwischen 1 und 3 *Kidnappings*. Es kommt bei keinem der *Kidnapping*-Szenarien zu einer signifikanten *qualitativen* Abweichung im Kurvenverlauf der Erfolgsrate.

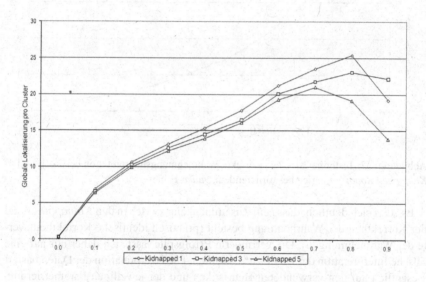

Abbildung 7.6: Testreihe 2.1 - 2.3: Positionstracking vs. globale Lokalisierung bei 2-, 3- und 5- *Kidnapped Robot* Szenarien bei variierendem *Quake*-Fehler

Noch geringere Unterschiede finden sich zwischen Anzahl der *Kidnappings* und der Häufigkeit des Wechsels zur globalen Lokalisierung in Diagramm 7.6. Mit zunehmender Fehlerrate vergrößert sich die Differenz zwischen der Anzahl der globalen Lokalisierungen und der Anzahl der *Kidnappings*. Dabei gilt, dass bei höherer Anzahl von *Kidnappings* die Anzahl der globalen Lokalisierungen fällt. Auch wenn die Daten bei den höheren Fehlerraten und den resultierenden geringeren

Erfolgsraten auf einer dünneren Datenlage basieren[7], lässt sich die Ursache für die etwas schlechtere Erfolgsrate bei *Kidnappings* ausmachen: falsch-positive Wahrnehmungen. Belegt wird diese Annahme durch die in Diagramm 7.7 dargestellte Abhängigkeit von korrekter Wahrnehmung und Anzahl der *Kidnappings*.

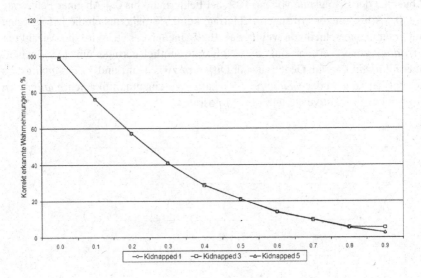

Abbildung 7.7: Testreihe 2.1 - 2.3: Korrekte Wahrnehmungsinterpretation bei 2-, 3- und 5- *Kidnapped Robot* Szenarien bei variierendem *Quake*-Fehler

Es zeigt sich deutlich, dass *kein* Zusammenhang zwischen den *Kidnappings* und der Korrektheit der Wahrnehmung besteht (praktisch identische Korrektheitswerte der Wahrnehmungen). Die verringerte Erfolgsrate lässt sich daher nur auf eine falsche Interpretation der Daten zurückführen. Die Interpretation der Daten basiert wesentlich auf den verwendeten Heuristiken und der jeweiligen Parametrierung. Ein deutliches Zunehmen der globalen Lokalisierung resultiert aus der Interpretation, dass die aktuellen Wahrnehmungen als nicht mehr hinreichend konsistent mit der aktuellen Lokalisierungshypothese erachtet werden. Der umgekehrte Fall des Abnehmens der globalen Lokalisierung resultiert daraus, dass die aktuellen Wahrnehmungen als hinreichend konsistent beurteilt werden. D.h. eine geringere Anzahl globaler Lokalisierungen bei gleicher Wahrnehmungsqualität ist darauf

---

[7]Die Anzahl der globalen Lokalisierungen pro Cluster wird auf der Basis der erfolgreichen Navigationsversuche berechnet, da der Abbruch bei einem fehlgeschlagen Navigationsversuch zu deutlichen Verfälschungen der Werte führen kann (z.B Abbruch aufgrund oszillierenden Springens zwei Positionen).

zurückzuführen, dass mehr Wahrnehmungen als korrekt akzeptiert werden. Da zudem die Erfolgsrate sinkt, ist dieser Effekt am plausibelsten auf eine Zunahme der falsch-positiven Wahrnehmungen zurückzuführen.

7.4.1 Zusammenfassende Bewertung

Ziel des Simulationstests ist der Nachweis der Anwendbarkeit des in dieser Arbeit entwickelten Ansatzes bei verrauschten und unvollständigen Informationen auf der Grundlage von reinen egozentrischen Ordnungswahrnehmungen. Zudem sollte überprüft werden, ob das *Kidnapped Robot*-Problem gelöst werden kann. Es konnte klar nachgewiesen werden, dass qualitative Navigation auf der Basis egozentrischer Ordnungsinformationen sowohl auf der Grundlage verrauschter wie auch unvollständiger Wahrnehmungen erfolgreich angewendet werden kann. Obwohl die erreichten Erfolgsraten für das Erreichen des Ziels relativ hoch sind, ist damit nur die Untergrenze der zur erreichenden Erfolgsraten beschrieben. Die zentrale Fehlerursache liegt in der vereinzelt mangelhaften Beurteilung von Wahrnehmungen. Da der aktuellen Simulation keine quantitativen Daten verwendet werden, können bei einer fehlerhaften aber plausiblen Wahrnehmung kaum Fehleinschätzungen erkannt werden. Zur Verdeutlichung ein Beispiel: der navigierende Agent befindet sich an einer Position *pqrs* und bewegt sich gegen den Uhrzeigersinn. Die nächste Position wäre *pqsr*. Aufgrund der Verrauschung der Wahrnehmungsinformationen kann es sowohl im Zuge des Positionstracking, als auch im Rahmen der globalen Lokalisierung zu plausiblen, aber falschen Interpretationen kommen: Angenommen der navigierende Agent befindet sich nach wie vor an der Position *pqrs*, durch die Verrauschung wird jedoch die Wahrnehmung *rs* beim Positionstracking vertauscht nach *sr*. In diesem Fall muss der navigierende Agent annehmen, dass er sich in der nächsten Region *pqrs* befindet. Obwohl diese Annahme nicht korrekt ist, besteht durch die Verrauschung eine gute Chance, dass nach mehreren eigentlich korrekten Wahrnehmungen (die jedoch nicht auf die nun falsche Positionshypothese passen) wieder eine Wahrnehmung generiert wird, die auf der Basis der aktuellen, falschen Positionshypothese korrekt erscheint. Da die Möglichkeit des Erkennens dieser falsch-positiven Interpretationen in Abhängigkeit von der Fehlerrate zufallsgesteuert ist, kommt es leicht zu einer erheblichen Anzahl redundanter Navigationsschritte und in der Folge zu einem Abbruch der Navigation. Zu sehr ähnlichen Szenarien kann es im Zuge der globalen Lokalisierung kommen, deren redundante Schritte sich mit denen des Positionstrackings aufaddieren und zu einem noch schnelleren Abbruch führen können. Das Phänomen der *falsch-positiven* Wahrnehmungen kann auf mindestens drei Faktoren zurückgeführt werden, die in einer physikalischen, nicht simulierten Anwendung mit realer Sensorik nicht auftreten werden:

1. Es wird kein Transitionsmodell verwendet.
2. Es wird kein Fehlermodell der Sensoren verwendet.
3. Landmarkenvertauschungen werden als diskrete, nicht-kontinuierliche Prozesse betrachtet.

Die ersten beiden Modelle werden in praktisch jedem Ansatz zur Navigation verwendet und sind z.B. integraler Bestandteil der *Monte-Carlo*-Lokalisierung. Das Transitionsmodell beschreibt die Wahrscheinlichkeit, von einer Position zu einer anderen zu gelangen. In einfacher qualitativer Form bieten der Positions- und der Transitionszyklus ein erstes Transitionsmodell. Da jedoch keinerlei quantitative Informationen verwendet werden, kann nicht genauer bewertet werden, wie *nahe* ein Agent an einer Vertauschung ist, um deren Plausibilität zu überprüfen. Wird auf einer zumindest groben Skalierung Bewegungsinformation in Beziehung gesetzt zu den quantitativen Distanzen zwischen den Landmarken, kann sehr viel präziser überprüft werden, ob eine *falsch-positive* Wahrnehmung tatsächlich korrekt ist. Die zweite zentrale Fehlerquelle ist das fehlende Fehlermodell der Sensorik. In der Simulation werden keinerlei Annahmen über das Verhalten des Sensors gemacht, d.h. er verhält sich gemäss des verwendeten Fehlertyps und der Fehlerrate chaotisch. Es kann somit zu keinem Zeitpunkt bewertet werden, ob eine Wahrnehmung auf einen charakteristischen Sensorfehler zurückgeführt werden kann. Ein zumindest einfaches Fehlermodell würde unmittelbar zu einer deutlichen Verringerung der *falsch-positiven* Wahrnehmungen führen. Von noch zentralerer Bedeutung ist jedoch der dritte Aspekt, der ebenfalls auf rein qualitativer Ebene beschrieben und bearbeitet werden kann. In der Simulation *QSNAPNAV-SIM* wird davon ausgegangen, dass es sich bei Ordnungsinformationen um direkte, qualitative Zustände handelt. In der Praxis wird jedoch nahezu jede Sensorik zumindest verrauschte Informationen über den Winkel-Abstand zwischen den Landmarken generieren, um deren Reihenfolge bestimmen zu können. Bevor Landmarken sich vertauschen, beschleunigen sie sich streng monoton wachsend aufeinander zu, bevor sich vertauschen, um nach der Vertauschung die Beschleunigung streng monoton zu verlangsamen bis es zur nächsten Beschleunigung und damit nächsten Vertauschung kommt. Diese ebenfalls qualitativen Constraints lassen sich komfortabel im Ansatz von [MV01] beschreiben (siehe [MW06]). Der wesentlich Gewinn dieser Informationen besteht darin, dass der Zeitpunkt der Landmarkenvertauschung nicht länger willkürlich ist, sondern anhand der Annäherungsgeschwindigkeiten der Landmarken exakt bewertet werden kann. *Falsch-positive* Wahrnehmungen können auf diese Weise weitgehend ausgeschlossen werden.

Eine weitere Verbesserung der Ergebnisse lässt sich erreichen, wenn Landmarkenvertauschungen und Positionswahrnehmungen kombiniert und nicht getrennt betrachtet werden. Aus der konzeptionellen Sicht ist die Unterteilung in Positionstracking, als lokales Navigationsverfahren zwar konsistent und logisch. In der Praxis werden, außer in Fällen hochspezialisierter Sensoren (z.B. einer Sensorik die nur Änderungen wahrnehmen kann), von einer Sensorik zu einem Zeitpunkt sowohl Vertauschungsinformationen wahrgenommen wie auch die Positionsinformationen. Damit entfiele der Wechsel zwischen Positionstracking und globaler Lokalisierung die innerhalb der Simulation von *QSNAPNAV-SIM* immer erst dann durchgeführt wird, wenn beim Positionstracking keine sinnvollen Daten mehr generiert werden können, und in der Folge bereits, mitunter zahlreiche redundante Schritte ausgeführt wurden.

Zusammenfassend hat die Simulation mit *QSNAPNAV-SIM* gezeigt, dass qualitative Navigation auf der Basis egozentrischer Ordnungsinformationen nicht nur prinzipiell möglich ist, sondern auch auf der Grundlage verrauschter und unvollständiger Wahrnehmungen robust realisiert werden kann. Da in der Simulation von *QSNAPNAV-SIM* keinerlei Annahmen über eine spezifische Sensorik gemacht werden sollten, gestaltet sich die Navigationsaufgabe unter dem Aspekt der zur Verfügung stehenden Informationen deutlich schwieriger als bei den aktuellen, erfolgreichen Anwendungen auf der Basis der *Monte-Carlo*-Lokalisierung und die erzielten Ergebnisse können als die untere Schranken des erreichbaren angesehen werden. Dennoch steht die qualitative Navigation auf der Basis egozentrischer Ordnungsinformationen nicht in unmittelbarer Konkurrenz zu den bestehenden Verfahren. Im Gegenteil eignet es sowohl als alleiniges Verfahren für ein breites Spektrum schwachstrukturierte Anwendungsdomänen (z.B. unter Verwendung artifizieller Landmarken) mit einer beschränkten Anforderung an die Präzision als auch als zusätzliches Verfahren in Kombination zu den bestehenden Methoden.

8 Diskussion und Ausblick

8.1 Diskussion und Zusammenfassung

Eine der zentralen Herausforderungen bei der Entwicklung autonomer Roboter ist neben der Lösung eines breiten Spektrums individueller Probleme von der Aktuatorik, über die Sensorik, Sensorfusion, Lokalisierung und Navigation, Vision bis hin zur Handlungsplanung und-Koordination die Integration der entwickelten Lösungen in ein einzelnes System. Unter dieser Zielsetzung betrachtet reicht es daher nicht aus *nur* das/ein Einzelproblem zu lösen, sondern es muss zudem angegeben werden können, wie eine entwickelte Lösung mit Lösungen aus anderen Bereichen erfolgreich interagiert. Diese Problemstellung spiegelt sich exemplarisch in der RoboCup-Domäne wider.

Navigation und Lokalisation gehören zu den fundamentalsten Aufgaben eines autonomen Roboters, unabhängig davon, ob er im *RoboCup-*, im Service- und/oder Entertainmentbereich eingesetzt wird. Aktuelle Verfahren wie die *Monte-Carlo-*Lokalisation und die *Kalman-Filter*-basierten Verfahren lösen Navigationsaufgaben oftmals mit hoher Präzision. Die Verarbeitung der im Rahmen der Lokalisation erzeugten räumlichen Repräsentationen gestaltet sich jedoch schwierig. Während sowohl die Monte-Carlo-, als auch die Kalmann-Filter-basierten Verfahren ein quantitatives probabilistisches Weltmodell erzeugen, benötigt die (grosse) Mehrzahl der in der KI entwickelten Verfahren zur Handlungsplanung und -Koordination ein qualitatives, nicht-probabilistisches Weltmodell. Insbesondere Methoden wie das *cased-based-reasoning* (CBR) (repräsentativ, [Lea00]) oder auch das *planning* [EHN94] bieten effiziente Lösungen für die prinzipiell hochkomplexe Problemklasse. Obwohl die Planung von komplexen Handlungen speziell für autonome Roboter im Service-, im Entertainment, im Edutainment oder auch in der RoboCup-Domäne von zentraler Bedeutung ist, können/werden diese Verfahren (von wenigen Ausnahmen) abgesehen nicht eingesetzt. Gleiches gilt für die zahlreichen insbesondere in den letzten zehn Jahren entwickelten qualitativen Inferenzverfahren , die es mindestens partiell erlauben, fehlendes räumliches Wissen zu erschließen (eine Übersicht findet sich in [CH01], spezielle aber dennoch repräsentative Paper siehe [CFH97] und [Fra96]). Um eine Integration auf höheren Ebenen zu ermöglichen, ist es erforderlich, qualitativ-räumliches Wissen zu generieren. Es bieten sich prinzipiell zwei Möglichkeiten an,

1. Generierung von qualitativ-räumlichen Wissen auf der Basis quantitativ-probabilistischer Daten oder
2. Generierung qualitativ-räumlichen Wissens unmittelbar aus der Wahrnehmung.

Die Generierung qualitativer Informationen auf der Basis einer probabilistisch annotierten quantitativen Repräsentation ist, bedingt durch die erforderliche Klassifikation in ein qualitatives Referenzsystem, ein aufwendiger und fehlerbehafteter Prozess, der daher in der Praxis (d.h. insbesondere im Bereich der Robotik) nicht oder nur eingeschränkt Anwendung findet. Eine andere Möglichkeit besteht in der unmittelbaren Ableitung qualitativen Wissen aus der Wahrnehmung. Doch auch hier tritt z.B. bei der Generierung qualitativ-metrischer Repräsentationen das Klassifikationsproblem auf. Eine Ausnahme bildet *egozentrisches Ordnungswissen*. Egozentrisches Ordnungswissen wird im egozentrischen Referenzsystem des Betrachters repräsentiert. Ordnungswissen unterscheidet sich in einer weiteren zentralen Hinsicht von metrischem Wissen: Ordnungswissen ist *a-priori* qualitativ (d.h. nicht graduierbar) und muss nicht aus einer quantitativen Beschreibung generiert werden[1]. Ein zentrales Problem, welches sich grundsätzlich für jede Art von generiertem qualitativ-räumlichen Wissen stellt, ist die Gewährleistung der Korrektheit und Vollständigkeit. Wahrnehmung kann prinzipiell nur in Relation zu externen Daten validiert werden; dies spiegelt sich auch in den aktuellen Ansätzen zur Lokalisierung und Kartenbildung wider. Es gilt: Position beschränkt Wahrnehmung und Wahrnehmung beschränkt Position. D.h. jede Wahrnehmung ist durch die zumindest näherungsweise Kenntnis der Position des Betrachters (innerhalb eines Referenzsystems) beschränkt. Umgekehrt beschränkt die Wahrnehmung die mögliche Position des Betrachters innerhalb des Referenzsystems. Wenn die Position eines Betrachters bekannt ist, kann seine zukünftige Wahrnehmung zwar kaum präzise vorhergesagt, d.h. verifiziert werden, wohl kann aber die Plausibilität validiert und eine Wahrnehmung ggf. falsifiziert werden. Durch dieses Wirkungsprinzip sind Perzeption und Lokalisierung eng miteinander verknüpft. Im Rahmen des in dieser Arbeit entwickelten Ansatzes werden die drei grundlegende Ideen miteinander verknüpft:

1. Verwendung eines fixen *egozentrischen* Referenzsystems unter Verwendung von Ansichten
2. Fokussierung auf *apriori* qualitativ-räumliche Perzeption

---

[1] In diesem Sinne entsteht metrisch-qualitativ-räumliches Wissen erst *a-posteriori* durch eine Klassifikation in ein kontextabhängiges qualitatives Referenzsystem.

3. Kopplung von Perzeption (Generierung qualitativer Beschreibungen) und Lokalisierung/Navigation zur wechselseitigen Validierung

Mit dem dritten Punkt ist implizit das zweite zentrale Ziel dieser Arbeit beschrieben, ein effizientes qualitatives Verfahren zur Navigation zur Verfügung zu spezifizieren, welches robust mit verrauschten und unvollständigen Wahrnehmungen arbeitet.

Sowohl die Möglichkeit der qualitativen- als auch der sichtbasierten Navigation ist in verschiedenen Ansätzen untersucht worden (vergleiche [LL90], [Sch91], [FSMB98]). Der ursprünglich von Levitt und Lawton initiierte Ansatz der qualitativen Navigation (QUALNAV) offenbart, wie die detaillierte Analyse von Schlieder zeigt, eine grundlegende Schwäche: die Rundumsicht (*roundview*) ist nicht hinreichend um eine eindeutige qualitative Bestimmung der Position zuzulassen und eignet sich daher in der spezifizierten Form nicht zur Lokalisierung und Navigation. Der *Panorama*-Ansatz von Schlieder löst dem gegenüber nachweislich dieses Problem, indem die in einer *roundview* codierten Informationen um die Gegenseiten der Landmarken erweitert werden. In einer praktische Anwendung erfordert dies neben einer omnidirektionalen Sicht präzise räumliche Informationen, um die Gegenseiten der Landmarken und ihre Einordnung in das *Panorama* zu bestimmen. Auch die zweite grundlegende Idee der sichtbasierten Navigation wurde bereits abgesehen von rein kognitiv motivierten Ansätzen von [FSMB98] ausführlich untersucht. Auch, wenn in verschiedenen prototypischen Anwendungen gezeigt werden konnte, dass der Ansatz prinzipiell funktioniert, so wurde auch nachgewiesen, dass die Anzahl der erforderlichen Sichten, um robust Landmarken bzw. Orte wiedererkennen zu können, sehr hoch werden kann. Hinzu kommt, dass der Ansatz prinzipiell beschränkt hinsichtlich der Robustheit ist. Da Sichten bei [FSMB98] als rohe Bilddaten ohne jede Form der Abstraktion interpretiert werden, machen es z.B. bereits leichte Änderungen der Lichtbedingungen unmöglich, zuvor wahrgenommene (und gespeicherte) Ansichten als identisch zu identifizieren.

Im Rahmen des in dieser Arbeit entwickelten egozentrischen Ansatzes wird gezeigt, dass beide Probleme mit einer leichten Einschränkung der Allgemeinheit umgangen werden können. Zum einen werden Sichten im Gegensatz zu [FSMB98] nicht als rohe Bilddaten verwendet und interpretiert, sondern auf eine Ordnungsansicht abstrahiert. Ordnungsansichten bieten gegenüber den rohen Bilddaten signifikante Vorteile. Zum einen abstrahieren sie von einer Vielzahl zur Navigation nicht relevanter Informationen, zum anderen benötigen sie in der Folge signifikant weniger Speicherplatz. Hinzu kommt, dass durch die Abstraktion wesentlich weniger Ansichten als Referenz benötigt werden, da sich eine Vielzahl *roher*

Bildansichten unter einer einheitlichen Ordnungsansicht subsummieren lassen. Es wude gezeigt, dass sich die qualitative sichtbasierte Navigation z.b. um eine 4-Landmarkenkonfiguration mit Hilfe von 12 bis maximal 14 Sichten vollständig beschreiben lässt. Die zentrale Fragestellung, die sich aus den Untersuchungen von Schlieder ergibt, ist, ob die in einer egozentrischen Ordnungsansicht kodierten Informationen hinreichend sind, um eine bijektive Abbildung zwischen Perzeption und Position zu erlauben. Im Gegensatz zu den *klassischen* quantitativen Ansätzen zur Lokalisierung (welche die zwei- bzw. drei-dimensionale euklidische Geometrie verwenden), muss das Referenzsystem zur qualitativen Navigation konstruktiv bestimmt werden. Die zentrale Fragestellung ist, welche qualitativen (diskreten) Positionen aus einer egozentrischen Ordnungsansicht abgeleitet werden können. Zwei unterschiedliche Positions-Konzepte wurden spezifiziert: Transitionspositionen und Wahrnehmungspositionen. Eine Transitionsposition ist bestimmt/begenzt durch mindestens zwei Transitionsachsen. Die qualitative Position kann auf dieser Grundlage präzise aus einer Sequenz von Landmarkenvertauschungen abgeleitet werden, z.B. $A/C \rightarrow C/D$. Eine zentrale Eigenschaft der Positionsbestimmung auf der Grundlage von Transistionspositionen ist, dass zu keinem Zeitpunkt eine (vollständige) Ordnungswahrnehmung benötigt wird. Dafür wird in Abhängigkeit von der verwendeten Ordnungstopologie mindestens eine zwei-elementige Sequenz von Landmarkenvertauschungen benötigt. Damit eignen sich Transitionspositionen zwar, um mit minimalen Informationen die aktuelle Position sowohl zu aktualisieren, als auch die Plausibilität der Ordnungsperzeption zu validieren - und im Falle einer Sequenz von Vertauschungen auch die exakte Position zu bestimmen. Jedoch ist eine *ad-hoc*-Lokalisation ohne Vorwissen nicht möglich. Diese Lücke schießt die Lokalisierung auf der Basis von Wahrnehmungspositionen. Es konnte gezeigt werden, dass sich jede Ordnungsansicht eindeutig einer Transitionsposition zuordnen lässt. (Lokalisierung auf der Basis von Positionsvertauschungen, d.h. ohne Landmarkenunterscheidung).

Das Bindeglied zwischen Transitions- und Wahrnehmungspositionen ist die Beschreibung der Anordnungseigenschaften einer Landmarkenkonfiguration als eine Sequenz von Ordnungsansichten. Die daraus resultierende Beschreibung als Anordnungstopologie hat wichtige Eigenschaft: Sie ist auf der einen Seite präziser als eine rein topologische (d.h. im mathematischen Sinne, als eine auf Nachbarschaften beruhende) Beschreibung, auf der anderen Seite aber weniger sensitiv als eine vollständige geometrische Beschreibung. Es wurde am Beispiel der 4-Landmarkenkonfiguration gezeigt, dass sich neun Klassen von Anordnungstopologien unterschieden lassen. Jede dieser Anordnungstopologien ist gekennzeichnet durch eine eindeutige Sequenz von Ordnungsansichten und Ordnungtransitionen. Da die Anordnungstopologien konstruktiv auf der Basis einer einzelnen Referenzansicht und einer Sequenz von Landmarkentransistionen beschrieben wurden, kann jederzeit die Beziehung zwischen Ordnungs- und Transitionsposition abgeleitet werden. Dadurch ist es in Abhängigkeit von den zur Verfügung stehenden sensorischen Informationen flexibel möglich, zwischen Positionsverfolgung und globaler Lokalisierung wechseln zu können.

Auch wenn die in diesem Ansatz benötigten Informationen äußerst minimal sind[2], muss in einem realistischen Navigationsszenario davon ausgegangen werden, dass prinzipiell alle Informationen unvollständig und/oder inkorrekt wahrgenommen werden können. Sowohl für das Vollständigkeits- als auch für das Korrektheitsproblem konnte eine robuste und effiziente Lösung abgeleitet werden. Beide Lösungsansätze basieren auf der Vorhersagbarkeit von Position und Wahrnehmung (bei bekanntem Referenzsystem, d.h. dem Typ der Anordnnungstopologie). Daraus resultieren vier zentrale Eigenschafen:

1. Es gibt keine Trennung zwischen Wahrnehmung und Position. Jede Wahrnehmung ist eindeutig einer Position zugeordnet und jede (bekannte aktuelle) Position bestimmt eindeutig die zugrunde liegende Wahrnehmung.

2. Die Menge der möglichen Wahrnehmungen und Positionen ist in Abhängigkeit von der zugrunde liegenden Anordnungstopologie abzählbar (diskret).

3. Die Menge der möglichen Wahrnehmungen und damit auch der Positionen ist *apriori* bekannt.

4. Jede Wahrnehmung ist vollständig in diskrete, partielle Wahrnehmungen zerlegbar.

Zur Handhabung des Vollständigkeitsproblems lässt sich das Navigationsproblem als ein *constraint satisfaction probelm* (CSP) beschreiben. Jede, wenn auch nur partielle Wahrnehmung, sei es eine Transitions- oder eine Ordnungswahrnehmung, lässt sich eindeutig einer Menge von diskreten Ordnungspositionen zuordnen. So lässt sich bei zumindest partieller Kenntnis der vorherigen Position die aktuelle Position auch mit partiellem Wissen ableiten. Auch wenn keine Informationen bezügich der vorherigen Position vorliegen, kann bereits eine elemenare, partielle Wahrnehmung mindestens einer Menge von möglichen Positionen zugeordnet werden. Auf der Basis dieser Positionshypothesen kann schon bei der nächsten Wahrnehmung, auch wenn sie nur aus einer Positionsvertauschung besteht (d.h. es nicht möglich war Landmarken zu unterscheiden), bereits eine exakte Positionshypothese abgeleitet werden.

---

[2]Es werden weder eine omnidirektionale Ansicht noch die Gegenseiten von Landmarken benötigt.

Die Methode zur Plausibilitätsprüfung einer Wahrnehmung ist noch elementarer und leitet sich fast vollständig aus der zweiten Eigenschaft ab. Da Wahrnehmung und Position als diskrete, zerlegbare Zustände beschrieben sind, ergibt sich die Validität einer Wahrnehmung aus der Differenz zwischen aktueller Wahrnehmung und möglicher Position. Je höher die Differenz zwischen erwarteter und wirklicher Wahrnehmung ist, um so unplausibler ist die aktuelle Wahrnehmung. Der Schwellenwert, ab dem eine Wahrnehmung noch als hinreichend übereinstimmend mit der zu erwartenden Wahrnehmung angesehen werden kann, muss dabei in Abhängigkeit von der Sensorik individuell eingestellt werden. Die in dieser Arbeit verwendeten Kohärenzmetriken stellen einen guten Ausgangspunkt dar, sind jedoch insbesondere durch die Integration zusätzlicher Informationen optimierbar (siehe Abschnitt 8.2). Unter dem Gesichtspunkt des Laufzeitverhaltens erscheint es in Abhängigkeit vom konkreten Anwendungsszenario sinnvoll, auf eine *constraint propagation* zu verzichten und die in dieser Arbeit entwickelten Constraints in eine extensionale Repräsentation zu überführen und damit die Propagation auf eine Tabellensuche zurückzuführen. Alternativ könnte auch ein abduktives Verfahren verwendet werden. Die Plausibilitätsprüfung würde in diesem Fall als ein Prozess der Erklärungsgenerierung aufgefasst werden (d.h., gibt es für die aktuelle Ordnungsbeobachtung eine durch Rückwärtsverkettung plausibel generierbare Erklärung unter Berücksichtigung der aktuellen Positionshypothese). Aus konzeptioneller Sicht ist die Plausibilitäts- bzw. Kohärenzprüfung analog zu der Verwaltung von alternativen Hypothesen im Rahmen der *Monte-Carlo*-Lokalisation und zum anderen mit der Steuerung der Präzision der Positions-Hypothese bei den Kalman-Filter-basierten Verfahren. Der wesentliche Vorteil gegenüber den probabilistischen Ansätzen besteht darin, weder eine Vielzahl von alternativen Hypothesen zu erzeugen, noch die Präzision der Lokalisierungshypothese zu variieren. Die im Rahmen des in dieser Arbeit entwickelten Ansatzes erzeugten qualitativ-ordinalen Repräsentationen können ohne zusätzlichen Integrationsaufwand zur qualitativen Beschreibung komplexer Verhaltensmuster verwendet werden, ohne auf komplexe probabilistische Planungsmethoden zurückgreifen zu müssen (z.B. im Rahmen der *Planung*). Ein weiterer wesentlicher Vorteil, der sich aus einer nicht-probabilistischen, qualitativen Repräsentation ergibt ist die Sensorunabhängigkeit des Verhaltensmodells, da jede probabilistische Beschreibung von Perzeption immer die spezifischen Eigenschaften der verwendeten Sensorik widerspiegelt. In der Folge ist eine wesentliche Vereinfachung der Wartung und Erweiterbarkeit eines komplexen Verhaltensmodells zu erwarten.

8.2 Ausblick

Das in dieser Arbeit entwickete Konzept stellt das vollständige domänen- und anwendungsunabhängige theoretische und praktische Gerüst zur Anwendung der sichtbasierten qualitativen Navigation bereit. Abhängig von dem spezifischen Anwendungskontext gibt es jedoch verschiedene sinnvolle Erweiterungen und weiterführende wissenschaftliche Fragestellungen betreffend

1. der qualitativen Roboternavigation und -Steuerung in unstrukturierten Umgebungen und im Indoor-Bereich,
2. der qualitativen Navigation gekoppelt mit probabilistischer Navigation,
3. des Aufbaus einer konzeptionellen Hierarchie räumlichen Wissens,
4. der Verwendung von Ordnungsansichten in der Kognitionswissschaft.

Da das in dieser Arbeit entwickelte Verfahren nur ein Minimum an Informationen benötigt, bietet sich an dieses Verfahren insbesondere in Anwendungsdomänen an wie dem Service-, dem Edutainment und dem Entertainment-Robotikbereich, in denen die zur Verfügung stehende Sensorik (auch aus Preisgründen) beschränkt ist und der Aufbau einer allozentrischen (geometrischen) Karte nicht zentrales Anwendungsziel ist. Eine der wesentlichsten Einschränkungen die einer Anwendung in diesen Bereichen entgegen steht ist die Annahme punktförmiger Landmarken (im mathematischen Sinne) und in der Folge die Annahme, dass es sich bei dem Konzept der Transition um ein singuläres/atomares Ereignis handelt. In der Praxis kann eine Transition in Abhängigkeit von der Grösse der an der Transition beteiligten Landmarken sich zum einen sehr unterschiedlich darstellen (z.B. ein Fahrrad fährt an einem parkenden Fahrzeug vorbei vs. ein Fahrzeug überholt ein Fahrrad) und zum anderen in Abhängigkeit von der Distanz zu den Landmarken relativ lange dauern (z.B. ein entferntes Haus verschiebt sich von links nach rechts in Relation zu einem Berggipfel). Um zu bestimmen, ob sich ein autonomes navigierendes System immer noch in einer Transitionsphase befindet und um beurteilen zu können, wann eine Transistion abgeschlossen ist, ist es sinnvoll, den Transistionsprozess feiner in verschiedene differenzierbare Phasen zu unterteilen. Die unmittelbare Lösung besteht darin, Landmarken nicht als Punkte, sondern als eindimensionale Intervalle zu interpretieren.

Ein prinzipielles Argument gegen jeden qualitativen Ansatz zur Navigation ist die scheinbar beschränkte Präzision, aber zumindest in Domänen, in denen sich die Umgebung strukturieren lässt, hat dieses Argument nur beschränkte Gültigkeit. Durch geeignetes Platzieren der Landmarken können auch qualitative Regionen exakt spezifiziert werden. Um sich auch innerhalb einer qualitativen Region lokalisieren zu können, kann zudem ein weiteres Referenzsystem hinzugezogen werden (Γ befindet sich in Region *pqrs* relativ zu Landmarkenkonfiguration α und gleichzeitig in der Region *rsqp* relativ zur Landmarkenkonfiguration β.). Praktisch ist ein solches Vorgehen beschränkt durch die Strukturierbarkeit der Umgebung. Bei der Verwendung nicht sichtbarer Landmarken (d.h. bei Landmarken, die von einem Roboter, nicht aber von einem Menschen wahrgenommen werden können) sind der Verwendung geringe praktische Grenzen gesetzt.

Die in diesem Ansatz vorgenommene strikte Reduzierung der Wahrnehmung auf Ordnungsinformationen ist nicht prinzipieller Natur. Eine einfache und zudem gewinnbringende Erweiterung, die in der Praxis keine weiteren senorischen Informationen benötigen würde, ist die Berücksichtigung der relativen Bewegungsvektoren von Landmarken. Bevor zwei Landmarken ihre Positionen vertauschen, bewegen sie sich kontinuierlich aufeinander zu. Die Verwendung dieser Informationen bietet zwei entscheidene Vorteile. Zum einen hilft diese Information die Wahrnehmung noch robuster zu validieren, da sich bei den Ännäherungsprozessen der Landmarken um monotone Prozesse handelt, die die mögliche Wahrnehmung noch weiter einschränkt. Zum einen ist damit der Zeitpunkt einer Transistion relativ präzise vorherzusagen, zum anderen kann daraus abgeleitet werden, dass sich jede Ordnungswahrnehmung bis zum Zeitpunkt der Transition nicht ändern kann. Jede wahrgenommene Änderung ist daher entweder auf einen Wahrnehmungsfehler oder eine radikale Änderung des Bewegungsvektors des navigierenden Systems zurückzuführen[3].

Ein weiterer Vorteil der Verwendung des Bewegungsvektors der Landmarken liegt in der Möglichkeit der verkürzten Beschreibung eines Navigationspfades. Statt die Navigation von einem Ort zu einem anderen relativ zu einer Landmarkenkonfiguration als eine Sequenz von Transitionen zu beschreiben, ist es möglich, eine komplexe Sequenz als einen einfachen Bewegungsvektor zu beschreiben (bzw. als eine strikt geordnete Sequenz von Bewegungsvektoren verschiedener Landmarken). Da bei statischen Landmarken der Bewegungsvektor der Landmarkenannäherung proportional zur Geschwindigkeit des Bewegungsvektors des navigierenden Systems ist, ließe sich auch hier die zukünftige Wahrnehmung, allerdings in einem noch signifikant längerem Zeitrahmen, präzise vorhersagen, erfordert daher noch weniger Wahrnehmungsinformationen zur Sicherstellung des korrekten Navigationspfades und unterstützt noch weitergehend eine aktive Perzeptionssteuerung.

---

[3]Diese Information wurde unvermeidlich auch im Rahmen der *QSNAPNAV-SIM*-Simulation erzeugt und wahrgenommen. Jedoch wurde sie durch die in dieser Arbeit vorgenommenen Beschränkung auf Ordnungsinformationen ignoriert. Prototypische Tests in *QSNAPNAV-SIM* lassen auf eine signifikante Verbesserung der Robustheit schließen.

In Anwendungsdomänen, deren Hauptanwendungsziel auch in der Generierung exakter allozentrischer Karten liegt, ist bisher die Verwendung der probabilistischen Navigationsverfahren, insbesondere die *Monte-Carlo*-Lokalisation, am meistversprechenden. Hier bietet sich die Kombination mit der qualitativen sichtbasierten Navigation an, insbesondere, da der zusätzlich erforderliche Aufwand minimal ist und nur Informationen benötigt werden, die auch im Rahmen einer Kartenbildung (SLAM) generiert werden müssten. Besonders interessant erscheint die Verwendung der sichtbasierten Navigation als Ersatz zum *Monte-Carlo*-Sampling: Statt eine grosse Zahl von Samples zufällig im Navigationsraum zu verteilen, würde in jeder qualitativen Region ein Sample gesetzt. Die Plausibilität einer Lokalisierungshypothese erfolgt in diesem Fall sowohl über das Markov-Update als auch über die qualitative Kohärenzbewertung. Dadurch ergeben sich zwei Vorteile: Zum einen werden signifikant weniger Lokalisisierungshypothesen (samples) benötigt, die kontinuierlich aktualisiert werden müssten, und zum anderen könnten robust qualitativ-ordinale Repräsentationen erzeugt werden, die die Grundlage für eine Vielzahl qualitativer Verfahren (planning, CBR, qualitative spatial reasoning (als Übersicht [CH01]), uvm.) legen würden.

Eine ähnliche Koppelung von probabilistischen und qualitativen Methoden bietet sich auch zum Aufbau von Karten an. Der Vorteil liegt in diesem Fall in der erweiterten Möglichkeit der Validierung. Während die Anzahl der möglichen Anordnungen einer Landmarkenkonfiguration aus quantitativer Sicht nicht begrenzt sind, ist die Anzahl der Landmarkenkonfigurationen auf der Basis von Landmarkenkonfigurationen strikt begrenzt[4] und kann daher als einfaches handhabbares Klassifikationsproblem behandelt werden. Jede Ordnungswahrnehmung einer Landmarkenkonfiguration schränkt den Raum der möglichen quantitativen Lösungen/Beschreibungen signifikant ein.

Noch weiterreichend ist die Frage nach der Einbettung in andere, zusätzliche räumliche Repräsentationen. Obwohl Ordnungsinformationen, wie in dieser Arbeit gezeigt, ausreichen, um in strukturierbaren Umgebungen auch komplexere Navigationsaufgaben zu lösen, spielen zusätzliche metrische wie qualitative Informationen (z.B. Winkel, Distanz) eine wichtige Rolle für zahlreiche komplexere Aufgaben. Bei der Integration muss jedoch beachtet werden, wie räumliche Informationen verwendet werden sollen. Die *cognitive map*-basierten Ansätze lösen das Problem, indem in einem *bottom-up*-Prozess alle sensorischen Informationen in ein allozentrisches Koordinatensystem umgewandelt werden und einem autonomen Agenten jederzeit zur Verfügung stehen (siehe u.a. [DWMT$^+$01], [Thr01], [Thr02]). Eine implizite Schlussfolgerung des in dieser Arbeit entwickelten An-

---

[4]Im Falle einer 4-Landmarkenkonfiguration auf neun Varianten.

satzes ist, dass Wahrnehmung als ein aktiver, d.h. *Top-down*-gesteuerter Prozess interpretiert werden kann. Da die qualitative Wahrnehmung von Landmarken in Abhängigkeit von der zugrunde liegenden Ordnungstopologie vorhergesagt werden kann, reicht es für eine Navigationsaufgabe aus Wahrnehmung und Vorhersage in bestimmten von den Kohärenzwerten abhängigen Intervallen zu überprüfen. Ungeklärt ist die Frage, ob dies in einer vollständigeren hybriden Repräsentation z.B. mit metrischen Informationen auch möglich ist. Ebenso unklar ist wie die Interaktion zwischen den verschiedenen Repräsentationen aussehen sollte. Ein Lösungsansatz wie die von Kuipers vorgeschlagene *spatial semantic hierarchy* (SSH) [Kui00] löst das Strukturierungproblem räumlicher Repräsentationen nur auf einer sehr konzeptionellen Ebene und bietet kaum konkrete Antworten auf die Frage wie die verschiedenen, insbesondere die qualitativen, Wissensebenen aus den sensorischen Daten aufgebaut werden können (Klassifikationsproblem). Da Ordnungsinformationen ohne jeden Klassifikationsprozess und den daraus resultierenden Fehlern *apriori* aus der Wahrnehmung generiert werden können, stellen sie eine wesentlich robustere Repräsentation dar als alternative Typen qualitativräumlicher Informationen. Daher wäre es interessant zu untersuchen, inwieweit sich Ordnungsinformationen als Grundlage einer komplexeren hetrogenen, räumlichen Repräsentation eigenen.

Ein interessanter möglicher Lösungsansatz kommt aus der Kognitionswissenschaft (insbesondere der kognitiven Psychologie). Wang und Spelke verabschieden sich in [WS02] provozierend von der *cognitve map* als zentrale räumliche Repräsentation zur Navigation und Lokalisierung und schlagen eine sichtabhängige Repräsentation vor, die kontinuierlich aktualisiert werden muss[5]. Sie argumentieren, basierend auf Ergebnissen aus der Tier- und Human-Kognition, dass es drei zentrale funktionale Module gibt, die die Grundlage zur Navigation und Lokalisierung bilden: (1) eine *Path Integration*, (2) eine sichtabhängige Landmarken-(Orts)-Erkennung und (3) ein Reorientierungsmodul. Diese drei Module sollen es auch einfachen kognitven Systemen mit einer beschränkten Sensorik und einer beschränkten neuronalen Kapazität erlauben robust Navigationsaufgaben zu lösen. Der in dieser Arbeit entwickelte Ansatz ist kokärent zu der vorgeschlagenen Konzeptionalisierung, gibt aber darüber hinaus mögliche Antworten, wie diese Module funktionieren können, und welches Wissen eine Rolle spielt. Zwei zentrale Kritik-

---

[5] Sie vertreten weder die These, dass es keine *cognitive map* gibt, noch dass diese keine bedeutende Rolle spielt. Das zitierte Paper ist in *Trends in Cognitive Science* in der Rubrik *Opinion* erschienen und hat daher bewusst provozierenden Charakter und schließt mit einem entsprechenden provozierenden *Acknowledgement*: „ *We thank C.R. Gallistel, Nancy Kanwisher, Steven Pinker and Mary Potter for bracing discussions and forgive all of them for continuing to believe in cognitive maps.*" (Seite 380 u.).

punkte könnten mit diesem Ansatz ausgeräumt werden, die sowohl in der KI als auch in der Kognitionwissenschaft gegen sichtbasierte Ansätze zur Navigation angeführt werden: (1) eine sichtabhängige Repräsentation ist äußerst speicherintensiv, da eine Vielzahl von Sichten benötigt werden, um Landmarken wiedererkennen zu können; (2) eine kontinuierliche Aktualisierung der Wahrnehmung ist kognitiv wie informationstechnisch sehr aufwendig. Auf beide Probleme konnten im Rahmen dieser Arbeit mögliche Antworten gegeben werden. Eine auf Ordnungsinformationen reduzierte Repräsentation von Ansichten ist nicht nur hinreichend um Navigationsaufgaben zu lösen, sondern lässt sich zudem sehr kompakt repräsentieren. So reichen im Falle einer Landmarkenkonfiguration mit vier Landmarken 12-14 Ansichten aus, um geometrische Eigenschaften der Landmarkenkonfiguration beschreiben zu können. Der erforderliche Aktualisierungsprozess muss aufgrund der Vorhersagbarkeit der (Ordnungs-)Wahrnehmung in Abhängigkeit von der spezifischen Ordnungstopologie nicht kontinuierlich durchgeführt werden. Er dient nicht zum Aufbau einer räumlichen Repräsentation, sondern ausschließlich zur Validierung. Der hier entwickelte Ansatz gibt darüber hinaus auch konkrete mögliche Antworten bezüglich präferierter Sichten. In den Studien von McNamara und Kollegen ([McN03], [MRW03], [MD97], [MM02] und [SM01]) (insbesondere [SM01]) hat sich bei menschlichen Testprobanden eine deutliche Präferenz für Ansichten mit den Winkeln 0^0, 90^0, 180^0 und 270^0 ergeben (bei einer Rechteckskonfiguration). Diese Positionen haben auf der Grundlage von Ordnungsansichten gemeinsam, dass die Positionsvertauschung von Landmarken, jeweils im und gegen den Uhrzeigersinn, an diesen Positionen identisch sind[6]. Zum einen ist diese Sequenz sehr kompakt zu repräsentieren, und zum anderen erfordert sie keine Unterscheidung der Landmarken. Ob Ordnungsansichten, d.h. Ordnungspositionen und Ordnungstransitionen, in der in dieser Arbeit dargestellten Weise tatsächlich eine tragende Rolle bei der Navigation, zumindest einfacher kognitver Systeme spielt, konnte jedoch im Rahmen dieser Arbeit nicht abschließend beantwortet werden. Eine Überprüfung dieser These ist aus zwei Richtungen möglich. Zum einen könnte vermittels bildgebender Verfahren bestimmt werden, ob bei der Navigation um eine Landmarkengruppe andere neuronale Aktivierungen auftreten als bei der Navigation innerhalb einer Landmarkenkonfiguration. Da der hier entwickelte Ansatz notwendig auf die Navigation ausserhalb einer Landmarkenkonfiguration beschränkt ist, sollten sich unterschiedliche Aktivierungsmuster ergeben. Eine andere sich aus diesem Ansatz ableitende These ist, dass die Vorhersagbarkeit von Wahrnehmung durch die strikte Sequenz von Landmarkenver-

---

[6]Zur Überprüfung dieser Hypothese sollte eine imaginäre Navigation beginnend an diesen Positionen (im- und gegen den Uhrzeigersinn (in Anlehnung an die Objektrotation von Metzler/Shepard [MS74]) nahezu identische Antwortzeiten zeigen).

tauschungen eine zentrale Rolle spielt. Kognitions-psychlogische Experimente in dieser Richtung z.B. von Simon und Wang [SW98] scheinen diese Annahme zu stützen (siehe 2.4.1.3 in dieser Arbeit), haben jedoch nur sehr beschränkt Aussagekraft, da die Abhängigkeit von der geometrischen Anordnung der verwendeten Landmarken nicht untersucht wurde. Eine weitere sich ableitende Annahme aus dieser Arbeit ist, dass die Komplexität einer Landmarkenkonfiguration (d.h. der Anzahl der Landmarken) beschränkt sein wird, da bereits eine Landmarkenkonfiguration mit sechs Landmarken sehr komplexe Vertauschungspfade erlaubt. Ebenso wahrscheinlich ist, dass nicht alle unterscheidbaren Ordnungstopologien, sondern nur eine Teilmenge tatsächlich differenziert verwendet werden. Sinnvoll wäre eine Beschränkung auf Landmarkenkonfigurationen, die nachweislich besonders robust wahrgenommen werden können, z.B. mit einem oder mehreren rechten Winkeln. Ordnungsinformationen wurden im Rahmen dieser Arbeit auf zwei verschiedene Weisen konzeptionalisiert: als Sequenz von Ansichten und als Sequenz von Landmarkenvertauschungen (bzw. von Landmarkenvertauschungen).

Beide Repräsentationen sind im Rahmen der Navigation sinnvoll, aber nicht notwendig. Das Fehlen jeweils einer dieser Repräsentationen, lässt sich anhand der beschränkten Fähigkeit bestimmte Navigationsaufgaben nur auf der Basis von Ordnungsinformationen zu lösen, nachweisen (Positionsverfolgung vs. globale Lokalisierung). Ob, und wenn, in welcher Form Ordnungsansichten eine Rolle bei der Navigation kognitiver Systeme spielen, muss letztlich im Rahmen dieser Arbeit offen bleiben. Ein positiver Befund könnte weitreichende Auswirkungen z.B. auf das Design kognitver Assistensysteme haben. Unabhängig davon, ob sichtbasierte Ordnungsinformationen kognitiv eine zentrale Rolle bei der Navigation spielen, wäre es auch von kognitionswissenschaftlichem Interesse zu untersuchen welche Rolle die Klasse der Ordnungsinformationen im Vergleich zu topologischen und Distanz-Informationen/-Repräsentationen spielt.

Anhang

A Anhang

A.1 Detaillierte Darstellung der Testergebnisse der Testreihen 1-3

Folgende Attribute worden im Rahmen der *QUALNAV*-Simulation ausgewertet,

Average goal reached: Die Häufigkeit wie mit der das Ziel durchschnittlich erreicht wurde.

Average revert to global: Die Häufigkeit mit der durchschnittlich während eines Navigationsversuches zur globalen Lokalisierung gewechselt wurde.

Average revert to global per cluster: Die Häufigkeit pro Cluster mit der durchschnittlich während eines Navigationsversuches zur globalen Lokalisierung gewechselt wurde.

Average clusters visited: Durchschnittliche Anzahl der besuchten Cluster.

Average CSP call: Durchschnittliche Anzahl der CSP-Aufrufe

Average CSP time: Dauer eines CSP-Aufrufs in Milli-Sekunden

Average areas of shortest way: Der durchschnittlich kürzeste Weg.

Average walked areas: Die tatsächlich zurückgelegte Distanz

Average walked additional distance: Die zusätzliche Distanz in Prozent.

Average guessed correct positions: Prozentuale Angabe der mittels der Kohärenzmetrik als korrekt erkannten Wahrnehmungen.

Average robot kidnappings: Anzahl der *kidnappings* des navigierenden Agenten.

Testlauf	Verwendete Fehlerrate	average goal reached	average revert per cluster	average to global visited	average revert clusters	average CSP call	average areas of shortest way	average walked areas	average additional walk dist	average guessed correct positions	average robot kidnappings
Test1	0	99,6	1,91	0,12	17,69	90,96	96,32	102,5	6,42	98,89	0
Test2	0,1	100	1,92	0,12	17,68	91,29	96,63	102,68	6,26	98,88	0
Test3	0,2	100	1,87	0,11	17,87	91,7	97,42	103,83	6,58	98,89	0
Test4	0,3	100	1,91	0,12	17,75	91,69	96,61	103,14	6,75	98,85	0
Test5	0,4	100	1,93	0,12	17,77	91,4	96,69	103,14	6,68	98,9	0
Test6	0,5	100	1,95	0,12	17,8	92,18	97,31	103,72	6,58	98,89	0
Test7	0,6	100	1,97	0,12	17,66	91,32	96,37	102,77	6,64	98,86	0
Test8	0,7	99,8	1,94	0,12	17,75	91,38	96,49	103,11	6,86	98,87	0
Test9	0,8	100	1,9	0,11	17,71	91,62	96,58	103,34	7	98,83	0
Test10	0,9	100	1,87	0,11	17,63	90,57	96,42	102,44	6,24	98,84	0

Tabelle A.1: Detaillierte Testergebnisse der Testreihe 1-1

Testlauf	Verwendete Fehlerrate	average goal reached	average revert per cluster	average to global visited	average revert clusters	average CSP call	average areas of shortest way	average walked areas	average additional walk dist	average guessed correct positions	average robot kidnappings
Test1	0	100	1,89	0,11	17,76	91,15	96,5	102,8	6,53	98,88	0
Test2	0,1	92,8	129,09	7,18	19,09	196,94	97,17	112,45	15,73	76,01	0
Test3	0,2	89,2	205,61	11,3	19,24	222,81	95,96	118,88	23,88	57,35	0
Test4	0,3	90,6	253,54	13,96	19,22	234,25	95,71	126,99	32,68	41,26	0
Test5	0,4	86	300,27	16,23	19,56	245,18	96,31	141,27	46,67	28,75	0
Test6	0,5	87,6	345,59	18,65	19,59	252,8	96,16	158,75	65,09	20,82	0
Test7	0,6	70	430,16	22,63	20,06	273,96	96,3	197,97	105,57	14,02	0
Test8	0,7	43	493,82	25,92	20,12	281,12	95,58	233,92	144,75	9,78	0
Test9	0,8	5,4	571,96	29,2	20,59	287,26	94,22	287,48	205,11	5,54	0
Test10	0,9	0,2	444	27,75	17	219	85	230	170,59	2,72	0

Tabelle A.2: Detaillierte Testergebnisse der Testreihe 1-2

Testlauf	Verwendete Fehlerrate	average goal reached	average revert per cluster	average to global visited	average revert clusters	average CSP call	average areas of shortest way	average walked areas	average additional walk dist	average guessed correct positions	average robot kidnappings
Test1	0	100	1,87	0,11	17,68	91,33	96,75	102,93	6,39	98,89	0,00
Test2	0,1	100	1,96	0,12	17,82	91,29	97,04	103,59	6,75	95,91	0,00
Test3	0,2	99,6	2,08	0,13	17,67	89,55	96,08	102,88	7,08	92,20	0,00
Test4	0,3	100	2,32	0,14	17,71	88,68	96,58	104,03	7,71	86,62	0,00
Test5	0,4	99,8	3,43	0,21	17,72	87,33	96,42	106,99	10,96	78,66	0,00
Test6	0,5	100	5,79	0,35	17,75	86,48	96,59	119,37	23,58	67,97	0,00
Test7	0,6	80,4	13,65	0,80	17,98	93,11	96,57	208,06	115,44	50,25	0,00
Test8	0,7	0,2	16,00	0,94	18,00	78,00	101,00	313,00	209,90	33,78	0,00
Test9	0,8	0	0,00	0,00	0,00	0,00	0,00	0,00	0,00	21,41	0,00
Test10	0,9	0	0,00	0,00	0,00	0,00	0,00	0,00	0,00	14,34	0,00

Tabelle A.3: Detaillierte Testergebnisse der Testreihe 1-3

Testlauf	average goal reached	average revert to global	average revert to global per cluster	average clusters visited	average CSP call	average CSP time	average areas of shortest way	average walked areas	average additional walk dist	average guessed correct positions	average robot kidnappings
Test1	100	100	1,9	0,11	17,75	91,97	97,2	103,46	6,43	98,86	0
Test2	92	99,08	5,51		19,01	164,08	97,7	113,45	16,21	74,92	0
Test3	87,2	120,99	6,77		18,92	152,27	96,27	125,29	30,14	56,97	0
Test4	88,2	126,9	7,08		18,97	135,84	96,56	161,15	66,88	42,6	0
Test5	56,6	134,29	7,46		19,03	128,26	96,18	254,88	165,01	31,43	0
Test6	2,4	109,42	6,44		18	109,67	92,92	334,33	259,82	23,52	0
Test7	0	0	0	0	0	0	0	0	0	15,41	0
Test8	0	0	0	0	0	0	0	0	0	10,1	0
Test9	0	0	0	0	0	0	0	0	0	6,6	0
Test10	0	0	0	0	0	0	0	0	0	2,89	0

Tabelle A.4: Detaillierte Testergebnisse der Testreihe 1-4

Testlauf	average goal reached	average revert to global	average revert to global per cluster	average clusters visited	average CSP call	average CSP time	average areas of shortest way	average walked areas	average additional walk dist	average guessed correct positions	average robot kidnappings
Test1	0	98,8	2,44	0,22	13,92	66,74	96,8	76,2	-21,28	98,83	1
Test2	0,1	98,4	2,48	0,25	13,28	63,46	96,64	72,55	-24,92	98,83	1
Test3	0,2	97,4	2,45	0,23	13,74	65,78	96,82	75,3	-22,23	98,8	1
Test4	0,3	98,8	2,54	0,24	13,64	65,27	96,4	74,82	-22,39	98,81	1
Test5	0,4	96,8	2,43	0,23	13,65	64,8	96,34	74,55	-22,62	98,86	1
Test6	0,5	99	2,4	0,23	13,49	64,19	96,52	73,74	-23,6	98,85	1
Test7	0,6	98,2	2,49	0,26	13,56	64,42	96,92	73,91	-23,74	98,81	1
Test8	0,7	97,8	2,39	0,24	13,46	63,83	95,76	73,45	-23,3	98,69	1
Test9	0,8										
Test10	0,9										

Tabelle A.5: Detaillierte Testergebnisse der Testreihe 2-1

Testlauf	average goal reached	average revert to global	average revert to global per cluster	average clusters visited	average CSP call	average CSP time	average areas of shortest way	average walked areas	average additional walk dist	average guessed correct positions	average robot kidnappings
Test1	0	83,4	3,6	0,35	14,37	66,03	96,37	76,14	-22,99	98,75	2,94
Test2	0,1	86,2	3,76	0,3	15,32	70,95	96,33	81,99	-14,88	98,82	2,97
Test3	0,2	87,2	3,67	0,34	14,89	68,51	95,86	79,29	-17,29	98,82	2,92
Test4	0,3	88,8	3,61	0,35	14,88	68,02	96,35	78,95	-18,06	98,78	2,96
Test5	0,4	85,8	3,66	0,3	15,12	70,03	96,68	81,03	-16,19	98,83	2,97
Test6	0,5	85,2	3,44	0,29	15,04	69,32	97,27	79,99	-17,77	98,77	2,94
Test7	0,6	84,4	3,57	0,31	15,09	69,55	96,81	80,63	-16,72	98,83	2,94
Test8	0,7	88,4	3,47	0,33	14,68	67,67	95,93	78,09	-18,6	98,8	2,91
Test9	0,8	88,4	3,57	0,3	15,08	70,04	95,05	80,81	-15,86	99,71	2,97
Test10	0,9	87	3,54	0,32	14,78	68,07	95,91	78,51	-18,14	98,74	2,94

Tabelle A.6: Detaillierte Testergebnisse der Testreihe 2-2

Testlauf Testlauf Testlauf	average goal reached	average revert to global	average revert to global per cluster	average clusters visited	average CSP call	average CSP time	average areas of shortest way	average walked areas	average additional walk dist	average guessed correct positions	average robot kidnappings
Test1	0	76,9	4,71	0,42	15,09	78,18	96,69	89,65	-7,28	98,78	5
Test2	0,1	77,8	4,63	0,41	15,24	80,32	96,49	91,75	-4,91	98,73	5
Test3	0,2	79,2	4,32	0,4	15,41	81,74	96,5	92,56	4,08	98,76	5
Test4	0,3	79,4	4,7	0,39	15,4	79,73	96,46	91,74	-5,9	98,76	5
Test5	0,4	76,5	4,77	0,41	15,38	81,91	96,46	93,54	-5,03	nan	5
Test6	0,5	77	4,7	0,42	14,96	84,84	96,24	990,6	-5,86	98,72	5
Test7	0,6	78,8	4,65	0,41	15,32	81,15	96,61	93	5,73	98,76	5
Test8	0,7	78,6	4,69	0,4	14,92	77,7	95,96	89,16	-7,09	98,75	5
Test9	0,8	78	4,68	0,39	16,09	71,92	95,76	83,44	-12,86	98,71	5
Test10	0,9	80,2	4,59	0,36	16,18	72,23	96	84,32	-12,17	98,78	5

Tabelle A.7: Detaillierte Testergebnisse der Testreihe 2-3

Testlauf Testlauf Testlauf	average goal reached	average revert to global	average revert to global per cluster	average clusters visited	average CSP call	average CSP time	average areas of shortest way	average walked areas	average additional walk dist	average guessed correct positions	average robot kidnappings
Test1	0.0	98,4	2,45	0,24	13,69	65,14	96,52	74,86	-22,45	98,85	1
Test2	0.1	90,8	92,24	6,92	14,34	136,84	96,94	80,11	-17,37	76,46	1
Test3	0.2	91,8	140,6	10,66	14,02	151,25	96,11	81,61	-15,09	57,19	1
Test4	0.3	90	179,64	13,13	14,48	166,17	95,19	90,55	-5,87	41,01	1
Test5	0.4	88,6	109,29	15,34	14,57	170,56	96,48	99,22	2,84	28,82	1
Test6	0.5	85,8	249,06	17,8	14,9	184,04	96,33	115,75	20,16	21,25	1
Test7	0.6	77,4	292,8	21,25	14,61	197,1	96,48	135,84	40,79	13,89	1
Test8	0.7	53	312,34	23,54	14,4	179,55	97,03	148,32	52,85	9,75	1
Test9	0.8	19	268,54	25,42	11,21	124,78	96,02	138,17	43,89	5,43	1
Test10	0.9	6,8	124,68	19,21	6,32	57,94	92,15	72,41	-21,42	2,64	1

Tabelle A.8: Detaillierte Testergebnisse der Testreihe 3-1

Testlauf Testlauf Testlauf	average goal reached	average revert to global	average revert to global per cluster	average clusters visited	average CSP call	average CSP time	average areas of shortest way	average walked areas	average additional walk dist	average guessed correct positions	average robot kidnappings
Test1	0	87,2	3,42	0,29	15,05	69,62	96,45	80,31	-16,74	98,77	3
Test2	0,1	82,4	94,73	6,6	15,18	139,29	95,41	82,49	-13,54	76,21	3
Test3	0,2	80,8	150,94	10,27	15,56	165,16	94,97	88,87	-6,42	57,29	3
Test4	0,3	79	187,13	12,59	15,53	171,98	96,25	94,89	-1,41	40,93	3
Test5	0,4	84,8	220,78	14,48	15,91	182,03	96,08	106	10,33	28,76	3
Test6	0,5	78,2	253,11	16,46	15,89	188,34	96,6	118,42	22,59	21,04	3
Test7	0,6	74	300,91	20,1	15,74	196,38	96,43	140,2	45,4	14,09	3
Test8	0,7	49	305,61	21,76	14,44	177,78	95,99	145,51	51,58	9,94	3
Test9	0,8	12,8	274,08	23,07	12,22	130,25	93,78	139,69	48,95	5,67	3
Test10	0,9	18,6	241,81	22,15	10,92	120,96	95,14	123,73	30,05	5,53	3

Tabelle A.9: Detaillierte Testergebnisse der Testreihe 3-2

Testlauf Testlauf Testlauf	average goal reached	average revert to global	average revert to global per cluster	average clusters visited	average CSP call	average CSP time	average areas of shortest way	average walked areas	average additional walk dist	average guessed correct positions	average robot kidnappings
Test1	0	76,6	4,63	0,36	16,02	72,49	96,12	84,18	-12,42	98,74	4,83
Test2	0,1	75,6	104,51	6,42	16,99	152,16	96,47	91,16	-5,51	76,25	4,85
Test3	0,2	71,4	167,37	9,94	17,55	178,21	96,02	98,3	2,38	57,5	4,9
Test4	0,3	74,4	203,61	12,19	17,46	186,62	97,8	103,76	6,09	41,23	4,87
Test5	0,4	74,6	231,21	13,89	17,34	187,65	95,78	112,02	16,95	28,65	4,89
Test6	0,5	74	275,96	16,12	17,91	202,1	95,73	129,58	35,37	21,18	4,91
Test7	0,6	63,4	317,66	19,31	17,15	204,69	96,81	149,22	54,13	14,3	4,89
Test8	0,7	45,8	326,03	21,02	15,9	184,05	96,41	157,8	63,67	9,72	4,86
Test9	0,8	15,6	233,9	19,17	11,79	117,79	93,32	122,01	30,75	5,71	4,55
Test10	0,9	6,6	108,88	13,85	6,18	39,91	93,73	62,03	-33,82	2,8	3,61

Tabelle A.10: Detaillierte Testergebnisse der Testreihe 3-3

Literaturverzeichnis

[And96]   ANDERSON, J.R.: *Kognitive Psychologie.* Spektrum Lehrbuch, Spektrum Akademischer Verlag, Heidelberg, 2 Auflage, 1996.

[ARB00]   ALBERT, W.S., R.A. RENSINK und J.M. BEUSMANS: *Learning Relative Directions between Landmarks in a Desktop Virtual Environment.* Spatial Cognition and Computation, Vol. 1:pp. 131–144, 2000.

[Avr03]   AVRAAMIDES, M.N.: *Spatial Updating of Environments described in Texts.* Cognitive Psychology, Vol. 47:pp. 402–431, 2003.

[Bro95]   BROOKS, R.A.: *Artificial Life Route to Artificial Intelligence.* Hillsdale, New Jersey: Lawrence Erlbaum, 1995.

[BS95]   BENHAMOU, S. und V. SEGIUNOT: *How to Find one's Way in the Labyrinth of Path Integration Models.* Journal of Theoretical Biology, Vol. 174:pp. 463–466, 1995.

[BSdM03]   BUSQUETS, D., C. SIERRA und R. L. DE MANTARAS: *A Multiagent Approach to Qualitative Landmark-Based Navigation.* Autonomous Robots, Vol. 15:pp. 129–154, 2003.

[BW02]   BROCKMOLE, J.R. und R.F. WANG: *Switching between Environmental Represenations in Memory.* Cognition, Vol. 83:pp. 295–316, 2002.

[BW03]   BROCKMOLE, J.R. und R.F. WANG: *Changing Perspective within and across Environments.* Cognition, Vol. 87:pp. B59–B67, 2003.

[CC00a]   COLLETT, M. und T.S. COLLETT: *How do Insects use Path Integration for their Navigation.* Biological Cybernetice, Vol. 83:pp. 245–259, 2000.

[CC00b]   COLLETT, T.S. und M. COLLETT: *How Do Insects Use Path Integration for Their Navigation.* Biological Cybernetics, Vol. 83:pp. 245–259, 2000.

[CC02]   COLLETT, T.S. und M. COLLETT: *Memory Use in Insect Visual Navigation.* Nature, Vol. 3:pp. 542–552, 2002.

[CCF99]   CARPENTER, J., P. CLIFFORD und P. FEARNHEAD: *Building Robust Simulation-Based Filters for Evolving Data Sets.* Technical report, University of Oxford, Dept. of Statistics, 1999., 1999.

[CCW99]   COLLETT, M., T. S. COLLETT und R. WEHNER: *Calibration of Vector Navigation in Desert Ants.* Current Biology, Vol. 16:pp. 1031–1034, 1999.

[CFH97]   CLEMENTINI, ELISEO, PAOLINO DI FELICE und DANIEL HERNANDEZ: *Qualitative Representation of Positional Information.* Artificial Intelligence, Vol. 95(2):pp. 317–356, 1997.

[CH01]   COHN, A G und S M HAZARIKA: *Qualitative Spatial Representation and Reasoning: An Overview*. Fundamenta Informaticae, Vol. 46(1-2):pp. 1–29, 2001.

[DCvH⁺02]   DEAN, MIKE, DAN CONNOLLY, FRANK VAN HARMELEN, JAMES HENDLER, IAN HORROCKS, DEBORAH L. MCGUINNESS, PETER F. PATEL-SCHNEIDER und LYNN ANDREA STEIN: *OWL Web Ontology Language 1.0 reference*, 2002.

[DdFMR00]   DOUCET, A., N. DE FREITAS, K. MURPHY und S. RUSSELL: *Rao-Blackwellised Particle Filtering for Dynamic Bayesian Networks*. In: *Proceedings of the Sixteenth Conference on Uncertainty in Artificial Intelligence, Stanford*, Seiten pp. 176–183, 2000.

[Dou98]   DOUCET, A.: *On Sequential Monte Carlo Sampling Methods for Bayesian Filtering*. Technischer Bericht Technical Report CUED/F-INFENG/TR. 310, Cambridge University Department of Engineering, 1998.

[DWMT⁺01]   DURRANT-WHYTE, H., S. MAJUMDER, S. THRUN, M. DE BATTISTA und S. SCHELLING: *A Bayesian Algorithm for Simulaneous Localization and Map Building*. In: *Proceedings of the 10'th International Symposium on Robotics Research (ISRR'01))*, Lorne, Australia, 2001. AAAI Press/MIT Press.

[Ede87]   EDELSBRUNNER, HERBERT: *Algorithms in Combinatorial Geometry*. Springer-Verlag, Berlin, Heidelberg, New York, London, Paris, Tokyo, 1 Auflage, 1987.

[EHN94]   EROL, KUTLUHAN, JAMES HENDLER und DANA S. NAU: *HTN Planning: Complexity and Expressivity*. In: *Proceedings of the Twelfth National Conference on Artificial Intelligence (AAAI-94)*, Band 2, Seiten 1123–1128, Seattle, Washington, USA, 1994. AAAI Press/MIT Press.

[ES95]   EASTON, R.D. und M.J. SHOLL: *Object-Array Structure, Frames of Reference, and Retrieval of Spatial Knowledge*. Journal of Experimental Psychology: Learning, Memory and Cognition, Vol. 21(2):pp. 483–500, 1995.

[FLKG90]   FUJITA, N., J.M. LOOMIS, R.L. KLATZKY und R.G. GOLLEDGE: *A Minimal Representation for Dead-Reckoning Navigation: Updating the Homing Vector*. Geographical Analysis, Vol. 22(4):pp. 326–335, 1990.

[FLS99]   FEDER, H.J.S., J.J. LEONARD und C.M. SMITH: *Adaptive Mobile Robot Navigation and Mapping*. The International Journal of Robotics Research, Vol. 18(7):pp. 650–668, 1999.

[Fra96]   FRANK, ANDREW U.: *Qualitative Spatial Reasoning: Cardinal Directions as an Example*. International Journal of Geographical Information Science, Vol. 10(3):pp. 269–290, 1996.

[FSMB98]   FRANZ, M.O., B. SCHÖLKOPF, HP. A. MALLOT und H.H. BÜLTHOFF: *Learning View Graphs for Robot Navigation*. Autonomous Robots, Vol. 5:pp. 111–125, 1998.

[Gal90]   GALLISTEL, C.R.: *The Organization of Learning*. Cambridge, Mass., MIT Press, 1990.

[GE01]   GOUTEUX, S. und E.S.SPELKE: *Children's Use of Geometry and Landmarks to Reorient in an Open Space*. Cognition, Vol. 81:pp. 119–148, 2001.

[GHJV95]   GAMMA, ERICH, RICHARD HELM, RALPH JOHNSON und JOHN VLISSIDES: *Desgin Pattern - Elements of Reusable Object-Oriented Software*. Professional Computing Series. Addision Wesley, 1995.

[GM03]   GIURFA, M. und R. MENZEL: *Human Spatial Representation Derived from a Hneybee Compass*. Trends in Cognitive Science, Vol. 7(2):pp. 59–60, 2003.

[GSH02]   GARSOFFKY, B., S. SCHWAN und F.W. HESSE: *Viewpoint Dependency in the Recognition of Dynamic Scenes*. Journal of Experimental Psychology: Learning, Memory and Cognition, Vol. 28(6):pp. 1035–1050, 2002.

[HFG+72]   HART, P. E., R. E. FIKES, T. D. GARVEY, N. J. NILSSON, J. M. NITZAN D. TENENBAUM und B. M. WILBER: *Artificial Intelligence - Research and Applications*. Technischer Bericht, Stanford Research Institute, 1972.

[Hor02]   HORROCKS, IAN: *DAML+OIL: A Reason-able Web Ontology Language*. In: *Extending Database Technology*, Band 2287/2002 der Reihe *Lecture Notes in Computer Science*, Seiten pp. 2–13. Springer Berlin / Heidelberg, 2002.

[HP79]   HUTTENLOCHER, J. und C.C. PRESSON: *The Coding and Transformation of Spatial Information*. Cognitive Psychology, Vol. 11:pp. 375–394, 1979.

[HS96]   HERMER, L. und E. SPELKE: *Modularity and Development: The Case of Spatial Reorientation*. Cognition, Vol. 61:pp. 195–232, 1996.

[Jan57]   JANDER, R.: *Die Optische Richtungsorientierung der Roten Waldameise*. Z. vergl. Physiol., Vol. 40:pp. 162–238, 1957.

[KLB+98]   KLATZKY, R.L., J.M. LOOMIS, A.C. BEALL, S.S. CHANCE und R.G. GOLLEDGE: *Spatial Updating of Self-Position and Orientation During Real, Imagined, and Virtual Locomotion*. Psychological Science, Vol. 9(4):pp. 293–299, 1998.

[Kui00]   KUIPERS, BENJAMIN: *The Spatial Semantic Hierarchy*. Artificial Intelligence, Vol. 119(1-2):pp. 191–233, 2000.

[KVG03]   KOK, JELLE R.}, NIKOS VLASSIS UND F.C.A. GROEN: *UvA Trilearn 2003 Team Description*. IN: POLANI, D., B. BROWNING, A. BONARINI UND K. YOSHIDA (HERAUSGEBER): *Proceedings CD RoboCup 2003*, PADUA, ITALY, JULI 2003. SPRINGER-VERLAG.

[LEA00]   LEAKE, D. B.: *Case-Based Reasoning: Experiences, Lessons, and Future Directions*. AAAI PRESS/MIT PRESS, 2 AUFLAGE, 2000.

[LL90]   LEVITT, T. S. UND D. T. LAWTON: *Qualitative Navigation for Mobile Robots.* ARTIFICIAL INTELLIGENCE, VOL. 44(3):PP. 305–360, 1990.

[LLKG02]   LOOMIS, J.M., Y. LIPPA, R.L. KLATZKY UND R.G. GOLLEDGE: *Spatial Updating of Locations Specified by 3-D Sound and Spatial Language.* JOURNAL OF EXPERIMENTAL PSYCHOLOGY: LEARNING, MEMORY AND COGNITION, VOL. 28(2):PP. 335–345, 2002.

[LW02]   LI, L. UND JR. W.H.WARREN: *Retinal Flow is Sufficient for Steering During Observer Rotation.* PSYCHOLOGICAL SCIENCE, VOL. 13(5):PP. 485–491, 2002.

[MAE92]   MAES, P.: *Behavior-Based Artificial Intelligence.* IN: *From Animals to Animats 2: Proceedings of the Second International Conference on Simulation of Adaptive Behavior, Honolulu, Hawai, United States,* SEITEN 2–10, 1992.

[MCN86]   MCNAMARA, T.P.: *Mental Representations of Spatial Judgements.* COGNITIVE PSYCHOLOGY, VOL. 18:PP. 97–121, 1986.

[MCN03]   MCNAMARA, T.P.: *Spatial Cognition III: Routes and Navigation, Human Memory and Learning, Spatial Representation and Spatial Reasoning,* BAND 2685 DER REIHE *LNAI,* KAPITEL HOW ARE LOCATIONS OF OBJECTS IN THE ENVIRONMENT REPRESENTED IN MEMORY, SEITEN 174–191. SPRINGER-VERLAG, BERLIN, 2003.

[MD97]   MCNAMARA, T.P. UND V.A. DIWADKAR: *Symmetry and Asymmetry of Human Spatial Memory.* COGNITIVE PSYCHOLOGY, VOL. 34:PP. 160–190, 1997.

[MIC99]   MICHELSEN, A.: *The Design of Animal Communication,* KAPITEL THE DANCE LANGUAGE OF HONEYBEES: RECENT FINDINGS AND PROBLEMS, SEITEN 111–131. CAMBRIDGE, MASS., MIT PRESS, 1999.

[MIC00]   MICHELSEN, A.: *The Dance Language of Honeybees: Recent Findings and Problems.* JOURNAL OF EXPERIMENTAL BIOLOGY, VOL. 203:PP. 1113–1121, 2000.

[MIT85]   MITTELSTÄDT, H.: *Neurobiology of Arachnids,* KAPITEL ANALYTICAL CYBERNETICS OF SPIDER NAVIGATION. BERLIN:SPRINGER, 1985.

[MM02]   MOU, W. UND T.P. MCNAMARA: *Intristic Frames of Reference in Spatial Memory.* JOURNAL OF EXPERIMENTAL PSYCHOLOGY: LEARNING, MEMORY AND COGNITION, VOL. 28(1):PP. 162–170, 2002.

[MRW03]   MCNAMARA, T.P., B. RUMP UND S WERNER: *Egocentric and Geocentric Frames of Reference in Memory of Large-Scale space.* PSYCHONOMIC BULLETIN AND REVIEW, VOL. 10:PP. 589–595, 2003.

[MS74]   METZLER, J. UND R. N. SHEPARD: *Transformational Studies of the Internal Representations of three Dimensional Objects.* IN R.L. SOLSO

(HRSG.), THEORIES OF COGNITIVE PSYCHOLOGY: THE LOYLA SYMPOSIUM, 1974.

[MS95] MAURER, R. UND V. SEGUINOT: *What Is Modelling for? A Critical Review of the Models of Path Integration.* JOURNAL OF THEORETICAL BIOLOGY, VOL. 175:PP. 457–475, 1995.

[MS03] MCNAMARA, T.P. UND A.L. SHELDON: *Cognitive Maps and the Hippocampus.* TRENDS IN COGNITIVE SCIENCE, VOL. 7(8):PP. 333–335, 2003.

[MTKW03] MONTEMERLO, M., S. THRUN, D. KOLLER UND B. WEGBREIT: *FastSLAM 2.0: An Improved Particle Filtering Algorithm for Simultaneous Localization and Mapping that Provably Converges.* IN: *Proceedings of the Sixteenth International Joint Conference on Artificial Intelligence (IJCAI-03),* ACAPULCO, MEXICO, 2003. IJCAI.

[MV01] MIENE, A. UND U. VISSER: *Interpretation of Spatio-Temporal Relations in Real-Time and Dynamic Environments.* IN: CORADESCHI, S., S. TADOKORO UND A. BIRK (HERAUSGEBER): *Robocup 2001: Robot Soccer World Cup V,* SEITEN PP. 441–447. SPRINGER, 2001.

[MW06] MIENE, A. UND T. WAGNER: *Static and Dynamic Qualitative Spatial Knowledge Representation for Physical Domains.* VOL. 2/06:PP. 109–116, 2006.

[NIL84] NILSSON, NILS J.: *Shakey The Robot.* TECHNISCHER BERICHT 323, AI CENTER, SRI INTERNATIONAL, 333 RAVENSWOOD AVE., MENLO PARK, CA 94025, APR 1984.

[OS78] OKEEFE, J. UND A. SPEAKMAN: *The Hippocampus as A Cognitive Map.* OXFORD, CLARENDON PRESS, 1978.

[PAR03] PARSONS, L.M.: *Superior Pariental Cortices and Varieties of Mental Rotation.* TRENDS IN COGNITIVE SCIENCE, VOL. 7(12):PP. 515–517, 2003.

[PDH89] PRESSON, C.C., N. DELANGE UND M.D. HAZELRIGG: *Orientation Specificity in Spatial Memory: What Makes a Path Different from a Map of a Path.* JOURNAL OF EXPERIMENTAL PSYCHOLOGY: LEARNING, MEMORY AND COGNITION, VOL. 15:PP. 887–897, 1989.

[PDTB02] POUGET, A., J.-C. DUCON, J. TORRI UND D. BAVELIER: *Multisensory Spatial Represenations in Eye-Centered Coordinates for Reaching.* COGNITION, VOL. 83:PP. B1–B11, 2002.

[POP93] POPPER, KARL R.: *Objektive Erkenntnis.* HOFFMAN UND CAMPE, (1. AUFL. 1973) 1993.

[PRE96] PRESCOTT, T. J.: *Spatial Representation for Navigation in Animats.* ADAPTIVE BEHAVIOR, VOL. 4(2):PP. 85–125, 1996.

[RED99]   REDISH, A.D.: *Beyond the Cognitive Map - From Place Cells to Episodic Memory*. THE MIT PRESS, CAMBRIDGE, MASS., 1999.

[REMSC98] ROSKOS-EWOLDSEN, B., T.P. MCNAMARA, A.L. SHELDON UND W. CARR: *Mental Represenations of Large and Small Spatial Layouts are Orienation Dependent*. JOURNAL OF EXPERIMENTAL PSYCHOLOGY: LEARNING, MEMORY AND COGNITION, VOL. 24(1):PP. 215–226, 1998.

[RGWW00]   RONACHER, B., K. GALLIZI, S. WOHLGEMUT UND R. WEHNER: *Lateral Optical Flow Does Not Influence Distance Estimation in the Desert Ants cataglyphis fortis*. JOURNAL OF EXPERIMENTAL BIOLOGY, VOL. 203:PP. 1113–1121, 2000.

[RIE89]   RIESER, J.J.: *Access to Knowledge of Spatial Structure at Novel Points of Observation*. JOURNAL OF EXPERIMENTAL PSYCHOLOGY: LEARNING, MEMORY AND COGNITION, VOL. 15:PP. 1157–1165, 1989.

[RMH99]   RICHARDSON, A.E., D.R. MONTELLO UND M. HEGARTY: *Spatial Knowledge Acquisation from Maps and from Navigation in Real and Virtual Environments*. SPATIAL COGNITION III: ROUTES AND NAVIGATION, HUMAN MEMORY AND LEARNING, SPATIAL REPRESENTATION AND SPATIAL REASONING (LNCS), VOL. 27(4):PP. 741–750, 1999.

[RN99]   RENZ, J. UND B. NEBEL: *On the Complexity of Qualitative Spatial Reasoning*. ARTIFICIAL INTELLIGENCE, VOL. 108:PP. 69–123, 1999.

[RN03A]   RUSSEL, S. UND P. NORVIG: *Artificial Intelligence - A Modern Approach*. UPPER SADDLE RIVER, NEW JERSEY: PRENTICE HALL, 2003.

[RN03B]   RUSSEL, S. UND P. NORVIG: *Artificial Intelligence - A Modern Approach*, KAPITEL CHAPTER 15: PROBABILISTIC REASONING OVER TIME, SEITEN PP. 537–581. UPPER SADDLE RIVER, NEW JERSEY: PRENTICE HALL, 2003.

[RSW+02]   RANZE, C., T. SCHOLZ, T. WAGNER, A. GÜNTER, O. HERZOG, O. HOLLMANN, C. SCHLIEDER UND V. ARLT: *A Structure Based Configuration Tool: Drive Solution Designer - DSD*. IN: *Proceedings of the Fourteenth Conference on Innovative Applications of Artificial Intelligence (IAAI-01)*, EDMONTON, ALBERTA, CANADA, 2002.

[RT97]   REDISH, A.D. UND D.S. TOURETZKY: *Symbolic Visual Learning*, KAPITEL NAVIGATING WITH LANDMARKS: COMPUTING GOAL LOCATIONS FROM PLACE CODES, SEITEN PP. 325–351. OXFORD UNIVERSITY PRESS, 1997.

[RT98]   REDISH, A.D. UND D.S. TOURETZKY: *Spatial Functions of the Hippocampal Formation and the Parietal Cortex*, KAPITEL SEPARATING HIPPOCAMPAL MAPS, SEITEN 203–219. OXFORD UNIVERSITY PRESS, 1998.

[RUB88]   RUBIN, D.B.: *Using the SIR Algorithm to Simulate Posterior Distributions.* BAYESIAN STATISTICS, VOL. 3, 1988.

[SBV02]   SOVRANO, V.A., A. BISAZZA UND G. VALLORTIGARA: *Modularity and Spatial Reorientation in a Simple Mind: Encoding of Geometric and Nongeometric Properties of a Spatial Environment by Fish.* COGNITION, VOL. 85:PP. B51–B59, 2002.

[SCH91]   SCHLIEDER, CHRISTOPH: *(Doctoral Thesis) Anordnung und Sichtbarkeit - Eine Charakterisierung unvollständigen Räumlichen Wissens.* DOKTORARBEIT, UNIVERSITY HAMBURG, DEPARTMENT FOR COMPUTER SCIENCE, 1991.

[SCH93]   SCHLIEDER, C.: *Representing Visible Locations for Qualitative Navigation.* SEITEN PP. 523–532. IN: QUALITATIVE REASONING AND DECISION TECHNOLOGIES, N. PIERA-CARRETE & M. SINGH (EDS.) CIMNE BARCELONA, 1993.

[SCH96]   SCHLIEDER, C.: *Intelligent Image Database Systems*, KAPITEL ORDERING INFORMATION AND SYMBOLIC PROJECTION, SEITEN PP. 115–140. SINGAPORE: WORLD SCIENTIFIC PUBLISHING., 1996.

[SF92]   SOECHING, J.F. UND M. FLANDERS: *Moving in Three-Dimensional Space: Frames of Reference, Vectors, and Coordinate Systems.* ANNUAL REVIEW IN NEUROSCIENCE, VOL. 15:PP. 167–191, 1992.

[SM71]   SHEPARD, R.N. UND J. MELZER: *Mental Rotation of Three Dimensional Objects.* SCIENCE, VOL. 171:PP. 701–703, 1971.

[SM95]   SCHÖLKOPF, B. UND H. A. MALLOT: *View-Based Mapping and Path Planning.* ADAPTIVE BEHAVIOR, VOL. 3(3):PP. 311–348, 1995.

[SM01]   SHELDON, A.L. UND T.P. MCNAMARA: *Systems of Spatial Reference in Human Memory.* COGNITIVE PSYCHOLOGY, VOL. 43:PP. 274–310, 2001.

[SN97]   SHOLL, M.J. UND T.L. NOLIN: *Orientation Specifity in Representations of Place.* JOURNAL OF EXPERIMENTAL PSYCHOLOGY: LEARNING, MEMORY AND COGNITION, VOL. 23(6):PP. 1494–1507, 1997.

[SW98]   SIMONS, D.J. UND R.F. WANG: *Perceiving Real-World Viewpoint Changes.* PSYCHOLOGICAL SCIENCE, VOL. 9(4):PP. 315–321, 1998.

[SZAT00]   SRINIVASAN, M.V., S.W. ZHANG, M. ALTWEN UND J. TAUTZ: *Hoenybee Navigation: Nature and Calibration of the Odometer.* SCIENCE, VOL. 287:PP. 851–853, 2000.

[SZB97]   SRINIVASAN, M.V., S.W. ZHANG UND N.J. BIDWELL: *Visually Mediated Odometry in Hoenybees Navigation en Route to the Goal: Visual Flight Control and Odometry.* JOURNAL OF EXPERIMENTAL BIOLOGY, VOL. 200:PP. 2513–2522, 1997.

[SZC+00] SRINIVASAN, M.V., S.W. ZHANG, J.S. CHAHL, E. BARTH UND S. VEN-
          KATESH: *How Honeybees make Grazing Landings on Flat Surface*. BIOLO-
          GICAL CYBERNETICS, VOL. 83:PP. 171–183, 2000.

[SZLC96] SRINIVASAN, M.V., S.W. ZHANG, M. LEHRER UND T.S COLLETT: *Ho-
          neybee Navigation en Route to the Goal: Visual Flight Control and Odo-
          metry*. JOURNAL OF EXPERIMENTAL BIOLOGY, VOL. 199:PP. 155–216,
          1996.

[TBB+98] THRUN, S., A. BÜCKEN, W. BURGARD, D. FOX, T. FRÖHLINGHAUS,
          D. HENNING, T. HOFMANN, M. KRELL UND T. SCHMIDT: *AI-Based
          Mobile Robots: Case Studies of Successful Robot Systems*, KAPITEL MAP
          LEARNING AND HIGH-SPEED NAVIGATION IN RHINO. MIT PRESS,
          1998.

[TBB+00] THRUN, S., M. BEETZ, M. BENNEWITZ, W. BURGARD, A. B. CREMERS,
          F. DELLAERT, D. FOX, D. HÄHNEL, C. ROSENBERG, N. ROY, J. SCHUL-
          TE, UND D. SCHULZ: *Probabilistic Algorithms and the Interactive Muse-
          um Tour-Guide Robot Minerva*. INTERNATIONAL JOURNAL OF ROBOTICS
          RESEARCH, VOL. 19(11):PP. 972–999, 2000.

[TFBD00] THRUN, S., D. FOX, W. BURGARD UND F. DELLAERT: *Robust Monte
          Carlo Localization for Mobile Robots*. ARTIFICIAL INTELLIGENCE, VOL.
          128(1-2):PP. 99–141, 2000.

[TFBD01] THRUN, S., D. FOX, W. BURGARD UND F. DELLAERT: *Robust Monte
          Carlo Localization for Mobile Robots*. ARTIFICIAL INTELLIGENCE, VOL.
          128:PP. 99–141, 2001.

[THF+03] THRUN, S., D. HÄHNEL, D. FERGUSON, M. MONTEMERLO, R. TRIE-
          BEL, W. BURGARD, C. BAKER, Z. OMOHUNDRO, S. THAYER UND
          W. WHITTAKER: *A System for Volumetric Robotic Mapping of Abandoned
          Mines*. IN: *Proceedings of the IEEE International Conference on Robotics
          and Automation ICRA*, 2003.

[THR82]   THORNDYKE, P.W. UND B. HAYES-ROTH: *Differences in Spatial Know-
          ledge Acquired from Maps and Navigation*. COGNITIVE PSYCHOLOGY,
          VOL. 14:PP. 560–589, 1982.

[THR00]   THRUN, S.: *Probabilistic Algorithms in Robotics*. AI MAGAZINE, VOL.
          21(4):PP. 93–109, 2000.

[THR01]   THRUN, S.: *A Probabilistic Online Mapping Algorithm for Teams of Mo-
          bile Robots*. INTERNATIONAL JOURNAL OF ROBOTICS RESEARCH, VOL.
          20(5):PP. 335–363, 2001.

[THR02]   THRUN, S.: *Robotic Mapping: A Survey*. MORGAN KAUFMANN, 2002.

[TOL48]   TOLMAN, E.C.: *Cognitive Maps in Rats and Men*. PSYCHOLOICAL RE-
          VIEW, VOL. 55:PP. 189–208, 1948.

[WAN00]   WANG, R.F.: *Representing a stable Environment by Egocentric Updating and invariant Representations.* SPATIAL COGNITION AND COMPUTATION, VOL. 1:PP. 431–445, 2000.

[WB03]   WANG, R.F. UND J.R. BROCKMOLE: *Human Navigation in Nested Environment.* JOURNAL OF EXPERIMENTAL PSYCHOLOGY: LEARNING, MEMORY AND COGNITION, VOL. 29(3):PP. 398–404, 2003.

[WH04]   WAGNER, T. UND K. HUEBNER: *An Egocentric Qualitative Spatial Knowledge Representation Based on Ordering Information for Physical Robot Navigation.* IN: *RoboCup 2004: Robot Soccer World Cup VIII.* SPRINGER, 2004.

[WH05]   WAGNER, T. UND K. HUEBNER: *An Egocentric Qualitative Spatial Knowledge Representation Based on Ordering Information.* 2005.

[WMA96]   WEHNER, R.W., B. MICHEL UND P. ANTONSEN: *Visual Navigation in Insects: Coupling of Egocentric and Geocentric Information.* THE JOURNAL OF EXPERIMENTAL BIOLOGY, VOL. 199:PP. 129–140, 1996.

[WS00]   WANG, R.F. UND E.S. SPELKE: *Updating Egocentric Represenations in Human Navigation.* COGNITION, VOL. 77:PP. 215–250, 2000.

[WS02]   WANG, R.F. UND E.S. SPELKE: *Human Spatial Representation: Insights from Animals.* TRENDS IN COGNITIVE SCIENCE, VOL. 6(9):PP. 176–182, 2002.

[WSV03]   WAGNER, T., C. SCHLIEDER UND U. VISSER: *An Extended Panorama: Efficient Qualitative Spatial Knowledge Representation for Highly Dynamic Environments.* IN: *Proceedings of the IJCAI-03 Workshop on Issues in Designing Physical Agents for Dynamic Real-Time Environments: World Modelling, Planning, Learning, and Communicating,* SEITEN PP. 109–116, 2003.

[WVH04A]   WAGNER, T., U. VISSER UND O. HERZOG: *Egocentric Qualitative Knowledge Representation for Physical Robots.* IN: *AAAI-Spring Symposium-04, Knowledge Representation and Ontologies for Autonomous Systems, Technical Report SS-04-04,* 2004.

[WVH04B]   WAGNER, T., U. VISSER UND O. HERZOG: *Egocentric Qualitative Knowledge Representation for Physical Robots.* JOURNAL FOR ROBOTICS AND AUTONOMOUS SYSTEMS, VOL. 49:PP. 25–42, 2004.

[WVHL04]   WAGNER, T., U. VISSER, O. HERZOG UND A. LATTNER: *Qualitative Egocentric Updating for Autonomous Automobiles.* IN: *The 5th IFAC/EURON Symposium on Intelligent Autonomous Vehicles (IAV 2004).* ELSEVIER, 2004.

[WW86]   WEHNER, R. UND S. WEHNER: *Path Integration in Desert Ants: Approaching a Long-Standing Puzzle in Insect Navigation.* MONIT. ZOOL. ITAL., VOL. 20(3):PP. 309–331, 1986.

[ZMTH00]   ZACKS, J.M., J. MIRES, B. TVERSKY UND E. HAZELTINE: *Mental Spatial Transformations of Objects and Perspective*. SPATIAL COGNITION AND COMPUTATION, VOL. 2:PP. 315–332, 2000.

Advanced Studies Mobile Research Center Bremen

Herausgeber: Prof. Dr. Carmelita Görk, Prof. Dr. Otthein Herzog, Prof. Dr. Bernd Scholz-Reiter

Andreas Könsgen
Design and Simulation of Spectrum Management Methods for Wireless Local Area Networks
2010. XXV, 236 S., 108 Abb., 20 Tab., Br. EUR 49,95
ISBN 978-3-8348-1244-5

Xi Li
Radio Access Network Dimensioning for 3G UMTS
2011. XXVII, 323 S., 181 Abb., 28 Tab., Br. EUR 69,95
ISBN 978-3-8348-1398-5

Thomas Wagner
Qualitative sichtbasierte Navigation in unstrukturierten Umgebungen
2011. XVII, 228 S., 50 Abb., 19 Tab., Br. EUR 49,95
ISBN 978-3-8348-1424-1

Bernd-Ludwig Wenning
Context-Based Routing in Dynamic Networks
2010. XXV, 187 S., 60 Abb., 18 Tab., Br. EUR 49,95
ISBN 978-3-8348-1295-7

**VIEWEG+
TEUBNER**
Abraham-Lincoln-Straße 46
65189 Wiesbaden
Fax 0611.7878-400
www.viewegteubner.de

Stand August 2011.
Änderungen vorbehalten.
Erhältlich im Buchhandel oder im Verlag.